I NEVER CALLED IT RAPE　by Robin Warshaw

Japanese translation published by arrangement with Sarah Lazin Books
and the Ms.Foundation for Education and Communication,Inc.

through The English Agency(Japan)Ltd.

2019年版によせて

グロリア・スタイネム

私の母が高校生だった頃、「レイプ」は新聞記事向きの言葉ではなく、記者はばか丁寧な婉曲語「性的ないたずら」を用いていたそうだ。私が高校生だった頃、あるクラスメイトがガレージに閉じ込められ、高校のアメリカンフットボールチームの選手に集団レイプされた。それ以来その子はひそひそ話につきまとわれ、面目をつぶされた一家は引っ越して行ったというのに、アメフトチームは地元の誇りでありつづけたうえ一部の選手は大学の奨学金まで手に入れた。一生を台無しにされるのは、決まってレイプされた女性側のようだった。刑事司法制度がレイプ犯に与えるべき懲罰よりもずっと、被害者が社会から受ける罰のほうが大きかった。

警察や世間を前に体験を語ってきた勇敢な「サバイバー」たちや最近の#MeToo運動とTime's Up運動が功を奏して先に述べたような事態が減少しつつあるとしたら、私たち一部の人間が希望を抱く気持ちを、わかっていただけるだろうか。私たちの世代は、性暴力が基本的には報道されず、話題にすら上らなかった時代を知っているのだ。

今、多くの国が性暴力に関する統計データをありとあらゆる形式で収集し、国連や各国行政体は性暴力の実態をまとめた国際報告書を発行している。報告書からわかるのは、セクハラや名誉殺人（訳注：婚前交渉などにより一家に不名誉をもたらしたとして当人を殺害する風習）、女児殺害に至るまでの性暴力が、人類史上初めての「女性の数が男性の数を下回る」世界を作ったことだ。国連人口部によると、2016年の男性の人数は女性の人数を6600万人上回った。

この残酷な現状を容認しがたいものと見て、世界各地で大勢の女性、そして男性までもが醜悪な事実を変えようとデモ行進を行い組織を結成しているのにも納得していただけると思う。私たちもライターとして、またオーガナイザーとして、現状を変えるための活動を本書の中でも支持している。皆さんにも家庭、職場、街角で、何かしらの方法で参加してもらえることを願っている。

いつ、どのような理由から参加しても、性暴力と闘うこの世界規模の活動はあなたを温かく迎え入れるし、あなたを必要としている。性暴力を減らすには、多様なエネルギーとアイデアからなる世代を超えた地球規模の大波を起こす必要があるだろう。それはたとえば個人的な体験の公表やインターネット上の活動、勇気と忍耐の両方を持ち、大声を上げることや教育を考え直すこと。家父長制のおおもとの定義は、権威や家系、命名、財産が男系継承され、女性と子どもを男性の従属物として扱う家庭や国家を指す。これはつまり、男性や、男性支配の政治制度と宗教制度が、生殖をコントロールするために女性の身体を支配すべきだと言っている。数多くの社会で、生殖の支配は家柄、カースト、階級を維持する長期的な戦略としても重要視されている。

しかし単純な真実として、どんな性別、人種、カーストや階級に分類されていても、私たちは人間という何よりも大きな共通点を持っている。そう認識することが、あるグループが別のグループを力で支配する文化に終わりをもたらすだろう。実際、人間が別のグループを支配する際には必ず暴力や暴力の脅威を伴う。これはときに、文化として継承され強制されてきた、「男らしさ」とは支配、「女らしさ」とは服従という役割分担の形をとる。もしくは、一部地域で女児に行われる陰核切除や、アメリカで女性が殴打され殺害される事件などの身体的な暴力という形を。いずれにせよ、支配的な行為は見知らぬ他人よりも身近な人から受けることのほうが多い。性暴力は、人間の片方の種にもう一方の種を支配する力を与える手段であり、結局は男性による子宮と生殖の支配にほかならないのだ。

かつて存在した、そして一部地域では今も続く男女の調和がとれた文化をぜひ知ってほしい。女性が支配権を持つ女家長制ではないが、母系制のもとに母親を通して一族の特性が受け継がれ、子育てには母親の兄弟や父親も大きく従事する。家父長制を支持するヨーロッパ人が現在の北アメリカに上陸する以前は、女性はハーブや妊娠中絶薬の使用法に長けており、子を産むかどうか、またいつ産むかを自分で決めていた。チェロキー語などの言語はかつても今も、性別を表す代名詞「彼」や「彼女」を持たない。人間は人間だ。女性が農業に、男性が狩りに従事していたかもしれないが、どちらも等しく重要な存在だった。

アメリカにはかつて約500の多種多様な語族が存在したが、その多くでは、個々の独自性と共通する人間らしさとの均衡がとれた社会で、男女が共存していた。アメリカ建国初期、ヨーロッパやキリスト教徒風の父性社会を模した植民地からネイティブ・アメリカンの土地に移住した白人教師やその一家が、よほど安心して暮らせたという話は多く残っている。一方で、ネイティブ・アメリカンが自ら望んで、より豊かだと言われていたヨーロッパ風の暮らしを選んだ例は非常に少ない。ベンジャミン・フランクリンはこう嘆いた。「ネイティブ・アメリカンの子どもを我々白人が育て、我々の言語を教えて生活習慣に慣れさせても、その子が自分の親族に会いに行きたったた1人とでも会話してしまえば、もうどれほど説得しても戻ってはこない。［一方で］男女問わず白人が幼いうちにネイティブ・アメリカンの捕虜となり、しばらく彼らと暮らした後に白人の友人に救出され、想像しうるかぎり最高の扱いを受けてまたイギリス人社会で暮らすよう説き伏せられても、いくらも経たぬうちに白人の生活に嫌悪感を抱きはじめる。（中略）そして隙をみて森の中へと逃げ帰られてしまえば、もはや取り戻す術はない」。

ついにフランクリンは、6つのネイティブ・アメリカン部族からなる国家集団、イロコイ連邦（ホデノショニとも呼ばれる）を合衆国憲法のモデルとしようと、1787年フィラデルフィアで開催した憲法制定会議にイロコイ連邦から男性4人を招き、アメリカ13州の統一文書制定に向けて教えを乞うた。イロコイ連邦の「大いなる法」から見るに、ヨーロッパ式のトップダウン型の君主制ではなくボトムアップ型の意思決定に基づいて部族を統一する法を敷くノウハウを、ネイティブ・アメリカンは持っていた。だがフランクリンも周りの者もどうやらある事実を黙殺していた。「女性はいないのか?」というイロコイの助言者からの最初の質問が示した現実を。

これまでほとんど教わることのなかったこうした史実に、興味を抱いてもらえたなら有難い。発見があなたを待っている。ジャック・ウェザーフォード著『アメリカ先住民の貢献』(1996年、パピルス)と、ポーラ・ガン・アレン著『The Sacred Hoop(聖なる輪)』からぜひ読みはじめてみてほしい。アレンは著書にこう書いた。「女性に公的な権利を与え、それを規律と文明化の基盤とする社会を経験した者はいないと、フェミニストは思い込んでいる。フェミニスト団体は(中略)混乱と分裂、そして時間の大きな損失という代償を避けられないだろう」。

もちろん、過去を反省して新たな方法で再構築する必要はある。たとえば植民地戦争と輸入感染症により人口の9割方を失った北アメリカの市民や部族は、違法行為を明示するための言語も歴史も失った。また、ネイティブ・アメリカンの子どもたちは「インディアンを殺し、人間を救え」というスローガンのもと創られた残酷極まりないキリスト教寄宿学校に通うことを強いられた。それでもここ50年間で、ネイティブ・アメリカンの女性は再びヨーロッパ流の「女性的な」役割を拒否し、部族管理法に影響を及ぼしはじめている。ネイティブ・アメリカンの女性人権団体「すべての赤い国の女たち」のような活動団体や、女性が代表に選出されたイスレタ・プエブロ(訳注:ニューメキシコ州にあるネイティブ・アメリカン集落)、ウィルマ・マンキラーが女性初の酋長に当選、再当選を果たしたチェロキー・ネイションなど、その影響力はめざましい。

他の大陸にも希望はある。インドのケーララ州やヒマラヤ山脈の文化から、カラハリ砂漠、アフリカの熱帯雨林に至るまで、自然と気候にまつわる細やかな語彙を無数に持ちながらも性別を表す代名詞を持たない言語が、昔も今も存在する。そこでは母系社会であるために名前と血筋は母系継承され、夫は妻の家庭に入り、政治では男女が綺麗な輪になって意思決定を行う。社会の基本体系は円であり、ピラミッド型や階層構造ではない。私たちも、家父長制や一神教が生まれた時代ではなく人類が生まれた頃の歴史を学んだ方が、ずっと希望を感じられるのではないだろうか。

これは一例だが、世界中すべての国で、固定的なジェンダーロールと国内外に向けた武力行使の程度との間には、立証可能な相関性が見られる。２０１３年にヴァレリー・ハドソン率いる学者チームが執筆した『Sex and World Peace（性と世界平和）』によると、国内外への武力行使を含む暴力行為の最もわかりやすい兆候は、貧困や天然資源の入手状況、宗教、政治形態、民主主義の程度などではなく、女性に対する暴力または暴力の脅威である。女性に対する暴力が、人生で初めて持つ性的関係の支配構造を決め、片方のグループがもう一方を支配すべく生まれていると私たちに教え込むからだ。これが階層を生むはじめの一歩となる。男女分極化の極みであるテロリスト組織にも、平和な組織や国家の寛容かつ柔軟なジェンダーロールにも、女性に対する暴力は存在している。

ジェンダーロールの分極性を排除し、男女間の暴力を根絶することができれば、暴力は当たり前のものではなくなり、あらゆる形態の暴力の根絶が実現するのかもしれない。

アメリカは暴力を伴う人種主義を基盤にして建国された。先住民族の90%を殺戮し（いまだに史上最大の大量虐殺だ）、奴隷制度に経済的に依存してきた。後者に関して言えば、性差別が白人女性と黒人女性にそれぞれ異なる影響を及ぼした。白人女性は純血を守る目的で性的に制限され、黒人女性は低賃金労働を創出する目的で性的に搾取されることが多かったのだ。性差別の遺産は今でも有色人種の女性に影響を与えつづけているが、ひとつ明白なことがある。家父長制や人種差別が存在するかぎり、女性が平等な権利を得る日は来ない。

アメリカ初の性暴力の全国調査（そして男性の愚行に関する唯一の全国調査）である本書『それはデートでもトキメキでもセックスでもない』の再版が、性暴力の現状と今後とるべき対策を明らかにしてくれることを私は願っている。

本書が世代を超えて続く運動の助けとなるよう、新たなはしがきを加えた。サラミーシャ・ティレットがレイプ・サバイバーとしての実体験を語ってくれたこと、数え切れない人々を救うために実体験を活かしていることに、感謝を伝えたい。サラミーシャは本書の初版出版以降に実現した変化と法改正についてもまとめてくれた。

本書自体にも歴史がある。１９７２年、女性が発行、編集する女性のための初の全国誌『Ms.』が創刊された。アリス・ウォーカー、アンドレア・ドウォーキンをはじめとした新鋭フェミニストの声が初めて家庭に持ち込まれた。個人的な性暴力体験を告白した記事は多くの読者にとって初めて目にするものであり、ましてや性暴力を悪とし、被害者ではなく実行犯を糾弾する内容は非常に革新的だった。

取材記事や詩、エッセイ、体験談の形で真実を語った記事に応え、読者も自分が受けた性暴力について明かす手紙を『Ms.』誌に寄せた。その数は毎月増え、雑誌記事の何倍の量にもなり、本を一冊作れるほどだった。手紙はたいてい性的暴行やセクシュアルハラスメントの被害を初めて公表する記事に対して寄せられ、読者の告白は性暴力全般、特にレイプに関する私たちの想定を覆した。性暴力が珍しいことではないことと、現行法で明確に定義されたり処理されたりしてはいないことを示唆していた。被害者層が決まっているわけではなく、見知らぬ他人から身を守れば防げるものでもないとわかった。

1970年代、レイプを取り締まる法の改正を求める女性の運動が州から州へと広がりはじめると、ACLU（アメリカ自由人権協会）・女性の権利プロジェクトの創立者兼指導者である法律家、ルース・ベイダー・ギンズバーグが、共同指導者のブレンダ・フェイゲンとともにその課題に取り組むべく立ち上がった。強姦罪から死刑を除外するなどの法改正を進めてこそ、すべての人にとっての正義を最善の方法で実現できると信じて。私刑を正当化するため、そして白人女性を白人男性の所有物として保護する考えを促進するために、虚偽告訴による死刑という形で邪悪な人種差別が残っていたのだ。ほかにも、性的暴行の程度の制定、ペニス挿入に限らず瓶やほうきの柄を使用した暴行を含めた「強姦」の再定義、女性同様に男性も性的暴行に対する法的保護の対象とすることにも取り組んだ。

それでも私たちは今もなお、凝り固まった性差別と、男性の強さがすべてという固定化されたジェンダーロールを突きつけられている。研究者のメアリー・コス博士が本書のエピローグで触れているが、現代の性的暴行数は『Ms.』誌が本書の基となる調査を実施した30年前と変わっていない。家父長制の常態化により、多くの人々が人間の特性は男性と女性、支配する側とされる側に分類されると、だから性暴力が起きるのも仕方がないと、いまだに刷り込まれて育っている。ジェンダーロールに立ち向かうこと、そして生殖支配の根強い動機である人種差別や階級差別と闘うことは、いつの時代も勇気のいる大胆な行為だ。ただ、アメリカ内外でこれが大規模な運動へと成長を遂げてきたことが救いである。

いまだに大学キャンパスでは、男性を性的暴行またはセクシュアルハラスメントの罪で起訴するには、平均4人の女性がその男性を告発する必要がある。職場でのセクシュアルハラスメントに対しては、通常2人以上の女性が同じ男性を告訴しなければならない。だが、性的暴行について、また自分の身体を脅かす苦難について、声を上げる女性を思いとどまらせるのではなく後押しする転換点に、やっと私たちは立っている。

インターネットを介して世界中に広まった#MeToo運動や、結束力で法に働きかけるTime's Up運動に見られるように、ようやく真実を語ることが支持される時代が来ている。被害公表の影響力は海を渡り、人種や階級の垣根を越えて広がっている。ジェンダー、人種、経済的な面で男女の力の不均衡を押し広げることは、法的にも社会的にも許容されなくなってきた。自分の身体を自分で支配するという身体の純潔さから始まる真の民主主義を、再発見しているに過ぎないのかもしれない。アレンは『The Sacred Hoop（聖なる輪）』に「抑圧の根源は記憶の喪失にある」と書いた。私たちはかつての在り方を、そして目指すべき姿を、思い出しつつあるのかもしれない。

2019年版はしがき

サラミーシャ・ティレット博士

「どうしてそれをレイプだと思うの?」最初の面談でセラピストが私にそう尋ねた。私は自分の体験をレイプと呼んだことはなく、その質問は私に飛びかかってきて恥ずかしさと不信感とともに頭の中に反響した。あれから何年も経つが、質問に答えられなかったこと、もしくはそのセラピストのもとにはもう通わないという決断ができなかったこと以上の後悔はない。

1993年の夏、通っていたペニンシュラ大学でアフリカ系アメリカ人の女性セラピストを見つけ出すのは至難の業だった。同じ大学のボーイフレンドが、当時の私には助けが必要だと半狂乱になって探してくれた。彼は早い段階で私の異常に気付いていたのだ。彼と性行為に及ぼうとしたとき、触れられると私の全身は硬直し、心はさまよい、時間と場所の感覚が崩れ去って、どういうわけか1992年10月に引き戻された。レイプ加害者は大学の先輩で、「やめて!」と繰り返し叫ぶ私の声をボブ・マーリーの曲でかき消しながら、私に挿入した。身体の下から抜け出そうと私が身をよじると、ただ自分の力を思い知らせようとするかのように私の脚を広げてのしかかり、さらには後ろからも、私を叩きながらいっそう強く突いた。数時間後に自分の寮に駆け戻った私は、何も起こらなかったかのように振る舞った。レイプなどなかったかのように。レイプ被害者が皆シャワーを浴びるのをドラマで観ていた影響から、シャワーを浴びることすら避けた。

同じ年に、ヘビー級ボクサーのマイク・タイソンに関する報道記事をすべて読んだが、それでも自分の体験をレイプとは思っていなかった。タイソンは、ミス・ブラック・アメリカ美人コンテストの参加者であるデジレ・ワシントンをレイプした罪で収監された。有罪判決に終わったが、そこに至るまでに被害者女性の評判はひどく傷つけられた。当時は私ですらワシントンの告発内容を疑い、インディアナポリスのホテルの部屋に行っておきながらタイソンとの性行為を後悔した彼女に非があると思った。私の認識では、レイプは見知らぬ人に襲われることを指し、デートした有名人や、授業で隣の席に座った人によるものではなかった。黒人男性が白人女性によりレイプの濡れ衣を着せられてきた流れで、マイク・タイソンも人種主義社会の新たな被害者に選ばれただけだと世間は見ていた。加害者も被害者も傷つけられてきた人種に変わりないのに、デジレ・ワシントンは人種を裏切るふしだらな女としてあっさりと世間に見捨てられた。

ともあれ私のトラウマは、無意識の部分に巣くっていた。あの夜の記憶が極端な形で顔を出すのだ。激しくなる動悸、雪崩のように突如襲いかかる恐怖、そして食堂やバン・ペルト図書館の書庫であの加害者が偶然私に近づいたとき、もしくはボーイフレンドの指が優しく私の背中をなでたり顔に触れたりしたときの、今すぐこの場から逃げ出さなければという切迫感。どれも性的暴行被害による症状だと今ならわかるが、当時はセラピストには話せなかった。

1995年5月に二度目のレイプ被害に遭った。外国でほぼ初対面の相手から受けた被害は、最初のレイプを超える非道さだった。その後大学の一学期分を使って、PTSD（心的外傷後ストレス障害）を抱えるレイプ被害者のための実験的プログラムに参加し、最初のレイプから4年が経ってやっと、出来事を然るべき機関に届け出ようと思った。ペンシルベニア州が定める5年間の出訴期間に何とかおさまっていた。検察官の前に座り、このかなり年上の白人検察官は私の話を疑うのではないかとおびえた。証拠がないため取り調べはほぼ無理であることも、ましてや起訴の望みなどないことも自分で予想できていた。ところが驚いたことに、検察官は私を信じると言った。私の話が作り話にしてはあまりにも穴が多く、一貫性に欠けていたからと。それでも、事件当時の1992年にはペンシルベニア州法にはレイプの「No means no（拒否の意思が示されたら拒否とみなす）」にあたる条項が存在せず、また法律が定義するレイプには身体的な暴力を伴う必要があったため、この件を起訴することはできないとのことだった。

自分の事件はそこで終わったものの、レイプ事件の起訴を後押しする方向に世の流れが変わりつつあると強く感じた。当時上院議員だったジョー・バイデンが委員長を務めるワシントンDC上院司法委員会が行った審問が、1994年に可決されて2000年と2005年に改正されたVAWA（女性に対する暴力防止法）への布石となった。審問でデートレイプに関する証言を行った一人が、アメリカ国立精神衛生研究所が出資し本書の基盤となった『Ms.』誌Campus Project on Sexual Assault（性的暴行に関するキャンパスプロジェクト）の主要調査員だったメアリー・コス博士だ。コスが発表した主な調査結果によると、女性の4人に1人がレイプ被害またはレイプ未遂に遭っており、そのうち84%は加害者と顔見知り、さらにレイプの57%はデート中に起きていた。結果的にVAWAは、被害者の保護命令の承認と施行、性暴力に特化した法の施行と検察局設置への援助、女性に対する暴力にコミュニティベースで対応できるよう連邦の人員派遣を求める、連邦初の一括法案となった。

法が整備され啓発が進められても、変化に抵抗する力はつきものだ。1994年発行の本書第2版のはしがきでロビン・ワーショウが指摘しているが、たとえばマイク・タイソンのレイプ裁判でタイソンの弁護士でありハーバード大学法学部教授のアラン・M・ダーショウィッツは、合衆国憲法修正第6条に反するとして強姦被害者保護法の合憲性を問題にした。この戦略をとるのは、ダーショウィッツに限らなかった。

1990年代後半にかけて、コスの調査結果に対する反発は異様な加熱ぶりを見せた。これについては、コス自身が本書の2019年版エピローグで語っている。全盛期を迎えたメディアはフェミニストと批評家とを討論させた。『プレイボーイ』誌から『The Public Interest』誌にわたる多様な出版物で、コスが発表した調査方法、定義、結論があらゆる方向から攻撃を受けた。たいていの攻撃は、カリフォルニア大学のニール・ギルバート教授が発表した、デートレイプを「妄想の流行病」と考察する研究結果を基にしていた。

私は1998年にやっと『それはデートでもトキメキでもセックスでもない』を読んだが、変わらず差し迫った問題だと強く感じた。当時私たちはコスの調査結果が示す窮状を目の当たりにしており、ときにはその調査結果が直接役に立った。VAWAはキャンパス内での性的暴行、DV、デートDV、ストーカー行為の撲滅のために新たな資金を大学管理部門に提供したのみならず、大学在籍中の活動家に研究データを提供して改革を求める運動を後押しした。1999年、私はタフツ大学女性センターのVAWA技術指導助成金を資金に、妹シェヘラザード・ティレットとともにマルチメディア・パフォーマンス作品「Story of a Rape Survivor（SOARS、レイプ・サバイバーの物語）」を制作した。当時、大学キャンパス内のパブリックアートや、性的暴行阻止を主張するキャンペーンは今よりもずっと少なかった。1970年代に始まり今も大学生活動家やレイプ・サバイバーが広く支持している「Take Back the Night（夜を取り戻せ）」という学生デモ行進も、悲しいことに1990年代にはキャンパスから姿を消していた。それでも私たちは1990年代に始まったクローズライン・プロジェクトという、性的暴行の被害者が匿名で思いを記したTシャツをキャンパス内に飾る運動に参加した。

加えて、1996年ニューヨーク市で作者イヴ・エンスラーのワン・ウーマン・ショーとして初演された戯曲『ヴァギナ・モノローグ』を学生が毎年上演するようになり、性的暴行をはじめとした女性の性の話題が幅広く言及されはじめた。この上演がもたらした直接的な効果は、学生とキャンパス女性センターとの協力関係ができたことだ。女性センターはしばしば公演のスポンサーとなり、大学のレイプ阻止プログラムや性的暴行に関する教育プログラムに会場提供を行うようにもなった。現在、このような学生の活動はキャンパスの域を超え、収益を地域のレイプ緊急相談センターに寄付している。

同時に、性暴力撲滅運動に加わる男子学生の数も増えていた。2000年代前半には「Walk a Mile in Her Shoes（女性の靴で1マイル行進）」というデモ行進や、男子学生限定の主張団体 One in Four（4人に1人）、また Men Can Stop Rape（男性がレイプを阻止しよう）という団体の Campus Men of Strength Club（頼れる男子学生の会）が全国のキャンパスに広まった。

女性センターがVAWAから受けた息の長い資金援助のおかげで、シェヘラザードと私は黒人女性の芸術家と活動家をキャストに迎えた「SOARS」をハーバード大学、ケンタッキー大学、ワシントン大学、そして歴史的に黒人の多いディラード大学とトゥーガルー大学にて上演することができた。初期の観客は、白人、中流階級、女性が主だったが、2000年代半ばには男子学生が大幅に増え、また学生観客の大半が有色人種の女性となった。言い換えれば、「SOARS」を観に来る学生たちは、私と妹が表現し実践していたブラック・フェミニズム、つまりインターセクショナリティ（複合差別撤廃）に関心を寄せていた。

1989年に法学部教授のキンバリー・クレンショーが初めて使用したインターセクショナリティという用語は、さまざまな形態の差別がいかに影響し合い、重なり合っているかを示している。人種、性別、国籍や宗教を理由に抑圧される人々に対して中流階級の白人女性を特別扱いさせたがる傾向のある主流フェミニズムを批評する表現として広まった。シェヘラザードと私にとってインターセクショナリティは、フェミニズムの歴史を包含する概念であり、人種主義と性差別が作用しあって有色人種の女子学生が特に性暴力の対象にされやすくなる傾向を説明するものだ。

私たちの活動は、女性活動家のアイシャ・シャヒッダー・シモンズにも取り上げられた。アイシャはアフリカ系アメリカ人コミュニティでの同人種間レイプを題材にした革新的な映画『NO! A Rape Documentary（NO！ レイプ・ドキュメンタリー）』をひっさげて2006年から各大学を訪問している。ほかにも、レイプがアフリカ系アメリカ人の少女や女性の生活に与える影響を勇敢に描き出した作家たち、マヤ・アンジェロウ、トニ・モリスン、アリス・ウォーカーの作品や、1970年代のブラック・フェミニスト団体Combahee River Collective（コンバヒー・リバー・コレクティブ）による活動など、何十年にもわたる黒人女性の芸術と行動主義の上に私たちの活動は築かれている。さらに私たちはレイプ・サバイバーから連想されるイメージを変え、主要な反レイプ運動の主導者に有色人種女性が選ばれない慣習に異議を唱えようとした。ロビン・ワーショウが本書の1994年版はしがきで的確に指摘したように、顔見知りによるレイプはもとは大学キャンパス特有の中流階級の話だと思われていた。性暴力被害のよりインターセクショナルな捉え方や包括的なフェミニズムを目指して生まれた、ソーシャルメディアを基盤とする新たな運動が根付くには、まだ長い時間を要するのだろう。

2011年には、新たな世代の学生活動家が訴訟と集団の力をいっそう活用して性的暴行と闘うようになった。4月に学生と卒業生から成る組織がOCR（教育省公民権局）に対し、イェール大学を相手どる30ページに及ぶ申立書を提出した。申し立て内容は、性差別的な環境の排除を行わなかったことと、性差別を禁止する教育改正法第9編（通称タイトルIX）を侵害したことだった。2007年にイェール大学医学大学院生150人が署名した請願書のもととなった事例が、差別的な慣習の一因となったとして挙げられていた。教授と学生の間に身体的な接触、脅し、暴言、レイプなどのセクシュアルハラスメントがあったことを告発したが、大学側が十分に対応しなかった件だ。また、「新入生スカウトレポート」という女子新入生53名の名前、出身地、所属寮、さらには「ビール何杯でセックスできそうか」ランキングを記したメールが回されていたこと、フラタニティ（訳注：男子学生限定の社交クラブ）の悪質な入会試験として男子新入生を集め、女子学生に軽蔑的な発言や性的に露骨な発言をするよう強制したことにも言及した。

OCRは受領した申し立てに対して取り調べを実施すると回答し、これがより多くのキャンパスの多くの学生が続いて申し立てを起こす、そしてより多くの性的暴行被害者が表に出るきっかけとなった。続けてOCRは「同僚への書簡」と題したレターを各大学宛てに出し、タイトルIXの規定が長年にわたり性差別を禁止していることを強調した。多くの大学が義務を無視していることを認識させ、規定がオバマ政権下で徹底されることを警告する内容だった。大学側にタイトルIXの指針を提示し、性差別と性暴力の調査と阻止を担う統括者の設置、調査プロセスを明文化した方針、被害を報告した学生へのカウンセリングと寮や時間割の変更を要求した。結果、キャンパス内でのセクシュアルハラスメントや性暴力の被害者は、大学側による指針侵犯があった場合にOCRに申立書を提出できるようになった。

2013年3月には『ニューヨーク・タイムズ』誌が「性的暴行と戦うべく大学組織が団結」

と題した記事を発表した。オクシデンタル大学、ノースカロライナ大学チャペルヒル校、アマースト大学、イェール大学の学生と教職員が、性的暴行に対するキャンパス側の対応への不満や失望を表明する際はタイトルⅠⅩをどう活用できるかをオンラインで協議した過程を、詳しく記録したものだった。記事で取り上げられたチャペルヒル校の学生代表アンドレア・ピノとアニー・クラークは「被害者支援団体は公式な全米組織の設立を挙げていましたが、ここまでこられたのはどちらかというと、数年前にはなかった最新のメディアを利用して参加者と繋がり、情報収集し、注目を集められたからです」と話した。また、コロンビア大学の学生エマ・スルコウィッツの「マットレス・パフォーマンス」(「キャリー・ザット・ウェイト」とも)という、性的暴行を受けた現場であるマットレスをキャンパス内で引きずりまわし、レイプ犯を罪に問うことを大学側に求める運動は、ツイッターや動画拡散文化のない時代には考えられない手法である。

同様に『タイム』誌は2014年5月号のカバーストーリー「アメリカのキャンパスにおける性的暴行の危険性」で、モンタナ大学で起きた一連の性的暴行事件を取り上げた。オバマ政権下でキャンパス内の性的暴行を国家の課題として取り上げた当時の副大統領ジョー・バイデンにスポットライトを当て、全国のレイプ被害者支援団体と学生活動家にとってはなじみ深いデータに基づいた記事が書かれた。「息子さん方の20%が拳銃を突きつけられると知っていたら、ひとりで大学に行かせるのをためらうでしょう」バイデンはいぶかしげな面持ちで語ったそうだ。「しかしどういうわけか、皆さんは娘さんを大学に行かせる。5人のうち1人がレイプや暴力を受ける場所に。なんとも非道な話です」。２０１４年の終わりにＯＣＲが取り調べ中の大学名を公表したが、なんと55校が名を連ねていた。

大学に対する抗議の成功と、全国の卒業生と学生によるタイトルⅠＸを掲げた反性差別の訴訟に触発され、バラク・オバマ大統領は初の「学生を性的暴行から守る大統領府タスクフォース」を立ち上げた。同時期に、上院議員クレア・マカースキルとバーバラ・ミクルスキ率いる立法府議員の超党派グループがCampus Accountability and Safety Act（大学の説明責任と安全法）を提議し、バーバラ・ボクサー上院議員とスーザン・デイヴィス下院議員がSurvivor Outreach and Support Campus Act（キャンパスにおけるサバイバー救済および支援法）を発案した。いずれの議案も、会期の終わりに上下両院で投票に行き着くことなく立ち消えとなった。

それでも、新たな記事の発行や議案の提出を経るごとに、私たちは目に見えて前進している。カリフォルニア州議会が、助成金を配布している大学すべてに「Yes means yes（同意の意思を明確に示されたときのみ同意とみなす）」を求めるという先駆的な法案を可決したのをきっかけに、１９９７年にはなかったがために私の検察官が起訴を諦めた「No means no（拒否の意思が示されたら拒否とみなす）」ですら全国で疑問視されはじめた。しかしキャンパス内レイプに関する法改正をともなうという事実が、性的暴行が30年前と変わらず多発し各地にはびこる問題であることをはっきりと知らしめている。『Ms.』誌が『それはデートでもトキメキでもセックスでもない』を出版し、レイプに対する古い認識をひっくり返した30年前と変わらない。当時も今も、反レイプの運動は激しい反発も受けている。

反発はテレビやインターネットのみを介して寄せられるわけではない。タイトルⅠⅩを侵害したとして連邦政府からの補助金を差し止められた大学はかつてないにもかかわらず、キャンパス内レイプ排除運動の批判者は補助金の用途に異議を唱え、政治的動機のもとに大学改革を唱えているに過ぎないと豪語する。この強烈な対抗運動は大学管理部門や活動家、オバマ大統領さえも標的にして、改革運動を「適正手続き《デュー・プロセス》に反する」とみなし、被告人の権利を侵害して同意に基づく性交渉を犯罪扱いするレイプ犯への「行き過ぎた」懲罰行為だと非難している。

キャンパス内レイプ撲滅を目指す連邦法に対しても、政治家、教授、ジャーナリストからの激しい批判が続いてきた。政府当局の行き過ぎた救済策であり、法の適正手続きを侵害する法だとみなされているのだ。たとえば２０１４年10月にハーバード・ロー・スクールの学生28人が『ボストン・グローブ』紙に寄せた論説は、性別、性的指向、性自認に基づくセクシュアルハラスメントと性暴力を阻止する目的でハーバード大学全体に施行された新政策を批評するものだった。「私たちは次のような懸念を抱えています」と記述は始まる。「ハーバードは申し立てを受けた性的非行に判決を下す手続きを採用しましたが、これは公平さと法の適正手続きという最も基本的な要素を欠いており、申し立てた側に圧倒的に有利な、またタイトルⅠⅩや規則で要求される形からかけ離れたものです」。また、同じ年に『New Republic』誌の記者ジュディス・シュレビッツが「告発された大学レイプ犯にも人権はある」と題したエッセイ記事を発表し、キャンパス内レイプの改革運動を「うその司法制度が大学キャンパスの規範となりつつある」と表現した。さらに、キャンパス内レイプの被告となった息子を持つ親がＦＡＣＥ（Families Advocating for Campus Equality）とSave Our Sons（息子を守ろう）という虚偽告訴から息子を守るための団体を立ち上げた。

Save Our Sonsのホームページには、Ｋ・Ｃ・ジョンソンとテスチュアート・テイラー・Jr.の著書『Until Proven Innocent: Political Correctness and the Shameful Injustices of the Duke Lacrosse Rape Case（無実が証明されるまで）』の続編と言える『The Campus Rape Frenzy: The Attack on Due Process at America's Universities（キャンパス内レイプ狂乱）』へのリンクが貼られている。著者２人は、近年のキャンパス内レイプを巡る熱狂のようなものが、被告学生に推定有罪を与えるよう大学側に強いていると主張した。その結果として「無罪推定、無罪を証明する証拠、告発人を反対尋問する権利、適正手続きなどのアメリカの基本的な正義を軽視する動きが広がっている」と言う。「被害を受けたと主張する誰もが信頼に値し、被告人は必ず有罪となるべき」という神話のせいで、キャンパス内の司法手続きが、性的暴行に遭った女子学生を保護するものというよりも法廷や「適正手続きを排除する聖戦」となってしまっていると批判した。

ドナルド・トランプ大統領により教育長官に任命されたベッツィー・デボスは、この反対運動に強く賛同している。２０１７年１月に行われた議会による審問で、ロバート・ケイシー上院議員はデボスにこう尋ねた。性的暴行を犯した学生に対し、懲罰や除籍をも含む評決を下す際に、

「証拠の優越」（訳注：その事実がどちらかというとある）の判断基準（刑事事件で使われる「合理的な疑いの余地なし」ではなく）を義務付けるつもりか。２０１７年７月、エマ・スルコウィッツにレイプ罪で告発されたコロンビア大学卒業生のポール・ナンガッサーは、訴訟を示談に持ち込んだ。それだけでなく、大学側がタイトルⅠⅩを侵害する形で事件を取り扱ったと主張すれば、性的暴行で告発された男子学生がうまく大学を訴えることができるという流れを生んだ。その年の秋、デボス教育長官は、大学側は「証拠の優越」基準に従う必要はないと発表した。これを受けて被害者支援団体End Rape on Campusは、性的暴行サバイバーや性差別経験者をタイトルⅠⅩのもとに擁護すべきだと訴え、ツイッターでハッシュタグ#DearBetsyを伴うツイートを呼びかけた。

その後、キャンパス内レイプの改革運動が行き詰まると、別の運動が一気に広まった。今度の運動は、近年の反対勢力を鎮圧する力を備えていた。２０１７年10月、映画プロデューサー、ハーヴェイ・ワインスタインに対する80件超のセクシュアルハラスメントとレイプ被害の申し立てのうち、最初の1件が公表された。これに応えるように、セクシュアルハラスメントや性的暴行の被害を受けたことのある何万人もの男女が#MeTooのハッシュタグを用いて自らの体験を公表しはじめた。暴行加害者は被害者の身体やキャリアを支配しようとしたのみならず、被害者が真実を公表する権利をも奪っていたとして、ハリウッドスターからホテル従業員にわたる大勢がこの運動に参加した。ワインスタイン以外にも無数の著名人が性的暴行やセクハラの告発を受けた結果、その多くが権力を持つ立場からの辞任を余儀なくされた。ニュース・アンカーのマット・ラウアー、俳優のビル・コスビー、ケヴィン・スペイシー、ダスティン・ホフマン、ジェレミー・ピヴェン、コメディアンのルイ・C・K、上院議員のアル・フランケン、さらにはドナルド・トランプ大統領もその一人だ。

キャンパス内レイプ撲滅運動の直系子孫というよりは姉妹と見られている#MeToo運動の最大の強みは、活動参加者が常に軌道修正していく点だ。もとは10年以上前にアフリカ系アメリカ人女性のタラナ・バークが「Me Too」のスローガンを生み出し、運動を率いていた。#MeToo運動から派生して生まれたのが、解決策に基づいた行動重視の組織Time's Upであり、300人以上のハリウッドの女性スターが職場での安全と平等に焦点を置いた活動を行っている。中流階級の白人女性被害者のみを重視しがちだったこれまでの性的暴行・セクハラ防止運動とは異なり、#MeTooは広範で複合的、複数世代にまたがって団結するモデルを示している。ハリウッド女優や映画制作者は、農業従事者と従事経験者の女性団体、全国女性農業労働者連盟からの連名の手紙に応じる形で、Time's Up司法支援基金を創設した。

統率力、法律、そしてもちろん活動メンバー数など、あらゆる面で#MeTooの連携体制構築を維持していけるかが今後の課題だ。1周年を迎えた頃、#MeTooは大きな挫折を経験した。2018年10月に上院でブレット・カバノーの最高裁判事就任が50対48の賛成多数により認められた。クリスティン・フォード博士が高校時代にカバノーから性的暴行を加えられたと上院司法委員会で宣誓証言し、デビー・ラミレスが大学時代にセクシュアルハラスメントを受けたと公表した後の投票だった。同時期に、デボス教育長官は教育機関に対し性的暴行被害者の支援を強化するにとどまらず、暴行、セクハラ、レイプを告発された側の生徒の人権を守り、高等教育機関の責任を軽くする提案の検討を行った。この提案はセクシュアルハラスメントの定義を狭め、学校側が告発に不適切な対応を示したと正式に抗議できる法的基準を引き上げた。制度化を推し進める抵抗勢力に反発していっそう多くの性暴力サバイバーが体験を公表するようになり、自身のトラウマ体験を選挙や社会改革の活性化の糧にしている。私たちはこれまでのキャンパス内レイプ撲滅運動の成功点と制限を踏まえ、最も弱い立場にある有色人種、トランスジェンダー、ジェンダー・ノンコンフォーミング（訳注：既存のジェンダー分類に当てはまらない）の若い女性や法の保護を受けられないコミュニティを今後も尊重しつづけることで、#MeTooに倣って世界を変えなければならない。その日まで、本書が私たちの指針となりつづけ、古くからある闘争や新たな闘争の中を先導し、サバイバーの体験談を世界中に発信してくれるだろう。

1994年版はしがき

ロビン・ワーショウ

本書の第2版が刊行されると聞き、すっきりとしない喜びの気持ちを抱いている。作家としては、言葉や意見が力を持ち、大切にされつづけていることは喜ばしい。同時に、このメッセージを必要とする存在が今も多いことに心が痛むのだ。

本書の執筆は、顔見知りによるレイプの真実を伝えるというシンプルな考えから始まった。私の調査と執筆内容、数多くの女性の体験談、メアリー・P・コス博士による厳密な調査を通して、友人、恋人、教会の同輩、クラスメイト、元恋人などからのレイプ被害に遭った女性に私は伝えたかった。これまでに被害を告白したり話題にしたりしていなくても、最もよくある類のレイプ被害にあなたも遭ったと認識してほしい、と。初版に対する心のこもった手紙をたくさんいただき、この本は目的を達成できたのだとわかった。

もうひとつ、性別やレイプ被害の有無、レイプ被害に苦しむ知り合いの有無に関係なく、すべての人にこれを知ってほしかった。レイプされた女性の大半が、加害者男性と顔見知りだったことを。

大半が。レイプ。顔見知りの男性。

本書執筆当時、この基本的な事実の一つひとつがどれほど猛烈な批判を受けるか、見当もつかなかった。顔見知りによるレイプの現実を認めたがらない男性も女性も存在して、いくつか共通点を持っていた。女性への強い疑いの目、共感する心の欠如、自分の思い込みに反する統計データへのすさまじい軽蔑心だ。レイプ、性、ジェンダーロールについて私や他の人が書いたり述べたりしたことをひどく誤って解釈して、公の場で持論を展開するレイプ否認論者もいる。いんちきな仮説に基づいた批判を口にしてつまらない思想のもとに戦いつづけている。ともあれ、とりあえず一定の支持と注目を集めてはいる。

良い面を見ると、顔見知りによるレイプとデートレイプを巡る世間の議論の大半は、受容と関心をより広める結果に繋がった。公表された事例は全国的に話題や議論の的となった。最高裁判事候補クラレンス・トーマスの公聴会でのアニタ・ヒルの証言が、セクシュアルハラスメント関連の議論に火を付けたのが良い例だ。ヒル対トーマスの論争が世間の関心を集めた結果、より多くの女性が過去や現在のハラスメントを届け出るようになり、真実を語る決意の高まりと、報告する環境の改善が見て取れた。また、世間の認識が深まるにつれて顔見知りによるレイプの告発数は増え、事件の立件を買って出る検察官の数も増えている。

それでもまだ、顔見知りによるレイプを訴える女性の話を疑ってかかる陪審員は一定数いる。罪を犯した男性を非難するのではなく、女性の言動や女性であること自体を批判する。顔見知りによるレイプにまつわる知識は増えても、いまだに世論は否定と非難というトーク番組お決まりの捉え方へと簡単に流されてしまう。何年経っても、この2つからは逃れられない。

そして相も変わらず、顔見知りによるレイプは大学に限定された中流階級の問題と見なされている。この偏見が、異なる年齢層の女性や大学を出ていない女性、貧しい大学生、別の人種や民族出身の大学生のレイプ被害の軽視に繋がった。顔見知りによるレイプといえば大学生という一般的なイメージは、もはや拭い去れないのかもしれない。コミュニティに根ざした適切な調査が、キャンパス内で顔見知りによるレイプに遭う危険性は一般社会で遭う危険性ほど高くないと示していても、現代の調査の多くは大学生を対象としている。

大学という温室に注目が集まった結果、学術団体はお得意の批判を集めやすい行動に出た。若者の間に蔓延する顔見知りによるレイプへの対処として、多くの大学が反レイプ教育プログラムを開設したのだ。多くの学生組織がこれを取り組みとして不十分だと感じ、大学側の動機に不信感を抱いている。おおっぴらな活動を行い、ときに騒ぎ立てながら、より良い取り組みをと訴えている。学生組織の予算が減額されると内輪もめが生じ、中心メンバーが活動できなくなり、学生たちの怒りは激化する。学生組織に属さない者は、大学はあまりにもレイプやその他ジェンダー関連の問題にばかり注意を向けていると憤慨する。大学経営の悪評高い自己犠牲ぶりが加速する。性行為や攻撃的な発言を抑制する規則を巡り、このような対立は数々の大学で今も見られている。

最近の出来事を見ていると、一部の大学が世論を先導していたベトナム戦争時代を思い出す。若者はすべきことをした。権威を疑問視して異議を唱え、反撃にも遭った。両極端の過激な政治思想を持つ学生がいた。それでも大多数は、学ぶことを選び、耳を傾けて判断を下した。

あの頃と同様、大学が国に教えを施している。今回の問題は顔見知りによるレイプだ。1992年の高等教育の再授権法のもと、連邦政府から補助金を受ける大学は性的暴行に関する方針の明文化が必須条件とされるようになった。これにはいくつかのメリットがある。制度化を伴って性暴力に反対することで、被害者には大学が被害者を支持する対応をとる（べきである）ことを伝え、加害者にはその行動が悪であり罰則に値することを伝えられる。学校に方針作成を求めることで、学校理事会や評議会が意図的に無視してきたかもしれない問題について考えさせる効果も望める。

けれども多くの一般人は、ベトナム戦争のときとは違い、顔見知りによるレイプは大学の中のみの問題と思いがちだ。この軽視の姿勢こそが、レイプの存在自体を疑う風潮に繋がっている。近年話題となった3つの事件、ウィリアム・ケネディ・スミスとパトリシア・ボーマンの事例、マイク・タイソンとデジレ・ワシントンの事例、ニュージャージー州の知的障がい者の少女に集団暴行をはたらいた事例は、いずれも顔見知りによるレイプでありながらキャンパス外で発生したのだから、存在を疑うのはおかしな話だ。この3つの事件は、顔見知りによるレイプの現実認識に法廷でも一般人の意識においても影響を与えつづけるであろう問題点に光を当てた。

「私は青い染みなんかじゃない。人間です」パトリシア・ボーマンは1991年にテレビカメラの前でそう述べた。ウィリアム・ケネディ・スミスが犯したレイプ事件に無罪判決が下された数日後のことだ。裁判中謎の映像では、ボーマンの顔は染みのようなデジタル処理で覆い隠され、名前部分の音声はビーッという音で消された。顔と名前を自分の支配下に取り戻すためにボーマンは公衆の面前に出ることを選んだのだと、私は思う。

スミスを相手取る訴訟は、裁判開始のずっと前からボーマンを裁く場にもなっていた。著名なケネディ家の一員であるスミスに対するボーマンの主張に、調査官はしつこく質問を重ねた。違法ドラッグの使用、ボーマンの精神状態、そして9年前にアレルギー専門医に料金を支払わなかった理由までを追及した。しかしこの徹底的な調査よりもはるかに酷かったのが、飢えたメディアが紙媒体と電子媒体の両方で行ったボーマン公開解剖だった。結局この事件の主役はケネディであり、嘆かわしいほど月並みな事件だったにもかかわらずメディアの騒ぎようは異常だった。たいていはスミスを、医学生でケネディ家の男らしさ（ご存じのはず）を継ぐプレイボーイの医学生だと書き立て、ボーマンの生い立ちを細部に至るまで極端かつ批判的に公表した。

国民は、全国一、もしかすると世界一著名な新聞『ニューヨーク・タイムズ』紙から、ボーマンの両親の離婚、ボーマンが高校時代に「多少血気盛ん」だったこと、「職を転々と」したこと、そして実子の父親と婚姻関係にないことなど下世話な詳細を知るところとなった。極めて批判的なトーンで書かれた『タイムズ』紙の記事には、「フロリダ州レイプ事件で調査中の女性、一攫千金か」という見出しが付けられた。言いたいことは明白だ。労働階級出身の女性がレイプ被害でケネディ家男性を起訴する動機を疑っていた。

さらに『タイムズ』紙は、性犯罪を申し立てる側の個人情報を保護する自社方針に反し、記事にボーマンの名前を掲載した。同紙は言い訳として、スキャンダルの掲載で有名なタブロイド新聞2紙がすでに実名を報じていたこと、NBCニュースが実名を公表していたことを挙げた。『サンフランシスコ・クロニクル』紙、『デモイン・レジスター』紙、ロイターのニュースサービスがこれに続いてボーマンの名前を報道し、他の新聞社はこの動きを批判した。

こうして、スミス対ボーマンの戦いと同時進行で、レイプ被害者の実名報道に関する議論が国全体で巻き起こった。実名報道を支持する意見は、主に大手メディアによる利己的な主張だった。レイプ被害者の実名公表については以前から報道業界で議論されてはいたが、世間の注目の的となっていたこの事件でボーマンの実名を出すことが私利に繋がらなかったとしたら、『タイムズ』紙などがわざわざこのタイミングで方針変更をしたかどうか怪しいものだ。競争市場の圧力が真の動機だと認める代わりに、一部の編集者は、報道機関は知っている情報を発表すべきだと言い張った（おそらくそう信じている者もいた）。大変結構な意見だが、報道機関が情報を隠したままでいることも数え切れないほどあるではないか。一部の弁護士も、告発者が匿名でいるのはおかしいとしてレイプ申し立て者の実名公表を支持した。ごもっともではあるが、法廷が女性の個人情報を把握している時点ですでに匿名ではない。これは皮肉になるが、実名を公表されるかもしれないと思った被害者が不起訴を選ぶ事件がどれほど多くなるかも被告側弁護士なら予測できるはずだ。結局レイプは今も変わらず、被害者に深刻な社会的汚名を着せるものである。

その後えせフェミニストの主張が登場し、実名公表は他の女性にレイプ告発の勇気を与えると、実名を出さない人の罪悪感を煽った。私が思うに、女性本人が望むのであれば表に出て名前を公表すべきだが、その判断は必ず女性本人が行うべきだ。執筆家キャサ・ポリットは申し立て者の同意なしに実名を公表すべきでない数多くの理由を、彼女らしい巧みで明瞭な文章にまとめあげた。1991年6月に『ネイション』誌に寄せたエッセイに「実名公表と、被害者をとがめる風潮とは、もはや切り離せない」と記している。

1991年12月、スミスの裁判の日には200人を超える記者が記者室にひしめきあった。『ニューヨーク・タイムズ』紙は「編集者は女性のプライバシーを効果的に保護する意思だ」として再びボーマンの名の公表を差し控えはじめた。裁判はテレビ中継された。

証言台でボーマンはこう証言した。スミスとはバーで出会い、上院議員エドワード・ケネディの甥とは気付かずにダンスをして、浜辺沿いのケネディ家まで車で送るよう頼まれ、ボーマンが応じた。2人は砂浜を歩き、キスをして、そこでスミスがボーマンに襲いかかってレイプした。ボーマンの答弁は途切れ途切れで一貫性に欠けていた。同様の状況でスミスに暴行を受けたことがあると主張する3人の女性が証人として発言するのを、判事は許可しなかった。

次の週、スミスがこう証言した。ボーマンとダンスをし、キスをして、ボーマンの方から車で送ると申し出た。ボーマンが混乱して分別を失っているふりをしていると感じたが、構わず性行為をした。スミスが別の女性の名を呼ぶと、ボーマンが「キレて」スミスを叩いた。その後スミスは泳ぎに行き、数分後にボーマンと顔を合わせるとレイプだったと責め立てられた。ボーマンの身体に後から現れたあざについては原因が思い当たらない。

陪審はわずか77分でスミスに無罪の評決を下した。ボーマン側にほかに信頼に値する証人がいなかったことと、身体的証拠が決定的とは言えないことが、ボーマンの主張に合理的な疑いを生んだと法律評論家が分析した。評決の8日後、パトリシア・ボーマンは正体を隠すことなく全国放送のテレビ番組に出演した。「私は人間です」パトリシアはそう言った。「恥じるようなことは何もしていません」。スミスがレイプをしたと再度主張し、起訴したことを悔いていないと述べ、こう続けた。法廷に立つことは「自分の尊厳を取り戻す手段でした。たくさんの人々が私を信じてくれました」。

最後に付け加えた。「私は自分を信じています」。

ウィリアム・ケネディ・スミスの事件が報道されてはいたが裁判開始前だった1991年7月、別の有名人男性がレイプの罪で告発を受けていた。20歳でヘビー級のチャンピオンに輝いたマイク・タイソンが、出会ったばかりの美人コンテスト出場者女性をレイプして起訴されたのだ。スミスとは異なり、タイソンは有罪となった。

表面上は、この2人の被告は裕福な有名人である点を除いて共通点はないように見えた。タイソンはストリートチルドレンとして育ち、少年時代初期にはすでに熟練の強盗となっていた。ボクシングの実力を認められて有名トレーナーの家で鍛錬を積み、チャンピオンへの道を歩む。高校からは退校処分を受け、性的な面での素行の悪さなどから問題ばかり起こしていた。25歳で逮捕されたとき、タイソンの稼ぎは6000万ドルにのぼっていた。対照的にスミスは、富以上に権力を持つ名門家庭に生まれ、裕福で恵まれた子ども時代を過ごした。寄宿制私立学校、大学、医科大学と進学した。

だが2人への申し立て内容は似通っていた。ボーマンとワシントンの証言から見るに、男性側は自分には性行為をする権利があり、相手女性の意思は大して重要ではなく抵抗も無視して良いと思い込んでいたふしがある。タイソンは、過去の暴力、圧倒的な力の強さ、自己弁護によって女性軽視の態度を育んできた、セックス依存症の危険人物として捉えられた。タイソンがアフリカ系アメリカ人（スミスは白人だった）であるがために陪審は有罪判決を出しやすかったのだと信じる人もいた。ただ裁判終了後に、2人の黒人陪審員のうち1人が「人種の問題ではありませんでした」とコメントしている。

デジレ・ワシントンは18歳で大学1年生、ロードアイランド州出身で、ミス・ブラック・アメリカのコンテスト出場者として1991年にインディアナポリスを訪れた。ワシントンは他の出場者と一緒にタイソンと会い、カメラに向かってポーズをとってほしいと頼んだ。タイソンがワシントンをデートに誘い、ワシントンはホテルの部屋の電話番号を教えた。深夜0時を過ぎてタイソンは電話をかけ、自分のリムジンに乗らないかと誘った。

タイソンはリムジンの中でワシントンにキスをしようとした。ワシントンがのけぞると、「真面目な子だな」と言ったそうだ。そしてタイソンは、ホテルの自分の部屋から電話をかけなくてはならないと言った。その部屋でタイソンはワシントンを掴みかかり、もみ合いになった末にレイプした。緊急治療室の医師は、ワシントンの傷はレイプ時のものとみて矛盾がないと指摘した。タイソンの運転手も、女性がタイソンの部屋を出たときひどく取り乱した様子だったと証言した。

タイソンは罪を否定し、ワシントンも性行為に乗り気だったと述べた。被告側はワシントンは金銭目的だと主張した。タイソンが未熟で女好きであるという噂は有名だったのだから、デートの誘いに応じた時点で性行為に同意したも同然だと力説した。

タイソンはレイプと逸脱行為の罪で有罪となった。その後ワシントンは顔写真と名前の公開に応じ、『ピープル』誌の表紙を飾った。1992年3月、懲役6年を科されたタイソンの服役が始まった。

タイソンは有罪判決を不服として上告し、その後の顔見知りによるレイプの判決に影響を与えうる流れを生んだ。タイソンの弁護士でハーバード大学法学部教授のアラン・M・ダーショウィッツは合衆国最高裁にこの件の再審査を要求した。強姦被害者保護法、つまり州と連邦の法律が特定の状況を除いてレイプ原告者の性経歴を法廷で公表させないしくみに異議を示したのだ。ダーショウィッツをはじめ複数の人が、この法令は合衆国憲法修正第6条に反していると考えていた。修正第6条は、被告人は告発人に対して異議申し立てを行うことができ、完全な弁護体制を整えることができると定めるものだ（タイソンの最初の裁判での弁護団はワシントンの性経歴の証拠公表を希望していた。ワシントンは父親に叱られたくないがためにレイプされたことにした、またこの嘘は性行為中に思いついた、と主張するためだった）。

強姦被害者保護法の制定以前は、性行為に同意した証拠として女性の性経歴が用いられるという女性にとって不利な決まりがあった。見知らぬ相手によるレイプ事件では正しい被告に罰が科されるかが争点となるが、顔見知りによるレイプやデートレイプでの基本的な争点はたいてい、性行為が同意のもとに行われたかどうかだ。法的保護なしでは、女性側の自衛の甘さを理由に屈服させられる可能性が高い。これが多くの女性と告発者に泣き寝入りを余儀なくさせてきた。

強姦被害者保護法に反対する異議申し立ては、近年いくらか成功を見せている。1993年、タイソンが有罪判決を受けたインディアナ州法は、子どもへの性的暴行事件では違憲とされた（タイソンの事件とは何ら関係はない）。また、ミシガン州控訴裁判所は1991年、レイプ罪の原告女性が過去に別の男性に対して性行為を誘発するような言動を示していた場合、被告側はその証拠を公表できると州法で定められていると解釈した。

最高裁はタイソンの事件の再審を受け付けなかった（本書執筆時点では下級裁判所がタイソンの別の上告申し立てを審議している）。とはいえ、強姦被害者保護法が連邦と州の裁判で今後も批判されつづけることは間違いない。

州法の強姦被害者保護法の薄弱さは特に顔見知りによるレイプの事件に適用されて浮き彫りになると、1992年に全国の注目を集めたニュージャージー州の裁判が示している。核心にあるのは、1989年に起きたグレンリッジ郊外の閑静な街に住む十代の少年13人と、顔見知りの17歳の少女との間の出来事だ。少年らは少女に、一緒にメンバーの自宅地下室に来たらある少年とデートさせてやると約束した。地下室で少年らは少女に服を脱ぐよう指示し、自慰を促し、少年数人に対する口腔性交を求めた。少女は従った。その後、少年数人が少女の膣にほうきの柄、「Fungo」と呼ばれる細い野球のバット、棒を順に挿入し、見ている者は「もっと突っ込め！」と煽った。

事件の中核にある事実を知ると、この一連の恐ろしい行為はいっそう許しがたいものとなる。少女は軽い知的障がい者でIQは64程度、社会生活機能は8歳程度だった。友達に頼まれたことには必ず応じる子だった。少年たちはそれを知っていた。精神的に不自由だったということは、単に十代の少年が妄想しがちな不健全なサディズム的性行為を、知り合いの従順な少女に実現したどころではない。これは立派な集団レイプである。

ところが検察は難しい問題に直面する。顔見知りによるレイプの事件が裁判で有罪判決を得ることが増えてはおり、勝利の鍵は主に、女性が「ノー」と言ったら「ノー」（同意の意思はない）と陪審に納得させることにあった。たとえ相手男性が顔見知りで、女性が進んで相手の領域に向かったとしてもだ。だがグレンリッジの事件の起訴に際しては、この十代の少女は事実上「イエス」と言いはしたが、「イエス」（同意）の意思を込めることはできないため同意にはならないと証明しなければならなかった。傍聴人の多くは明らかに結果が出ている議論だと見たようだが、法廷で突きつけられた詳細は原告にあまりに不利なものだった。

婦女暴行罪と共謀罪の裁判に、ケビン・シャーザー、カイル・シャーザー、クリストファー・アーチャー、ブライアン・グローバーが被告として出廷した。裁判開始当時、3名が21歳で1名が20歳だった。公判前に判事が、女性側の強姦被害者保護法は男性側の公正な裁判を受ける権利に道を譲るべきであると規定し、これが被告側を大きく後押しした。少女が性行為に同意できない旨を原告側が主張するには、少女の性経歴が重要となってくると判事は述べた。被告側が少女の過去の性活動を証拠に用いたかったのだ。

冒頭陳述以降ずっと、被告側弁護士は少女を性に奔放な人物として表現した。自ら進んで性行為をして、経口避妊薬を服用し、性的接触を「切望」していた。弁護士は、少女が音楽の授業中にシャツをまくり上げていたこと、複数の運動部の生徒に言い寄って自分は性行為をするし楽しんでいると話したことを挙げた。出廷した心理学者は、これはむしろ少女の傷つきやすさの現れだと指摘した。

少女は21歳になろうとしていたが、証言台で子どものような振る舞いと返答を見せた。検察官は、少女は性行為の「手順」は理解しているがそれへの同意が何を意味するかは理解していない、特に少女が少年たちをいまだに「友達みたいな人たち」と呼ぶところからも理解の欠如は明らかだ、と主張し少女の話しぶりがこれに説得力を加えた。なぜ少年たちにやめてと訴えなかったのかと検察官から問われた少女は「気を悪くしないでほしかったから」と答えた。

陪審に良心の呵責はほぼなかった。少女が知能的に未熟であるとみなし、少年たちを最も重い罪に問うた。この事件では州法の強姦被害者保護法は踏みにじられたが、検察官により性的同意の定義に新たな余地が加わった。これはきっとこの先別の女性の役に立つはずだ。


レイプ被害に遭った女性のほとんどは顔見知りに襲われた。女性が大学教育を受けていようと、美人コンテスト参加者だろうと、知的障がいを持つ社会的弱者だろうと、この真実は変わらない。この真実はとてつもなく恐ろしいことなのだろう。ほかに何の理由があって、一握りの中傷者がこの事実を否定し、それでいて世間からの熱烈な関心を得られているのだろうか。

もしかすると私たちは、結局は大した前進はしていないのかもしれない。1991年に出版されたスーザン・ファルディの名著『バックラッシュ』(新潮社)には、1980年代に女性が勝ち取った勝利一つひとつに対し、決まってその効果を弱める反発が起きたことが書かれている。この「女性を敵とみなす宣戦布告なしの戦争」は、フェミニズムとは女性を不幸にし、経済的、社会的、法的、教育的、健康的、政治的な男女不平等の排除という面倒な仕事を切り捨てる思想だと非難した。女性が成功を収めると、バックラッシュ(否定的な反動)が裏で罰を与える。女性が声をあげると、バックラッシュが鼻であしらう。メディアはバックラッシュの声を世に拡散するが、それは視聴者の関心を得られるからに過ぎない。「バックラッシュの10年間は、女性進出を妨害する痛々しく長期的な運動を生み出した」とファルディは書いている。

　反発の動きはここ10年間も健在だ。バックラッシュとして持ち上げるレイプ否認論によれば、顔見知りによるレイプとデートレイプはほぼ発生していない。否認派の理論はこう続く。いかなる侮辱行為も性行為後の後悔もすべてレイプと呼び、暴行に数えるのは問題だ。女性が嘘をついているか、レイプの「新しい」定義が間違っている、と。さらには、顔見知りによるレイプの認知度向上に尽力する人を女性の敵、フェミニズムの敵と称する。性行為排除、恋愛排除、男性排除を狙っている、誇張したデータで女性を怖がらせて無力さを植え付けている、貞操帯の復活か少なくとも1950年代の再来を望んでいる、などと批判する。そして言わずもがな、私たちをヒステリー扱いする。

　レイプ否認派は常に私たち女性の中にもいて、大きな声をあげる。だから被害者は顔見知りによるレイプ被害を告白できず、人々の耳にも近年までほとんど入ることがなかった。本書出版以降も、レイプの現実を否定する声はあちらこちらから届いた。前の晩の性行為を後悔する女性の声を集めて嘘くさい記事を作るなんて、と雑誌編集者に言われたり、知り合いの男性にレイプされたと言う女性はたいてい嘘をついている、と飛行機で隣り合った退役軍人省の精神科医に自信満々に主張されたり。顔見知りによるレイプが本当に起きていること、それが見知らぬ相手からのレイプよりもずっと多いことを受け入れないことが、常に社会の標準だった。私たちが書籍の形で真実を突きつけることで、長く保たれてきたその思い込みをいくつも壊すことができた。

レイプ否認論者からの非難の多くは、本書に統計学的な支援をしてくれたメアリー・P・コス博士と彼女の調査結果に向けられてきた。ツーソンにあるアリゾナ大学医学部Department of Family and Community Medicine(家庭・地域医療学科)の終身在職権を持つ教授であるコスは、アメリカ心理学会のViolence Against Women Taskforce(女性に対する暴力対策本部)の共同議長を務めている。世界銀行の女性の健康コンサルタントや、アメリカ上院司法委員会と上院退役軍人業務委員会の専門家証人を務めるなどして、その広範な研究と専門知識を高く評価されている。

アメリカ国立精神衛生研究所から資金提供を受けた、顔見知りによるレイプに関するコスの研究によると、女子大学生の4人に1人がレイプまたはレイプ未遂の被害に遭っており(調査対象の女性3187人中15%がレイプ被害経験者)、レイプ被害経験者のうち84%が加害者と顔見知りだった(本文とあとがきでこの調査と結果についてより詳しく説明している)。この調査結果は論文審査を必須とする専門誌の精査を受け、公表する価値ありと幾度も判断されている。専門家の協議会、学術書、招待論文でも発表されてきた研究だ。

大学キャンパスに関する研究を行う他の研究者も、コスが発表したレイプ経験率15%と近似する調査結果を得ている。最近行われた成人女性に関するコミュニティベースの調査では、コスのデータよりもさらに高いレイプ経験率が確認された。そのひとつが1992年にロサンゼルスで実施され、学術誌『Journal of Social Issue(社会問題ジャーナル)』で発表されたもので、白人女性の20％、アフリカ系アメリカ人女性の25％がレイプ被害を経験していた。

執筆家ステファニー・ガットマンは、リバタリアン雑誌『リーズン』に掲載した記事の改作として、1990年に『プレイボーイ』誌にコスの研究への批判を寄せた。ガットマンはコスの研究に対し、基本的なレイプ否認論を次のように展開した。まず使用されているレイプの定義が広すぎる。ある設問の表現が、女性がアルコールやドラッグを摂取するのは男性から与えられるからだと決めつけている。そして女性が自分の体験をレイプと呼んでいなくても、その女性はレイプ被害者に数えられている（研究によると、レイプ被害に遭った女性のうち自分をレイプ被害者と認識しているのはわずか27％だった）。

そこに、学術的な肩書きを武器にじきに後顔見知りによるレイプの否認派の後援育成役となるニール・ギルバート教授が登場する。1991年春、カリフォルニア大学バークレー校の社会福祉学教授だったギルバートは、社会政策誌『The Public Interest』にコスの調査結果への反論記事を寄せ、その中で「性的暴行という妄想病」が流行っていると表現した（『ロサンゼルス・タイムズ』紙の記事によると、ギルバートの意見に対抗するデモの準備に関わった学生の話では、ギルバートは講義で「本当のレイプとデートレイプを比較するのは、ガンと単なる風邪を比較するようなもの」と述べたらしい）。ギルバートは1991年6月の『ウォール・ストリート・ジャーナル』紙の社説面にもコスを批判する記事を寄せた。1993年6月にはもう一度その権威ある社説面にて、連邦法の女性に対する暴力法の発議を非難し、再びコスの研究結果を嘲笑した。顔見知りによるレイプの現実を否定する持論を繰り返し、そのようなレイプ事件は警察にほとんど届けられていないため存在するはずがないと主張した。さらに、レイプ被害者のうち42％が加害者と後日再び性行為をしたというデータを指し、これをレイプと捉える人がいるのだろうかと疑念を唱えた。

レイプ否認論の出版物は、1993年のケイティー・ロイフの著書『The Morning After: Sex, Fear, and Feminism on Campus（後悔の朝：キャンパス内のセックス、恐怖、フェミニズム）』出版の頃にピークを迎えた。レイプを、ありがちな性行為後の後悔を告発したにすぎないものと表現した書名だ。若い女性でもある著者は、デートレイプなどは存在しない、なぜなら身の回りでそのような経験を聞いたことがないから、と高らかに宣言した。このお粗末な本はメディアからの好意的な注目を集めた。『ニューヨーク・タイムズ』紙は特に好意的だった。同紙の格式高いサンデーマガジンのカバーストーリーにロイフの著書を抜粋し（見出しは「レイプの嘘がフェミニズムを裏切る」）、同紙の日刊にはロイフを「勇敢」と評した高評価のレビューを掲載した。絶大な影響力を持つ日曜版書評コーナーの第一面批評欄は、「大胆な」本とさらなる賛辞を送った。

ロイフはバックラッシュの波に乗り、フェミニストが女性を駄目にしていると主張した。レイプ否認派の独断的見解からくる信条を大げさに語り、自身の意見を少しだけ添えて。自分の人生と身体の主導権を常に保持する方法を教えることで女性を支援するというレイプの意識喚起教育を、女性が性的欲求を持たない弱くてもろい生き物というイメージを植え付ける教育だと解釈していた。顔見知りによるレイプが存在すると主張する人は、純潔喪失の神話を創り上げ、女性に性的受動性という型にはまった役割を押しつけているとロイフは強調した。

本書とコスの調査結果もロイフの標的となった。あまりにぶっ飛んだ解釈だったので、私や本書に言及されているとは私も気付けなかったくらいだ。かつての大学が学生生活をどう管理していたかを解説した一節を引用して、ロイフは「社会的規制の厳しかった時代へのノスタルジア」と嘲笑的に述べている（私の両親が読んだらなんとも愉快だと思うだろう）。また、学校が「少なくとも男女別の寮に住む選択肢を学生に与える」という私の提案は、大学生活を全面的に「1950年代に押し戻そうとする」考えだと評していた。そして意図的な侮辱と思われるのが、知り合って間もない相手とのデートではレストランなど人目のある場所に行くよう私が助言した部分に対し、ロイフの祖母（ロイフの記述によれば、自分は「マニキュアやヘアサロン、明け方に行き場なくさまよう世界に暮ら」しながら、ロイフの母親に暗い夜道を避けろと言い聞かせた人）のようだと非難した点だ。

ロイフは、レイプ被害者やカウンセラー、研究者と直接話して自身の考察を確かめることをほぼしていない。コスを非難するために、ギルバートの論をただ引用しただけだ。コスの論文や出版物を読んだ証拠も示さずに（コスと直接話したことすらない）、コスの研究結果を歪めて伝えた。女子大学生の4人に1人が14歳以降にレイプまたはレイプ未遂を経験しているというデータを、「性行為の4回に1回は意思に反するもの」というあまりにも馬鹿げた内容に変えてしまったのだ

（これだと女性が行う性行為のうち25％がレイプとなる可能性があることを意味する！）。この読み間違いからもわかるとおり、ロイフは社会科学者でも研究員でもなく、執筆当時は英文科の学部生だった。にもかかわらず、ロイフの本を承認した発行者は、科学的な資料を評価するロイフの能力を疑いもしなかったようだ。

顔見知りによるレイプの存在を否定する論には、単純に説得力がない。まず、コスの調査では「レイプ」という用語の定義を広く設定してはいない。意味の柔軟性も持たせていない。調査で挙げられた事件の一つひとつが、北アメリカで最も多くの法が定めるレイプの定義、「力、危害を加える脅迫、同意の意思を示す精神的・身体的な能力の欠如（酩酊状態を含む）を利用して行われた望まない挿入行為」に当てはまるかを判断した。一部の大げさな学生がレイプと呼びながらも実際レイプではない例があることを、コスも私も認識している。レイプへのより広い定義の適用を支持する資料も時折あるものの、体験について尋ねた今回の調査には採用していない。私たちも広義で捉えてはいない。性行為後の後悔はレイプではない。法が定めるレイプの定義には適合しない性的な侮辱行為も、レイプではない。

レイプの法的定義には、アルコールやドラッグの影響で判断力を失った被害者に対する望まぬ挿入行為も含まれる。女性が性行為を拒否できないよう意図的にそれらを飲ませる男性もいるからだ。ロイフやその他レイプ否認派は、この事実を認めるということは、女性を自分の考えを持たず無抵抗で我が身を守れない子どもと見なすこと（まさにそれが一部男性の目的だ）、そして女性が自ら飲酒して酔い潰れ、レイプされた場合の事件の「共謀」性を認めないものと受け取ったようだ。レイプ否認派はこう豪語する。なぜ男性は飲酒時の行動に責任を負う必要があり、女性はそうではないのか。

女性はときに意図的に酒類を「与えられる」と述べることは、女性は飲酒するしないを選択する能力を持たないという意味にはならない。アルコールに関する設問でも他の設問と同様、法の定義に従って暴行の内容を表現し、回答者が自分の経験を正確に回答できるようにした。ギルバートたちは、飲酒に関する設問によりコスの統計データは大きく水増しされていると言いたいようだが、それならばと仮にその設問を除いたところで、4人に1人のレイプ被害率が5人に1人に変わるだけだ。レイプの法的定義に沿った設問を除く必要はまったくもってないのだが。

女性側の「共謀」に関して言えば、飲酒して酔っ払ったせいで吐いたり出勤できなくなったりするのは自己責任だ。しかし現代社会では、犯罪行為の責任はその罪を犯した者にある。酔っていたためにレイプ被害に遭っても「自業自得」ではないが、酔っていたために運転して他人を怪我させたり死なせたりした場合は有罪だ。同様に、酔ってレイプをした男性は他人に危害を加えた時点で法的に有罪であり、被害者が酔っていたとしてもそれは変わらない。

女性が自分自身をレイプ被害者と呼ばなければ、どうやってレイプ被害者数を数えられるだろう。人は自分が被害を受けた犯罪について語るときに適切な法的用語を使わない傾向があると、刑事司法の専門家は認識している。しかし自分の体験に適した呼び名がわからないからといって、その事件がなかったことにはならない。コスの調査への回答者のうち、レイプの法的定義に該当する経験をした女性の90％が、自分に起きた出来事は次のいずれかに当てはまると考えていた。レイプされた、何かしらの犯罪ではあるがレイプと認定されるかわからない、性的暴行を受けたが犯罪とは知らなかった。被害を受けたとは感じていないと答えた女性はわずか10％だった。明らかに大多数が、その経験を表す正確な法律用語を知らなくとも、危害を加えられたと感じている。何を隠そう、本書のタイトル［原題は『I Never Called It Rape』］は私がインタビューした女性たちから幾度も聞いた言葉からとっている。何か酷いことが我が身に起きている認識はありながら、知り合いも同様の経験をしているのだからと、自分の経験をレイプとは呼ばなかったのだ。

レイプ否認派は、レイプ被害を受けた女性がなぜ同じ相手と再び性行為に及ぶのかと疑問を呈していた。恋人にレイプされた女性の場合は、その後の性行為は同意の上で行われたかもしれない（私がインタビューをした中には、レイプ加害者と付き合った、または結婚した女性までいた。レイプの経験を「正当化」するために）。多くの女性が、自分の気持ちがはっきりとすれば状況は良くなるかもしれないと思い、自分を責める気持ちからレイプ犯と再び会っていた。さらに悪いことには、レイプ被害に遭った女性の38％が被害当時14〜17歳であり、多くにとってはレイプが初めての性行為となった。さらに経験の少なさが災いしてか、再度レイプされるケースが多かった。2度レイプされてやっと、ほとんどは相手男性と会うのをやめた。

最も不快なロイフの主張のひとつに、顔見知りによるレイプとは「南部のお嬢様がブロンクスの配管工のせがれとデートする」ときに起きる階級間の「コミュニケーション不足」だ、というものがある。北部のお坊ちゃまが配管工の娘をレイプした場合も同じことであろうため、ここにロイフの階級への偏見が見てとれる。コミュニティベースの調査によると、貧しい家庭や労働階級の女性もその他の女性と変わらない頻度でレイプ被害に遭っている。

さらに、知識は女性を制限するのではなく自由にするという私の意見を、ロイフは見逃している。顔見知りによるレイプの可能性を認識している女性は、危険な事態を回避したり、レイプに至る前に逃げ出したり、反抗したりできる可能性が高くなる。教育が無抵抗を助長しないのは明白だ。知り合って間もない相手とふたりきりになれと女性にリスクを負わせる内容でもない。知識で備えよという提案は、社会的規制の時代を復活させるのではなく、女性が男性と過ごす時間の主導権を対等に握る助けとなるものだ。相手男性がそのような対等な関係に関心がなかったとしても。

コスや他の研究者による調査が露わにした件数と比較すると、顔見知りによるレイプがほとんど警察に通報されていないのは事実だ。知り合い同士の間で発生するレイプは広くイメージされるレイプよりもかなり多く発生していると法執行機関が推測するなか、犯罪専門家の認識では届け出られたレイプのうち顔見知りによるものは非常に少ない。レイプ否認派の理論が生き残っているかぎり、女性はレイプを告発しても疑われ嘲笑されるだろうと恐れるばかりで、結果届け出ない選択をしつづける。

顔見知りによるレイプを話題にすることが、周囲の人間の楽しい気分を本当に台無しにしているのだろうか。私はそうは思わない。

性行為は楽しむものだ。だからこそ、顔見知りによるレイプやデートレイプに傷つくのではないだろうか。本来ならリラックス感や快楽、見返りを求める気持ち、喜び、思いやりなどを生み出す2人だけの社会的で性的な世界に、暴力、接触の強要、個人の権利の否定を刻みつけるから。

誰もがレイプのない世界を、知り合いとの間にレイプなど起こらない世界を望んでいる。それでも結局発生するレイプを終わらせるには、見て見ぬふりをすればいいのだろうか。顔見知りによるレイプについて教育するお堅い教育係となればいいのだろうか。危険について伝えることで女性に無抵抗さを植えつけているのだろうか。どれも違う。

私たちは男性対女性の対立構造を作りたいのではない。真の平等と敬意の上に成り立つ善良なひとつのまとまりでありたい。けれどそこにたどり着くには、さらなる努力が必要だ。

情報は女性に力を、男性に共感をもたらす。すでに手にしている人もいる。手にしたいと望む人もいる。残った層こそ、私たちが気にかけるべき相手である。

ロビン・ワーショウ　1994年5月

はじめに

1970年代前半、レイプへの意識とははじめは、女性がどこをどのくらいの力で蹴るかを学ぶことだった。

アメリカはレイプ問題をやっと認識しはじめていた。複数の都市と町にレイプ相談センターや支援団体が開設され、女性は自らの経験を語りはじめ、性的暴行が残した影響に現実的なやり方で立ち向かおうとしていた。『Ms.』誌はこの一体感ある反応が広がる様を詳細に記録し、レイプ被害者に意見共有の場を提供した。誌面や集会で実体験を告白することは、名付けがたい出来事に名前をつけ、レイプが暴力行為であり、全女性に対する憎悪であると位置づけるという、勇気あるはじめの一歩だった。政府の動きはまだ鈍かったものの、多くの州の警察での手続きと起訴手続きは被害者をより支援する方向に変わっていった。レイプ被害者の権利の保護をより重視する形に法改正が進み、いくつかの州ではレイプの申し立てに対するより効果的な調査方法と起訴方法が開発された。

女性は護身術を習うようになった。夜道や人のいない地下道を一人きりで歩くときや、駐車場、エレベーターの中では、ホイッスルやエアホーン（訳注：空気のボンベがついた小型の警笛）を携帯するか車のキーをしっかりと握りしめているよう忠告された。いずれも警戒が必要な場所だと言われて。「もしものとき」を想定して男性から自己防衛するシナリオを描いたことのない女性の方が少数派であったことは間違いない。

レイプ事件、レイプ加害者、レイプ被害者すべてにスポットライトが当たるようになった。女性は見知らぬ男性に用心しなければいけないと認識していた。車や家の鍵を閉め、外を歩くときは振り返って背後を確認し、怪しげな男性がアパートの入り口をうろついていたり、電話を貸してほしいと家の前に立っていたりしたら、防御やときには攻撃の姿勢をとれるよう学んだ。女性がレイプされる危険性に備えるということは、活動を制限し、屋内にこもり、ときには自分より強い味方がいると警告するために夫や恋人の同居を装うことだった。こうして防御策で武装し、ときに我慢をして、レイプを避けるためにやれるだけのことをしていると思っていた。

しかし、レイプへの意識が高まるにつれ、それが暗い廊下や夜道にとどまらないこともわかりはじめた。1982年9月、当時はまだ明るみに出ていなかった一般に「デートレイプ」と呼ばれる種類を『Ms.』誌が記事で取り上げ、互いを知っている男女間で起きるレイプの衝撃的なデータを掲載した。記事に先立って行われた調査は、より一般的だと考えられていた見知らぬ男性によるものよりも、デートレイプの方が被害者数が多いことを示していた。読者からの大きな反響が、『Ms.』誌の着眼点が正しいことを証明した。

これを掘り下げるべく、『Ms.』誌はアメリカ国立精神衛生研究所（NIMH）に大規模な国民調査を行う許可を求めた。Center for the Prevention and Control of Rape（レイプ防止・管理センター）は、当時オハイオ州のケント州立大学心理学教授を勤めていたメアリー・P・コス博士と同誌を引き合わせた。コスはNIMHで該当テーマの研究経験を有していた。そこから、32の大学キャンパスの大学生男女6100人以上を対象に、コス率いる研究者チームと『Ms.』誌スタッフによる3年間にわたる徹底的な調査が始まった。このテーマでは史上最大規模の学術的調査となった『Ms.』誌プロジェクトは、見た人に不安をもたらす統計データをいくつも生んだ。そのひとつにこの驚きの事実がある。女性回答者の4人に1人が、法が定義するレイプまたはレイプ未遂を経験していた。

このときから、デートをする間柄かそうでないかにかかわらず、知り合い同士の男女間に起きるレイプのより正確な表現として、広義の「顔見知りによるレイプ」という語が使われるようになった。事実、女性はデート相手や友人、同級生、職場にいる男性、パーティーやバーで出会った男性、教会での知り合い、近所の人など、さまざまな知り合い男性から被害を受けていた。なお、近親相姦、「権力者レイプ」（医者や教師によるレイプ）、配偶者レイプ、14歳に満たない子どものレイプは、いずれも女性に対する暴力のなかでも重要な一部分ではあるが、本書で取り扱う顔見知りによるレイプの範囲からは除外した。また、今は複数のレイプ防止・管理センターが、届けを出す被害者の10％が男性（ほぼすべて男性が男性をレイプする事件）と述べているが、本書は男性による女性への暴行を扱うものとする。顔見知りによるレイプの圧倒的大多数を占めるのも、『Ms.』誌が調査対象として測定したのも、男性から女性に対するものであることが理由だ（ただし第6章では男性被害者にも言及している）。

もし本書の前半が、顔見知りによるレイプの現実を長々と説明しているように思えたなら、それは顔見知りによるレイプがほとんどの人に認識されず、見過ごされ、否定されつづけてきた事実があるからだ。知り合いの男性にレイプされた女性がそれをレイプだと認識すらしていないことがざらにあると、いくつもの調査が明らかにしてきた。さらには、男女問わずほとんどの人が、顔見知りによるレイプが犯罪だといまだに認識していない。窃盗や偽造、放火、横領、そして見知らぬ人からのレイプについて話すのであれば、そもそも犯罪だと言い添える必要すらないのに。本書がそんな現状を一新する助けとなることを祈っている。

本書の目的は、顔見知りによるレイプがどれほど横行しているかを明示し、立証することに加えて、このような事件を減らす方法を指し示すことでもある。顔見知りによるレイプは防げる。知は力だ。本書を読み終わる頃には、顔見知りによるレイプがあなたや大切な人の身に降りかからぬよう、防ぐ術が身についているはずだ。本書は男女両方に向けて、親や教育者、カウンセラー、法制度に携わる人に向けて書かれている。また、研究者メアリー・P・コスが筆をとったあとがきでは、『Ms.』誌の調査の科学的手法を解説している。

NIMHからの要求もあって『Ms.』誌のアンケート調査は大学キャンパスに的を絞ったが、同誌編集者はこの問題の及ぶ範囲は大学の枠を優に超えていると常に考えていた。大学の人口統計上、たしかにキャンパスはデートレイプや顔見知りによるレイプの巣窟ではあるが、『Ms.』誌に寄せられたたくさんの手紙は、このようなレイプが社会全体で発生し、従来の大学生より年下ま

た は年上の女性も被害に遭っている事実を証明している。執筆開始時から変わらない本書の目的は、顔見知りによるレイプの全体像を描き出すことだ。年齢や民族性、受けた教育、収入などに関係なく、女性が知り合いの男性にいかに頻繁にレイプされているかを記録することだ。顔見知りによるレイプの大部分が隠されたままなのは、その正体が法律で罰される犯罪であると理解している人があまりにも少ないからである。知り合いとの間で発生する、つまり複雑に絡まり合った男女関係や性的な関係の中で発生するため、出来事に正しく名前を付けることは難しい。

それでも、顔見知りによるレイプは犯罪だ。単に犯人がよく知った顔だったというだけで、犯罪に変わりはないのだ。

あれは私の人生最悪の時期だった。さまざまな大学から集まった何百人、何千人もの学生と共に街でベトナム戦争反対のデモ行進をしたが、国内外で状況は壮絶さを増す一方だった。関連性はないが、大切な友人がその年の春にティーンエイジャーの不良グループに殺された。その事件から数週間後、私は恋人と別れた。彼をカールと呼ぶことにする。私たちは気まずい状態で別れた。私はきっぱりと別れたかったが、カールは復縁を望んでいた。そしてカールは特に計画もないままふらりと旅に出た。

2か月ほど経ったある日、私が住んでいた部屋の前にカールが現れ、どうか話をしてほしい、よりを戻したいと懇願した。私は復縁するつもりはないと伝えた。するとカールは、話し合いに応じなければ自殺すると、大声で叫びはじめた。

一時は好きだった男性にそこまで不幸な思いをさせていることに、私は罪悪感を抱いた。本当に自殺を図るかもしれないと思った。だから、外に出て話をすることにした。外に出るとすぐカールは、カールが滞在している共通の友人の家に行こうと言いはじめた。その友人も私に会いたがっていて、3人で夕飯を食べようと言っていたそうだ。だからそこで話をしよう、とカールが言った。

カールが嘘をついているとは夢にも思わなかった。復縁はできないとカールを説得するのを、友人が手伝ってくれるかもしれないと思った。友人のアパートは、私があまり行ったことのない場所にあった。友人の部屋へと階段を上がりながら、友人がいてくれることをどれほど嬉しく思っていたか、いまだに覚えている。友人の名を呼びながら、部屋に一歩入った。背後で、かんぬきがガシンとかけられる音がした。

振り返るとカールはニヤリと笑って立っていた。部屋に入ったときにキッチンから持ってきたのだろう、大きな包丁を手にしていた。言うまでもなく、友人は部屋にはいなかった。カールはそれを知っていて私を連れ込んだのだ。死ぬかもしれないと私は悟った。カールを信じたい気持ちがあったとしても、直後に耳に入った「殺してやる」という言葉で一瞬にして消された。

カールは夜遅くまで、復縁に応じなければ私を殺して自分も死ぬと脅しつづけた。復縁について何時間も延々と話し合った。私がカールの視界から消えるのを許されたのは、トイレに行くときだけだった。トイレには格子のついた窓があり、叫んで助けを呼ぶこともできたが、そうはしなかった。その理由には矛盾があり、本書のためにインタビューをした女性たちが口にした理由と非常によく似ていた。自分がどこにいるか、誰か来てくれるのか、わからなかったから。カールや自分に恥ずかしい思いをさせたくなかったから。話し合いでこの状況から抜け出せると相変わらず信じていたし、叫べばカールを余計に怒らせていっそう酷い目に遭わされるのではと怖かったから。

深夜になった頃、カールがナイフで寝室の方を指し示し、私は従った。ベッドの上で私の身体の上にカールが腕を乗せ、枕の向こう側で一晩中ナイフを握っていた。少なくとも1回は性行為をしたが、私の感覚では1回ではなかったように思う。とても長い時間続いたように感じられた。自分が部屋の隅にいて遠くからベッドを眺めているような感覚に陥っていた。やっとカールが眠りに落ちた。私は動かなかった。叫ばなかった。逃げだそうとしなかった。朝になると、カールは私のアパートまで歩いて送ってくれた。私の強い願いでアパートよりも1ブロック手前で別れた。今思えば、カールは私のルームメイトに出くわさないために言うとおりにしたのだろう。やっと自分の部屋に入ると、私は服を脱ぎ捨てて1時間ひたすらシャワーを浴びた。その日は仕事に行かなかった。

それから1~2週間、カールは通勤中の私の前に何度か現れた。仲の良かった当時の上司が警備室に電話してくれ、私に護衛がつくことになった。カールとのことを誰にも話していなかったが、まとわりつかれて怖がっていることに上司は気付いていた。数週間経つとカールは現れなくなったが、また待ち伏せされているかもしれないという恐怖は消えなかった。数か月もの間、カールがいるかもしれないと思うとどこに行くのも怖かったし、どこにいても怖かった。

自分がレイプされたのだと気付いたのは3年ほど経ってからだ。それまではあの出来事と言えば、死を感じた恐怖が何よりも強く残っていた。暴行者がかつての恋人であり、性的な関係を持ったことのある相手だったため、あの出来事と「レイプ」という言葉が結びつかなかったのだ。そもそもレイプとは、下劣な見知らぬ人による暴行を指す言葉だと思っていた。するとある日、地域のレイプ被害者団体の代表となった親しい友人が、その団体で耳にした最近の事件の話をしてくれた。どれも知らない人に襲われた事件だったが、聞いているうちに自分の経験にまつわる感情が湧き上がった。そこで気付いた。私はレイプされたのだと。

名前がついたことで救われたと言いたいところだが、かなり時間が経つまでそうは言えなかった。あの事件は私にいくつもの悩みをもたらし、どれも何年間も続いた。最終的に、積もりに積もった後遺症を乗り越えるきっかけをくれたのはカウンセリングだった。

事件から10年が経つと、やっと完全に乗り越えたと思えるようになった。もちろん、カールに復讐するというささやかな夢は心に抱いていた。どこか公共の場でカールと出くわし、面と向かってレイプ犯と言い放つ空想にふけった。大声で否定されるのは目に見えているが。我が身に降りかかったことを少なくとも理解はしていても、ほぼ誰にも打ち明けたことはなかった。

クリスマスイブに一人で家にいると、電話が鳴った。出ると男性の声がこう言った。「誰かわからないだろうな。君の昔の男だよ」。すぐにカールだと気付き、カールは気付いてもらえて満足げだった。

そしてカールは、当時私が執筆していた記事を読んでいると言った。怒りと恐れが湧いた。カールは明らかに私の居場所を知っており、おそらくカール自身もまだその地域に住んでいるということだ。当時の私の執筆活動といえば、大半が地域の刊行物向けだったから。カールがどこにいてどの程度の危険性をはらんでいるかを知ろうと、私はいくつか質問をした。カールは自分のことについてはほぼ何も話さなかった。電話を切ってしまいたかったが、もっと対決したいとも感じていた。カールはまたもや私を、今度は電話で攻撃したのだ。これがおそらく最初で最後の反撃のチャンスだろう。自分を落ち着かせた。

「最後に会ったとき私のことをレイプしたって、わかってる?」

よし、言ってやった、ずっと言えたらと願ってきた言葉を。激怒とともに否定の言葉を返されると確信していたので、覚悟を決めた。一撃に備えて身体がこわばるのを感じた。

長い沈黙の後、受話器の向こうから声が返ってきた。

「うん」。それからまた少し間を置いて、カールはこう言い足した。「でも、時効だろ」。

怒りがこみあげ、次に連絡をよこしたら警察に通報すると警告した。そして受話器をたたきつけて電話を切った。信じられなかった。対決した結果、カールは認めたのだ。私をレイプしたと。

やっと平静を取り戻しても、怒りは収まらなかった。怒りのほとんどは自分に向けたものだった。私は完全に乗り越えたと思っていたのだ。しかし電話を終えて、自分が何年もの間、疑問を抱いたままだったことに気がついた。相手が知り合いだった場合にもレイプと言えるのだろうか？その相手と付き合っていても？　セックスしたことがあっても？

カールが「うん」と答えたことが、あの事件が何であったかを初めて私に確信させた。カールの承認があまりに大きな意味を持っていたため、私は自分自身に怒り、失望したのだ。

今から7年前のことだ。『Ms.』誌の編集者エレン・スウィートが、本書の企画について私と初めて話をしたとき、私が知り合いにレイプされた経験の持ち主だとは知らなかった。それから数か月間、私はそれを伝えなかった。私にはプロジェクトについて考える時間が必要だった。すでに私に苦痛と混乱と怒りをもたらしたテーマに1年以上もかけて従事するとなると、どうなってしまうのだろう。調査の一環でインタビューを行えば、自分が受けた痛みをほじくり返すことになりうることにも気付いていた。それもリポーターとしての私が望む以上に深く。結局私は、セラピストでもレイプ相談カウンセラーでもない。女性の傷をより深くえぐることなく、事件を思い出してもらうことなどできるのだろうか。私が経験した顔見知りによるレイプについて書く必要も出てくるかもしれないともわかっていた。自分が見せたくないものを、他の女性にさらけ出すよう頼むことなどできない。本書の著者として、同様のレイプの経験があるかと質問されることもあるだろう。それに対して嘘をつくことは考えられなかった。本書を執筆するということはつまり、レイプされた経験を私の両親にも伝えねばならないことを意味した。

最終的にやると決め、私は全国のデートレイプと顔見知りによるレイプの被害者と話をした。知り合いの男性からレイプされた経験を持つ女性を、できるかぎり広範囲から集めるために、地方の新聞の広告欄を購入し、レイプ相談センターのスタッフの力を借り、体験を語ってくれる女性を探していると『Ms.』誌に小さな告知を載せた(これによりアンケートへの回答数も増えた)。直接インタビューを行うこともあれば、生々しい体験談が書かれた手紙を受け取ることもあった。合計150人を超える女性から話を聞いた。本書にちりばめられた引用は、この女性たちの言葉だ。インタビューを行った女性のうちの多くが、カウンセラー以外に体験を語るのは初めてだと言った。大半は、他の女性に知識を得てもらいたい、助けを得られずにいる孤独なレイプ・サバイバーを勇気づけたいという思いから、私に打ち明けることを決断してくれた。被害者女性以外にも、デートレイプと顔見知りによるレイプに対して同情的な男性、同情的でない男性、男女両方を含む社会学者、心理学者、教育者、また問題の解決策を模索しているレイプ相談センターの職員にも話を聞いた。

調査を始めた頃は、自分のレイプ被害を私は完全に理解できていると思っていた。しかし本書の執筆を進めるうちに、そうではなかったことを繰り返し実感した。知り合いの男性からレイプされた女性の話を聞きながら、自分の件について学ぶことの方が多かった。自分が受けた被害に似た例などないと思い込んでいたが、レイプに決まった形はないとはいえ、あらゆる面から見て顔見知りによるレイプの典型であったことを知った（男性側がもくろみ、孤立した場所で行われ、暴行者を知っていたためにレイプだと認識しなかった）。たいていのデートレイプや顔見知りによるレイプでは、私のときのような凶器の使用はない。それでもインタビューした多くの女性が、暴行中にどれほど命の危険を感じたか、殺されるとどれほど本気で思ったかを話してくれた。回復に至るまでのたくさんの物語は、私に残っていたレイプの後遺症を考察する助けにもなった。

こうして自分の話をするのは、私たちが明確な意見や目的を持たないままレイプを語るとジャーナリストが盲信しているからでもある。偏見を持たれているのであれば、隠し立てのない真実をすべて伝えたい。私のレイプ被害の経験は、話をした編集者や専門家というよりも、体験談を提供してくれた女性たちの役に立った。インタビューのはじめには必ず、私も知り合いの男性にレイプされた経験があると簡単に伝えた。そう聞いて女性の緊張が解ける様が毎回見てとれた。経験を明かすことは、顔見知りによるレイプのサバイバーに常につきまとう恐怖を取り除く力を十分に持っていたのだ。自分の話を信じてもらえなかったら、と考える恐怖を。

1. 顔見知りによるレイプの実態

「同じ体験をした人の話を聞いたことがありません」
19歳のときにデート相手にレイプされた、ローリ

知り合いの男性にレイプされることを指す「顔見知りによるレイプ」は、男女関係が常軌を逸してもつれた結果ではない。あなたが女性なら、知り合いにレイプされる確率は、見知らぬ人にレイプされる確率より4倍も高い。

『Ms.』誌と心理学者メアリー・P・コスが32の大学キャンパスで近年実施した顔見知りによるレイプについての科学的調査では、かなりの数の女性がデート中に、または知り合いによりレイプされたにもかかわらず、ほとんどがどこにも報告しなかったことが明らかとなった。

〈『Ms.』誌の調査結果〉
・女性回答者の4人に1人がレイプまたはレイプ未遂の被害者だった。
・レイプ被害者の84%が加害者と知り合いだった。
・レイプの57%はデート相手との間で発生した。

この数値は、顔見知りによるレイプとデートレイプの割合が、左利きや心臓発作、アルコール依存症の割合を超えることを示している。こうしたレイプはキャンパス内の一過性の風潮や、恋

人に捨てられた女性の妄想などではない。現実である。それも、身の回りの至るところで発生している。

「隠された」レイプの実情

ほとんどの州ではレイプはこう定義される。暴力や脅しを用いて、または被害者が身体的、精神的に同意の意思を示せない状況下で、女性の意思に反して男性がペニスを膣内挿入する性的暴行。今は多くの州が、望まない肛門性交と口腔性交もこの定義に含むとしており、レイプ関連法の適用範囲を広げる目的で性別を限定する語を除外した州もある。

顔見知りによるレイプの加害者と被害者は、ちょっとした知り合いにすぎないかもしれない。同じ活動団体に所属する人、友人の友人、パーティーで知り合った人、隣人、同じ授業を取っている学生同士、同僚、ブラインドデートの相手、旅行中に知り合った人。もしくは、交際相手や性的関係を過去に持ったことのある相手など、より近しい間柄かもしれない。最も報告されない類のレイプであるため大半が隠された事件となっている（そもそもレイプ自体が最も届けの出されない対人犯罪である）が、数多くの組織やカウンセラー、社会調査研究者は、顔見知りによるレイプが最も頻発するレイプであることに同意している。

1986年に国内の法執行機関に届けが出されたレイプはわずか9万434件であり、これは控えめに見ても、実際に発生したレイプ件数のほんの一部だとされている。政府の見積もりによると、届けが出されたレイプ1件に対し、実際には3〜10件発生しているそうだ。見知らぬ人によるレイプの届け出件数が依然として少ないのに対し、顔見知りによるレイプはほぼ届けが出されないと言っても過言ではない。各地のレイプ相談センター（被害者が治療のために通うが、警察に届けを出す必要はない）の職員たちの所感では、全体的なレイプ件数のうち70〜80％が顔見知りによるレイプだという。

顔見知りによるレイプが頻発する背景には、性的加害が日常的に行われている社会環境がある。実際、『Ms.』誌のアンケート調査に回答した女子大学生のうち、過去に性被害に遭ったことは一度もないと回答したのは半数以下だった（回答者の平均年齢は21歳）。多くの女子大学生が意思に反する性的な接触や性行為の強要、レイプ未遂、レイプの被害経験を2件以上抱えていた。この調査で収集したデータを使用して（調査の実施方法は374ページのあとがきで説明している）、アメリカの大学キャンパスでたった1年間「社交生活」をする間に何が起きているのかが、次のように描き出された。

〈『Ms.』誌の調査結果〉

・3187人の女性が1年間に起きた被害を次のように報告した

・（法の定義に基づく）レイプ328件

・(法の定義に基づく) レイプ未遂534件
・強制性交837件(加害者からの連続的な主張や圧力に屈して行われた性行為)
・望まない性的な接触2024件(女性の意思に反して行われた愛撫、キス、ペッティング)

何年も前から、多くの研究者が顔見知りによるレイプ事件を記録してきた。1957年のインディアナ州ウエストラファイエットにあるパデュー大学のユージーン・J・ケニン博士の研究によると、アンケート調査に回答した女性の30%が、高校時代にデート相手による強制的な性行為または性行為未遂を受けていた。それから10年後の1967年、若者が花やビーズを身にまとい「ラブ&ピース」を語っていたさなかにケニン博士が実施した調査では、男子大学生の回答者の25%以上が、女性に性行為を強要して泣かせたり反撃されたりしたことがあると答えた。1977年、女性解放運動が発展し、無数のポップカルチャーが「繊細な男性」を美徳として過剰に持ち上げたがる動きが落ち着いた頃のケニン博士の調査によれば、男性回答者の26%が女性に強制性交を試みたことがあり、女性回答者の25%がレイプ未遂またはレイプを経験していた。言い換えれば、ケニン博士の最初の研究調査から20年が過ぎても、女性が知り合いの男性からレイプされる頻度に変化はなかった。

1982年にアラバマ州オーバーンにあるオーバーン大学の博士課程の学生が実施した調査では、アンケートに回答した女子大学生のうち25%が、強制性交を1度以上経験していることが明らかとなった。なお、その93％が顔見知りによる行為だった。同じ年に、オーバーン大学の心理学教授で顔見知りによるレイプの専門家であるバリー・R・バークハートが実施した調査では、男性の61％が、女性の意思に反して性的な接触をしたことがあると述べた。

大きく北上してミネソタ州セントクラウドのセントクラウド州立大学に調査環境を移しても、1982年の調査に回答した女性の29％が、身体的または精神的に強制されて性行為をしたことがあると答えた。

1984年にサウスダコタ州バーミリオンのサウスダコタ大学で実施されたアンケートでは、回答した女子大学生のうち20％が、デート中に身体的に強制されて性行為をした経験をしていた。ロードアイランド州プロビデンスのブラウン大学の調査では、回答者女性の16％が顔見知りによるレイプの被害に遭っており、回答者男性の11％が女性に対し強制性交を行った経験があった。また、オーバーン大学のバークハート教授も参加した共同研究では、男性回答者の15％がデート相手をレイプしたことがあると答えた。

同じく1984年、顔見知りによるレイプの研究調査は、緑豊かでのどかな大学の敷地から「危険な」外の世界の厳しい現実へと一歩踏み出した。研究者ダイアナ・ラッセルが実施したサンフランシスコ在住女性から930人を無作為抽出したアンケート調査は、回答者の44％がレイプまたはレイプ未遂の被害を経験しており、そのレイプ被害者の88％が加害者と知り合いという事実を明らかにした。Massachusetts Department of Public Health（マサチューセッツ州保健局）の

1986年の発表によると、レイプ相談センターに報告されたレイプの3分の2が顔見知りによる犯行だった。

数々の調査結果は、大半の人がイメージするレイプの姿とは完全に対照を成している。レイプと言えば、見知らぬ人（一般的には黒人、ヒスパニック系、その他マイノリティの人種）が茂みの中から無防備な女性の眼前に飛び出し、凶器を振りかざしながら暴行するものと信じ込まれていたのだ。実際のレイプは知り合い同士の男女間で発生し、往々にして「普通の」男性が実行犯だった。これは受け入れがたい真実だった。

たいていの人は、レイプが自分や大切な人に影響を与えるまでこの真実を知らないでいる。そして女性はというと、我が身に降りかかった顔見知りによるレイプと、それまでレイプと信じていたものとの乖離ぶりに混乱するあまり、気の滅入る新たな現実に直面する。見知らぬ男性を恐れるよう教わってきたように、今後は見知らぬ男性と顔見知りの男性すべてを恐れることになるのだ。

ローリの体験談

はたしてデート相手がレイプ犯になりうるのだろうか。

2人で過ごす楽しい時間を思い起こさせる「デート」と、一方の意思でもう一方が完全に支配下に置かれる恐怖を呼び覚ます「レイプ」が組み合わさると、常識では理解しがたい言葉が生まれる。デートレイプが発生する過程を、典型的な事件を例に見てみよう。

背景：自然な流れだった。よくあることだった。ローリの友人エイミーはポールに思いを寄せていたが、ふたりきりで出かけるのは気まずく恥ずかしいようだった。だから、ポールのルームメイトであるエリックが、エイミーとポール、ローリとエリックでダブルデートをしようと提案したのも、何もおかしい話ではなかった。提案を聞いたローリは、当時「エリックのことは友人としか思っていなかった」ため、「『いいよ、エイミーもその方が楽しめると思うし』と答えました」と話す。

エリックと出かけることを決めたのは、単なる人助け精神からとも言えなかった。エリックは格好良かった。背が高くハンサムで、歳は20代半ば、裕福な家庭の出身だった。当時19歳だったローリは、エリックとポールをタンパベイの人気レストランの常連客として知っていた。大学の長期休暇中にローリはそこでウェイトレスをしていたのだ。

デート当日、エリックは何度も電話で予定変更を伝えてきた。最終的には、ポールとエリックがシェアしている家で、友人たちを呼んでバーベキューをするという話に落ち着いた。ローリは了承した。

エリックと一緒にエリックの家に入り、私はポールとエイミーのことを言いかけましたが、「はいはい」と流されたような感じでした。それはそこまで気になりませんでした。それから一緒に肉を焼きながら、エリックは「これでエイミーもうまくいくな」などと言いました。

エリックは夜じゅうお酒を作りつづけていました。「ほら、飲みなよ」「はい、これをどうぞ」と絶えず勧めてきましたが、私はいらないと断りました。エリックは手当たり次第に飲んでいました。

加害：ローリには知らされていなかったが、エイミーはポールと会う約束を前日にキャンセルしていた。ポールはエリックに伝えたが、エリックがローリに伝えなかった。バーベキューパーティーが進むなか、一向に姿を現さないエイミーのことをローリはエリックに再び尋ねた。するとエリックは、ついさっきポールから電話があってエイミーは来ないといわれた、と嘘をついた。

私は「しかたないか」と思いました。裏に何か策略があるとは夢にも思いませんでした。その頃、エリックの友人が一斉に帰りはじめました。そこで「何かおかしい、何かがある」と思いはじめましたが、私は大げさに考えすぎる癖があるとよく言われていたので、考えないことにしました。

エリックの友人が全員いなくなり、エリックとソファーに座っていると、エリックがこちらに身を乗り出してキスをしてきましたが、私は「デートなんだから、これは大したことじゃない」と思いました。キスが少し激しくなってくると「まあいいか、そこまで悪くないかも」と思いました。そこで電話が鳴り、エリックが戻ってきたとき私は立ち上がっていました。エリックが後ろから私を掴み、私を抱き上げました。手で私に目隠しをして、家の中を移動しました。真っ暗だったので、いったいどこに連れて行かれるのかわかりませんでした。家の中を見て回ってもいなかったので。

エリックは私を［ベッドに］下ろし、キスをして（中略）。私の服を脱がしはじめたので、「ちょっと、ストップ！ 私はしたいと思ってなくて」と言うとエリックは、夕飯を作ってやったんだからこれくらいしてくれないと、みたいなことを言いました。

私は「そんなのおかしい、お願い、やめて。こうしたいと思って来たわけじゃない」と言いました。

エリックが「さっきソファーでしたことは何だと思ってんの?」と言ったので、「キス、それだけ」と答えました。

「俺はそう思わない」と言われました。

2人の口論は続き、じきにエリックはローリをベッドから突き落とした。ローリは飛び起きてバスルームに駆け込んだ。数分経ったら外に出て、家に帰る時間だから送ってほしいと言おうと思った。

私はずっとこう考えていました。「私にこんなことが起きるはずない」って。バスルームのドアを開けて部屋に入ろうとした瞬間にエリックが私を掴んでベッドの上に押し倒し、私の服を脱がせはじめました。私が叫んだり叩いたりエリックを押しのけようとしたりするのを、エリックは楽しんでいました。「君もこういうの好きだろ。そういう女ってたくさんいるから」と言い、それから「これが大人の世界だよ。君ももうちょっと大人になりな」とも言いました。最終的に私は、もうどうにもできないことを悟りました。

エリックはペニスをローリの中に押し込み、数分後に射精した。ローリのそれ以前の性交経験は、約1年前に長く付き合っていた恋人と一度したのみだった。

それからエリックが横に転がったので、私は服を着はじめました。「嫌だったとか言うなよ」とエリックが言い、私はエリックを見て「うん」と言いましたが、そのときには他にどうすればいいかわからなくて涙が出ていました。同じ体験をした人の話を聞いたことがありません。

事件が残した影響：やっとエリックはローリを家まで送った。

車の中でエリックは「明日電話していい？　来週末も会える？」と聞きました。私はただエリックをじっと見て、エリックも私をじっと見てそれから笑い出しました。

母が外出していたので、私はベッドに入って頭まで毛布をかぶりました。その晩はとにかくあらゆるものを着ました。レッグウォーマーや保温性下着まで、真夏だったけれど思いつくものすべてを身につけました。夢の中であの出来事がはじめから繰り返されました。夢では、私は傍に立ってエリックがすることを見ていました。

それから2週間、私は喋ることができませんでした。誰かに話しかけられても、何も考えられませんでした。ゾンビになったような気分でした。泣けないし、笑えないし、食べられませんでした。「いったいどうしたの？　何があったの？」と母に聞かれましたが、「何でもない」と答えました。

自分に非があると思ったんです。私のどの行動が、エリックにあんなことをできると思わせたんだろう。キスがいけなかったのかな。デートに応じたのが、家に行ったのがいけなかったのかな、と。

事件から2週間後、ローリは何があったかを母親に打ち明け、これからどうすべきかを話し合った。ローリはエリックから非難されることを恐れて、警察には届けないと決めた。エリックは変わらず、ローリが働いているレストランに頻繁に訪れた。例のデートから数週間経った頃、エリックはレストランで、キッチン近くの廊下にローリを追い詰めた。

エリックが私に触れたので「触らないで」と言いました。最初、エリックはそれを面白がっていました。「なんで?」と言って、私を引き寄せハグしようとしました。私はエリックを押しのけて「ほっといてよ」と言い、そこからだんだん声が大きくなってしまいました。私が歩き去るときにエリックは「ああ、まだ満足してないってことね」と言いました。

キッチンに戻り、料理がたくさんのったトレーを持ち上げました。どうしてそうなったのかわかりませんでしたが、私はトレーごと床に落としてしまい、料理が散乱しました。ウェイトレス仲間の友人が支配人のところに行って「今晩はローリに仕事をさせない方がいいと思います」と伝え、支配人と一緒に私を家まで送ってくれました。

エリックと遭遇しつづけるのを避けるために、ローリは240km離れた町へ引っ越す決意をした。新しい町で会社事務とレジ係の仕事を見つけ、新しい大学で授業をいくつか履修した。レイプから1年後、昼休みに電気の消えたレストランで腰を下ろし、ローリはまだ答えを探していた。

新しい町に引っ越してしまえば、誰もあの事件を知りませんでした。あのような経験をしたのは自分だけだと思っていました。するとルームメイトが、オハイオ州で同じような経験をしたと話してくれました。一度だけお互いの事件について話しましたが、それだけです。私が取り乱してしまうのでそれ以上は話せませんでした。ルームメイトも同じだったので、わかってくれました。お互いもう思い出さないことにしています。

他の女性はどうやって乗り越えたんでしょうか？　私はアルバイトを2つ掛け持ちし、大学にも通って、誰かにデートに誘われる状況が起こらないようにしています。もし誰かとデートしたとしても、夕飯をおごられるのは「ベッドに連れ込むぞ」という意味なのかと考えてしまうでしょう。

もう同じような状況に身を置くような馬鹿なことはしません。そんな無知な自分は卒業しました。たった2週間程度で、私は成長したんです。

顔見知りによるレイプに関する思い込み

デートレイプや顔見知りによるレイプの被害者のほとんどがそうであるように、ローリも事件を警察に届け出ないどころか、最初はレイプされたと気付いてすらいなかった。ほかに仲間はいないと思い、自分に非があったと思い込んだ。加害者から物理的に距離を保つために自分の生活を変えた。今のローリは、当時自分が選んだ行動への疑問や、男性と交流することへの恐れ、もう誰とも「普通の」関係を構築できない絶望で押しつぶされそうだ。

だが、ローリが体験したような出来事に対してどう感じるかを大学生に尋ねると、このような答えが返ってくることがある。

・「当然の結果でしょう」
・「彼女は何を期待していたの？　結局、家に行ったのは自分なのに」
・「それはレイプじゃない。レイプは見知らぬ男性がつかみかかって銃を突きつけるやつだ」
・「処女じゃなかったんだから、何の被害も受けていない」
・「夕飯をおごったのは彼。だから彼に借りがある」
・「彼女はキスを楽しんでいた。それより先に進んで何が悪い？」
・「セックスをしたことに罪悪感を覚えて、後になって『レイプだと騒ぎ立てた』だけ」

右に挙げたものはいずれも近年、アイビーリーグ、州立大学、小規模の大学などさまざまな大学で、大学生の男女がデートレイプについて議論した際に実際に出た意見だ。ただ、このような見方に対して大学生だけを責めるのはやめよう。大学生の親、さらには社会全体が、右の意見の少なくとも1つには賛同するのではないだろうか。

いずれの意見も、知り合いの男性にレイプされた女性について広く信じ込まれている思い込み

だ。だが、現実はこれと大きく乖離している。ありがちな思い込みとそれに対する真実をいくつか並べてみよう。（表1）

多くの社会的通念がそうであるように、このような思い込みも私たちに刷り込まれてきた。周りの人々や、読んだ本、映画やテレビ番組、ときには商品を売るための広告からも。

この思い込みのせいで、顔見知りによるレイプの現状は見過ごされてきた。大学キャンパスでは、寮やフラタニティハウス（訳注：フラタニティとは男子学生限定の社交クラブ、フラタニティハウスとはその組織が持つ学生寮を指す）で女子学生がレイプ被害に遭うたびに、大学の管理部門は駐車場の灯りを増やしたり、護衛サービスの対応時間を延長したりするなどの新たな対策を発表する。安全のための現実的な予防措置ではあるが、顔見知りによるレイプ防止の役には立たない。デートレイプの被害を届け出る（そして起訴に成功する）女性はまれにいるが、知り合いの男性や社交相手として選んだ男性からレイプされたと裁判で証言しても、陪審員や裁判官から疑いの目で見られ、話を信じてもらえないのが常だ。

レイプ防止活動家が、顔見知りによるレイプへのより強固な予防策を求める活動をしながらも、被害者には告発を諦めるよう密かに助言しているのも無理はない。思い込みを刷り込まれて育った陪審員に、レイプが本当に起きたと納得させることは非常に困難なのだ。

レイプはレイプ

表1

思い込み	現実
レイプは頭のおかしい見知らぬ人が犯すもの。	被害者女性のほとんどは顔見知りの「普通の」人にレイプされている。
同意の上で男性の家に行ったり車に乗ったりした場合は特に、レイプされても仕方がない。	男性も女性も、誰一人としてレイプされても仕方がない人などいない。男性の家や車に入ることが、性交への同意にはならない。
反抗しなかったのなら、レイプされたとは言えない。	反抗したかどうかに関係なく、意思に反して性交を強制されたなら、それはレイプだ。
銃やナイフを使われていないなら、レイプされたとは言えない。	加害者が凶器や拳、言葉による脅迫、ドラッグ、アルコールを用いたり、周囲から隔離したり、被害者の身体／精神の正常な状態を奪ったり、単に体重をかけて押さえつけたりしたうえで性交したなら、それはレイプだ。
被害者が処女でなければ、厳密にはレイプとは言えない。	女性が処女でなくとも、また過去に同じ男性と望んで性交したことがあったとしても、レイプはレイプだ。
男性が夕飯、映画、飲み物などをおごったなら、女性にはセックスで返す義務がある。	どれほど高額なものをおごられても、セックスで借りを返す義務は断じてない。
男性とのキス、いちゃいちゃ、ペッティングに同意すると、性交にも同意したことになる。	その前に何をしていたとしても、性的な行為に「ノー」の意思を示す権利と、その意思を尊重される権利を誰もが有する。
性的に興奮した男性は、セックスをしなければ強い不快感に襲われる。また、一度スイッチが入ると、男性はセックスを強行せずにはいられない。	男性も女性と同様、性的に興奮したときにセックスをする身体的な必要性はない。また、性的に興奮していたとしても自分自身の制御は可能である。
女性はレイプされたと嘘をついている。デート相手や知り合いの男性にレイプされたと主張する場合は特に。	レイプは現実に起きている。あなたの知る人によって、あなたの知る人に対して。

デート中や知り合い同士の男女間で発生するレイプを、過激な性行為が誤った方向に進んだものなどと捉えてはならない。レイプは暴力であり、魅惑的な要素はない。見知らぬ人によるレイプと顔見知りによるレイプのいずれにおいても、暴行者は自らの欲望を被害者に押しつけて従わせようとする。レイプ犯は女性に対して性交を強制する権利が自分にあると思い込んでおり、目的を達成するためには相手に暴力（単純に女性を押さえつける行為から、銃を振りかざすものまで）を振るうのも許容範囲内と考えている。

「いかなるレイプも力の行使」であると、スーザン・ブラウンミラーが画期的な著書『Against Our Will: Men, Women, and Rape（意思に反して：男と女とレイプ）』の中で述べている。ブラウンミラーをはじめとする多くの人が、レイプとはつまり、古代から社会秩序を築く基盤となってきた男女関係の中にほぼ必ず存在する「力の不均衡さ」を行使する行為だと、主張している。現代においてもその男女関係は続いている。男性の多くは性に関して積極的であるよう、言ってしまえば手段を選ばずに女性を手に入れるよう、社会化されてきた。女性の多くは男性の、それも特に世間一般から好ましいとみなされる男性の意思に従うよう、社会化されてきた。この役割分担の維持が、顔見知りによるレイプのお膳立てをする役目を担っている。

だがこの社会化に反して、たいていの男性はレイプ犯ではない。これは朗報だ。悲報は言うまでもなく、レイプ犯があまりにも多いことだ。

〈『Ms.』誌の調査結果〉

・アンケートに回答した男子学生の12人に1人が、法的な定義に基づくレイプまたはレイプ未遂を実行した経験がある。

顔見知りによるレイプの被害者への非難

デートレイプと顔見知りによるレイプの多くが、女性の努力で予防可能である点に異存はない。素敵に見えた男性を信用しなければ、お酒を飲み過ぎなければ、もしくは多くの被害者の体験談でよく耳にすることだが、失礼、不親切、子どもっぽいなどと思われたくないがために無視した当時の「悪い予感」に従っていれば。しかし、違う判断をしていればレイプを予防できたかもしれないと女性が認めたからといって、事件の責任が女性にあることにはならない。オレゴン州のレイプ相談機関のカウンセラーはこう話す。「ここではこう言われています。『判断を誤ったことは、レイプされるに値する罪ではない』と」。

顔見知りによるレイプの被害者以上に、世間から非難される被害者はいない。強盗被害は、外で腕時計をつけたり、肩紐のないハンドバッグを持っていたりしたことへの「当然の報い」とは言われない。また、会社が利益を横領されても「自業自得」ではないし、脅されてレジの売上金を渡した店舗経営者に責任はない。どの犯罪も、実行犯がやると決めたから発生したものだ。

顔見知りによるレイプも、これと何ら違いはない。被害に遭う確率を低くする手段はあるが、ほかの犯罪と同様、それを確実に防ぐ方法などない。

それなのに顔見知りによるレイプの被害者は、被害に対して非があるように見られ、しばしば加害者以上に非難される。「デートレイプは、良い行いが良い結果に結びつくという前提を脅かすものです。私たちは、何の前触れもなしに悪いことが起きはしないと信じているふしがあります」と、『Ms.』誌の調査の主要研究者を務める心理学者であり、現在はアリゾナ州ツーソンにあるアリゾナ大学医学部の精神医学部門に所属するコス博士は述べる。概して社会とは、「きちんとした男性」がそのような事件を起こすという部分に当惑し、その「きちんとした男性」が行為を犯罪よばわりされて不愉快な思いをするのも無理もないと頷き、ふざけた主張をする女性の方がおかしいと思い込むものだ。女性は嘘をついている、情緒に問題がある、男性嫌いだ、自分のふしだらな行いを隠そうとしている、などと言って。しかし事実はというと、『Ms.』誌のアンケート調査は、知り合いの男性からレイプされた女性と被害に遭っていない女性との間に、個人的な特性や行動の面ではっきりとした違いが見られないことを示している。

申し分なく素晴らしいと思える男性を信用するなと女性に言うべきなのだろうか。パーティーやデートに行くなと、お酒を飲むなと、性欲を持つなと言うべきなのだろうか。とんでもない。レイプを発生させているのは被害者ではないのだから。

それでも多くの人が被害者に非があると信じつづけている。１９８７年４月にシンジケートコラムニストのアン・ランダースは、2人のデート相手からそれぞれレイプされたという女性からの手紙に対し、その女性を支持する返信を発表した。これはどうやら読者からは大変不評だったようだ。

ランダースからの返信には「その犯罪者を起訴しなかったとは残念です」とあった。「今すぐカウンセリングを受けて、罪悪感と怒りの感情からご自身を解放してください。あなたのせいではないと、しっかりと理解すべきです」。

ここまではよかった。だが3か月後、その被害者と1人目のレイプ加害者はレイプの前に「たっぷりとキスや愛撫をした」という点に対して、怒りに満ちた女性読者からランダース宛てに手紙が届き、ランダースはそれを公開した。被害者は性交を望んでいなかったかもしれないが、「男性をその気にさせて、自分も行為を望んでいるという誤解を与えた責任を当然取るべきだ。男性が情熱を抑えきれなくなってから被害者が気持ちを変えたことが出来事の発端。気を変えるには遅すぎた」という内容だった。

ランダースはこのもっともらしい主張を受け入れた。「男性は自制できない」というお決まりの馬鹿げた通説を。返信として、ランダースはこう発表した。「納得です。私の見解を改め、女性の皆さんにこう伝え直さなくてはと思いました。『性行為の終わりまで進みたくないなら、会話をとにかく弾ませつづけて、彼の手をどかしましょう』」。

つまるところ、もしレイプされたなら非はあなたにある、と。

大学キャンパスでのデートレイプと顔見知りによるレイプ

女性解放運動がもたらした考え方の変化と政治的な変化とはうらはらに、今も男女の恋愛関係はしばしば、女性が受動的な役割を、男性が積極的な役割を担うと特徴づけられる。なかでもティーンエイジャーと若者には、とりわけ強い男女間の対照性が見られる。恐怖心や不安感、無知により、性別役割分担の最悪のステレオタイプを受け入れてしまう年代だ。望まない性的な接触や、心理的に強要された性交、そしてレイプなど、絶え間なく発生する性被害を助長する環境のなかで、それが普通だと慣れてしまっている。「男女関係においては性的な行為の強要があまりにありふれているため、知り合いからのレイプをレイプと認識しないのかもしれません」。レイプに関する教育を行うシアトルの組織、Alternatives to Fear（恐怖の代わりに）のパイ・ベイトマン代表はそう語る。

若者にとっては、いわゆる「男と女の闘い」にすぎないのだ。ティーンエイジャーの少年はよく、友人や年上の男性から、女性に「4F」、すなわち「Find 'em; feel 'em; fuck 'em; forget 'em（見つけろ・感じろ・ヤって・忘れろ）」と助言をもらう。一方で少女は、理想の男性が現れるまで「とっておく」よう戒められてきたのもあり、継続性のある関係が付随する状況で性交に及びたいと希望する。カリフォルニア大学バークレー校の研究者カート・ヴァイスとサンドラ・S・ボージェスは、1973年発表の論文でこう指摘した。デートは、社交に非常に前向きながらも異なる期待を持つ男女を、多義にとれる状況に、それも他人の目を完全に排除したところに置く。だから、デート中にレイプが発生しやすいのだ。

そうすると、最もデートをする年代である16～24歳の女性のレイプ被害率が、他の年代と比べて4倍も高いのにも頷ける。レイプ罪で逮捕される男性の半数近くもまた、24歳以下だ。18～24歳のアメリカ人のうち26％が大学に通っているため、『Ms.』誌の調査をはじめとしたデートレイプと顔見知りによるレイプに関する調査活動は、大学に焦点を置いてきた。

〈『Ms.』誌の調査結果〉

・男女ともに、レイプ事件（加害者も被害者も含める）が発生したときの平均年齢は18・5歳。

大学入学とは、往々にして家を離れることを意味する。親の監視と保護下を脱し、際限なく自由が広がっているように見える世界へと踏み出す。パーティーやデートの誘いは高校時代にもそれなりにあったものの、大学に入ると急激に増える。酒類も難なく手に入り、大学生活を楽しんでいる証として大量飲酒を促す雰囲気に後押しされ、うんざりする量を飲むことも少なくない。マリファナ、コカイン、ＬＳＤ、メタンフェタミン（覚醒剤）などのドラッグも簡単に手に入る。

１９７０年代までは、大学は学生に対し「代理親」としての態度を貫いていた。夜間外出禁止令（たいてい男子学生よりも女子学生により厳しかった）、酒類禁止、厳格な懲戒処分を徹底していた。当時は、男女共同寮の面会時間に「スリーフィートオンザフロア」（訳注：異性の部屋を訪問しているときは部屋のドアを開け放ち、異性と約90㎝離れることを求める規則）を破ると罰則が科され、大学の敷地内で酒類を持っていると捕まった。このような規則で顔見知りによるレイプを防止できたわけではないが、女子寮を男子禁制の安全な場所にしたことで、レイプ件数は確実に低く保たれていた。

このような規則もベトナム戦争の時代にほとんどの学校から排除された。現在は多くのキャンパスが男女共同寮を持ち、男女の部屋が同じ階に交互に並ぶことも普通で、夜間外出禁止令による抑制も酒類とドラッグの管理も実質存在しないまま自由な交流が許されている。にもかかわらず大学のカウンセラーが言うには、多くの親はこの時代になっても、我が子の大学近くの銀行に口座を開設し、最初の里帰りまで十分持つ量の下着を持たせて、これで大学生活は安心だと思い込んでいる。大学で男女に与えられる社会的な圧力の現実を、そしてその圧力が学生に与えうる破壊的な影響を無視することで、両親も、デートレイプと顔見知りによるレイプの頻発に対する認識の欠如に加担している。

「女性が手にした変化は、決定権を握ったけれど実際は握れていないという幻覚です」。ゲインズビルにあるフロリダ大学のSexual Assault Recovery Service（性的暴行回復支援サービス）のプログラム代表者、クレア・P・ウォルシュはそう述べる。「女性も化学工学の道に進んだり医学部に入ったりできるとわかり、練り上げたキャリアプランに沿って前進します。その決定権を握る感覚を社会的状況にも適用しようとしたところで、それは幻覚なのです」。

『Ms.』誌の調査から得た統計を見て思い出さなければならないのは、回答した学生の多くはこの先もしばらく社会的な交流やデートを重ねていくということ、つまりこれからも顔見知りによるレイプにさらに遭遇する可能性があるということだ。学生、保護者、大学の管理部門は危機感を持たなくてはならない。しかしその自覚はほとんどなく、社会全般に蔓延する例の思い込みに騙されたままでいる。レイプは、大学キャンパスのような「安全」な場所で「真面目」な女性を標的に、顔見知りによって犯されることはない、と。

顔見知りによるレイプの別の被害者

デートレイプと顔見知りによるレイプは大学生だけの問題ではない。大学生よりも低い、または高い年齢層の女性もまた顔見知りによるレイプの被害者となっていることが、全国的なインタビュー調査で明らかとなった。

相当な数のティーンエイジャーの少女にとって、デートレイプの被害が初めての、または初めてに近い性交経験となり（第8章参照）、ほとんどはそのことを誰にも明かさない。高校2年生のノラは、デート相手の両親の家でテレビを見ているときにレイプされた。16歳のジェニーはパーティーで酒を飲み過ぎたときにレイプされた。デートをする年齢に満たない少女すら、同級生や友人からレイプされる可能性もある。

そして大学生よりも上の年代、特に30歳を超えてレイプ被害に遭う女性たちは、「隠された」レイプの「隠された」被害者だ。社会経験を積んだ人が多いとはいえ、レイプに対する備えなどない。離婚して少し時間が経ち、再び男性とデートをしてみようと踏み出したばかりだった被害者が多いが、既婚女性や未婚の女性もいる。たとえばコロラド州在住のヘレンは3回目のデートでレイプされた当時は37歳で、10歳の子どもの母親だった。また、コーヒーを飲もうとオクラホマ州の自宅に知り合いの男性を招いてレイプ被害に遭ったレイは、被害当時45歳だった。

「レイプとは知らずに」

〈『Ms.』誌の調査結果〉
・法の定義するレイプに当てはまる性的暴行を受けた女性のうちわずか27％が、自身をレイプ被害者と認識していた。

どれほど小さな繋がりだとしても加害者との個人的な人間関係があるせいで、顔見知りから受けた暴行をレイプと認識するまでに要する時間は、加害者が見知らぬ人である場合よりも長くなる傾向がある。女性が自身の経験をレイプと認めるということは、自分が寄せた信頼がどの程度踏みにじられ、自分の人生を自分で支配する力がどの程度破壊されたかを、思い知ることでもある。

　まさに本書のためにインタビューした女性の多くが、年齢や境遇に関係なくレイプ被害について誰にも打ち明けたことがなく、加害者に立ち向かったこともなく、受けた暴行を何か月も何年もレイプと認識することもなく過ごしてきた。

2. あなたの周りの女性も

「顔見知りによるレイプというものを知りませんでした。少なくともそれまでの人生には存在しなかったものです」

22歳のときに同僚にレイプされた、ポーラ

あなたが勤務する工場やオフィスや店舗を、あなたが通う教室や教会を、見渡してみてほしい。目に入った女性を適当に4人選ぶ。

そして考えてみてほしい。おそらくその4人のうち少なくとも1人は、知り合いの男性によるレイプまたはレイプ未遂の被害に遭っている。

それが4人のうち誰なのかは、見ただけではわからないだろう。顔見知りによるレイプの被害者は、被害に遭っていない女性と何も違わない。しかしデートレイプや顔見知りによるレイプの事件があると、部外者はたいてい暴行の説明がつく何かしらの落ち度を被害者に探そうとする。特に女性の部外者は、なぜその人がレイプ被害に遭い、自分は遭わなかったのかの理由を解明する必要性にかられる。

ところが説明のつく理由などは存在しない。まったく異なる境遇の女性4人の体験談を読んでほしい。ティーンエイジャー、大学生、働くシングルマザー、31歳以上の女性という、顔見知りによるレイプの被害者に多い4つのカテゴリーからそれぞれ実例を紹介する。

ジル（ティーンエイジャー）

ジルはワシントン州の故郷から近い、霧の立ちこめる山麓の丘の農家に暮らしている。現在は25歳になり、日中は秘書として熱心に働いて、帰宅後は8歳の息子ドニーの宿題を見てやる。息子を愛しているが、その若さで母親となった経緯に関しては記憶に蓋をするよう努めている。ジルが16歳のときに経験したデートレイプで授かった子どもがドニーだ。高校2年生から3年生になる年の夏休みの出来事だった。

ジルは男女交じった友人数名と湖に出かけた。そこで後にレイプ加害者となる男性と出会った。

こっちに来て一緒に座ろうって、私たちから言いました。その後で私は彼に電話番号を教え、彼が電話をかけてきてデートに誘ってくれました。すごく可愛い感じでした。年上ですけど。

その男性の大人っぽさ（20代前半だった）と薄茶色のあごひげと髪、高校生ではなく大工という職業が、魅力的に見えた。ただジルは両親がどう思うかが心配だった。まだあまりデートをしたことがなかった。とはいえ、両親には話していないが、長く付き合っている同い年のボーイフレンドと数か月前に一度だけ性交をしたことがあった。

デートの日になり、その男性がオートバイでジルの家まで迎えに来た。ジルを後ろに乗せてオートバイはより田舎へと走り、川の近くの人目につかない場所に着いた。

2人でお喋りをして、まさに普通のデートでした。そしたら彼がオートバイの後ろに乗せていたかばんから銃を取り出して、もてあそびはじめたんです。私は銃が好きじゃなくて。両親が持っていなかったんです。「うわあ、それ弾は入ってないよね?」と聞いたら、彼は「ああ、うん」と言いました。

ものすごく怖かったです。

ジルのデート相手は、2人で使っていた毛布の上に銃を置いた。そしてジルに腕をまわしキスを始めたが、ほんの短時間で終えた。ほとんどすぐに性交に進んだ。

あのときこう思ったのを覚えています。「ただ従おう、どうってことない」と。危ないことはしたくなかったんです。とにかく家に帰りたい、あの状況から抜け出したいと思っていました。

当時も今もデートレイプ犯がそうであるように、そのハンサムな大工も避妊について、また性病を移す危険性について、何一つ考えたことはなかった。彼はジルを家まで送り、ジルは遅くなったことを理由に外出禁止令を出された。誰にも言わないと心に誓って自分の部屋に戻った。

数か月間はその誓いを守ることができたが、それも妊娠を友人に隠しきれなくなったところで破られた。ジルは中絶を望んでいたが、中絶の医療処置の説明を聞くと気持ちが揺らいだ。両親が中絶に反対したことも重なって、ジルは妊娠を継続して子どもを持つ決意を固めた。常に優秀な生徒だったジルは、妊娠しながらも平均成績Aを維持して高校3年生を終えた。卒業式には息子を腕に抱いて参加し、美術学校に進学するという夢が潰えた代わりに、子どもを養うという現実が立ちはだかった。

レイチェル（大学生）

のどかな春の午後、繁華街ボストン・ストリートを埋め尽くす魅力的な若者たちの中に、レイチェルはすんなりと溶け込んでいる。ツンツンと立てた茶色いショートヘアは流行りの芸術家風。大きなフープイヤリングは、レイチェルの大きな瞳の丸さを模している。レイチェルは聡明で愛情深い家庭に育った。父親は弁護士、母親は教師だ。

大学1年生のときにレイチェルはレイプされた。両親にそれを話したことはない。

大きな大学に入学しました。男女共同寮のどの階にも、女子生徒の部屋が並ぶ廊下が2本、男子生徒の部屋が並ぶ廊下が2本ありました。相手はアメフトの選手で身長が200㎝近く、体重は120㎏ほどもある人でした。私の部屋と同じ階に彼の部屋があることは知っていましたが、知り合いではありませんでした。魅力的な人だなとは思っていました。彼は3年生でした。

私たちが住む階の男女が全員集まるパーティーがありました。樽入りのビールなどいろいろと用意されていました。飲酒は18歳からで、私は当時18歳になっていませんでしたがパーティーに呼んでもらえました。先にたくさんお酒を飲んでからパーティーに行くと、例の男子学生「アメフト選手」が私に話しかけてきました。


レイチェルは目を留めてもらえたことに舞い上がった。


彼はお酒を飲んでおらず、でも私には勧めてきました。それから彼は、自分の部屋に来ないかと誘いました。皆でいるところから廊下をまっすぐ行った先に彼の部屋があったんです。私はかなり酔っていたので「いいよ」と答えました。何も考えていませんでした。彼が私に危害を加えるなんて思いもしませんでした。

彼の部屋に他にも誰かいると思ったんです。「ちょっとここから抜けようよ」という意味だと思っていました。部屋に着いて誰もいないとわかったとき、自分にはどうすることもできないと思いました。

キスが始まって、それから彼は私の服を脱がせはじめました。私はやめてと何度も言って泣きました。彼のことが怖かったし、私に乱暴するだろうと思って（中略）。彼は私の口を手で塞ぎました。私は158㎝で49kgしかありません。選択肢などありませんでした。

暴行は30分程度続いた。事が終わると、レイチェルは同じ廊下の先にある自室に戻った。妊娠していないことを祈りながら眠りについた。

ただ目を逸らしたかったんです。そうなってしまったことを恥ずかしく思いました。自分が汚く、汚れたように感じました。自分に非があったと思いました。彼が私に何かをしたのではなく、私が彼にあのようなことをさせたんだって。だから自分のしたことを悔やみました。

次の日に彼は私の部屋にやってきて、私と付き合いたいと言いました。それが普通の流れと思ったんだと思います。

レイチェルはそれを断ったが、理由は説明しなかった。レイプのことも、届け出なかった。

誰が私を信じると思います？　彼は本当に優秀なアメフト選手だったんです。私が何か言ったとしても誰も私を信じないでしょう。声を上げようと思ったことすらありません。

信じてもらえないと考えたレイチェルに先見の明があったことが、後に明らかになる。同じ年に、学生寮アドバイザー（上級生）がパーティー後に泥酔して眠っていたところ、部屋に入ってきた別の運動部員からレイプされた。大学の教化委員会は、女性の意識がなかったため行為はレイプではなく性的な非行とみなされると決定した。加害した男子学生は軽い戒告を受けた。

4年後、やっとレイチェルはレイプについて語りはじめた。友人は男女ともに親身になって支えてくれた。友人の一人は自身のデートレイプ被害経験を話してくれさえもした。周りに話すことがレイチェルの回復を助け、再び自分を信じる後押しとなった。「私は馬鹿な選択をいくつかしました。でも彼が私に危害を加えたのは、私のせいではありません」とレイチェルは言う。

初めて家を離れたから、はめを外してしまうんですよね。何に足を踏み入れようとしているのかがわからない。誰かが自分を傷つけるとも思っていないんです。

私は単純に、自分にあんなことをする人がいるという発想を持ち合わせていませんでした。

ポーラ（働くシングルマザー）

ポーラは南部地方で幼い娘と暮らす社会福祉事業の専門家だ。22歳の頃、バージニア州の医療施設で病棟事務員として働いていた。がん患者の治療を専門とする若い常勤の医師が、ポーラを何週間もしつこくデートに誘っていた。「病院内でちょっとした噂［女遊びが激しい］がありました」とポーラは言う。「それを知っていたこともあり、長いことデートに応じずにいました」。しかし男性医師は背が高くハンサムで仕事でも成功している、つまり人気を集めるであろう要素が揃っていた。「たしか2か月ほどつきまとわれて困っていました。『ただ夕飯でもてなしたいだけなんだ。何もしやしないよ』って。私を安心させるためにそんな大嘘を言っていたんです」。

ポーラは恋人と別れたばかりだった。例の男性医師は、別の町に婚約者がいた。何回か話すうちに、彼は仲良くしようとしているだけなのだという結論に落ち着いた。

じっくり話を聞いてくれる人と一緒に、体の関係のない夜を過ごすのは楽しいだろうなと思ったんです。最初の2時間ほどはまさにそのような感じでした。会話が弾み、料理も美味しくて、ワインのボトルを開けて。高級な家具が揃った素敵なマンションでした。

食事を終え、私はそろそろ帰ろうと思いました。彼はもう少し居てほしいと懇願しました。一緒にマリファナを吸いたい、リラックスして元気が出るからと言われました。

ポーラはマリファナを吸ったことはあったが、彼が持っていたものほど強いものは初めてだった。今になって思えば、痛みを緩和する化学療法として患者に処方されることのある医療用のマリファナだったのだろうとポーラは確信している。

本当に精神が錯乱した状態になりました。幻覚を見ているような感じでした。彼の頭が体から離れているように見えたのを覚えています。ぐにゃぐにゃと歪んでいました。自分の身体に力が入らなくなっていったのも覚えています。

しかし相手はそんな事態には陥っていなかった。ポーラの服を脱がせ、寝室へと短い階段を引きずり上げた。

私は泣き出しました。それが私の身体で唯一はたらく機能でした。「いや、いや、いや」と言いながらわんわん泣いたのを覚えています。

行為は永遠に終わらないように思えました。彼は長い間、射精することなく勃起した状態を保っていたので。「もうこれ以上耐えられない。やめてもらえなければ死んでしまう」と思ったのを覚えています。ついに私は泣くことすらできなくなりました。何もできなくなりました。彼はオーラルセックスをして、しかもアナルセックスもしようとして、私はそのまま続けられると吐きそうでした。強制的にオーラルセックスをさせられているときに「吐きそう」みたいなことを私が言い、それが終えるきっかけになったようでした。

彼がやっとやめたとき、私はひどいショック状態でした。行為の最中は拒絶と不信感でいっぱいでしたが、終わるとただただ放心状態で、あまり動けませんでした。服を着るのを彼が手伝い、玄関までまた引きずって行ったのだと思います。とてもきまり悪そうな態度でした。

私はどうにか自分の車に乗り込んで、どうにか運転して帰宅しました。どうやって帰ったのかわからないし、一切覚えていません。誰も轢き殺さなかったことが不思議なくらいです。

帰宅したポーラが義理の姉に事の次第を話すと、姉はすぐに戻って男性に抗議すると言った。ポーラは姉を制し、誰にも話さないよう約束させた。数日後、ポーラは職場で例の男性医師に遭遇した。彼をにらみつけたが、何も言いはしなかった。

顔見知りによるレイプというものを知りませんでした。少なくともそれまでの人生には存在しなかったものです。だから彼への怒りは『あなたは嘘をついた。私を騙した。私を裏切った』という形でした。その感情を自覚してはいても、彼がしたことが犯罪とはまったく認識していませんでした。警察に届け出ることができるなど思いつきもしませんでした。罪に問うことができるとも。

1か月後、私は1600km以上離れた場所へと移り住み、しばらく家族と暮らしました。父が私に触れるのに耐えられませんでした。至近距離に寄ることすら嫌でした。とにかく誰かに少しでも身体に触れるのが嫌でした。

あと、髪を切りました。男性に魅力的だと思われたくなかったんです。男性も着るようなゆったりとした身体の線がわからない服を着るようになり、メイクはほとんどしなくなりました。少しは安心感を得られたので、しばらくは中性的な格好を好んでしていました。

事件から何年も経ち、再びデートをできるようになるまでずっと、ポーラの生活は怒りと不信感と性に関する問題でいっぱいだった。加害者の男性医師とは、ポーラが退職してその町を去るまでついぞ話すことはなかった。しかし事件以来、彼のことは頭から離れなかった。

当時は、彼があれを何度も繰り返しているとは思いつきませんでした。あのやり方でたくさんの女性をレイプしたのだろうと、今なら痛いほどわかります。

デボラ（31歳以上の女性）

デボラは、結婚から15年経って離婚した。当時の友人にアレックスという男性がいた。

アレックスと私は5年ほど良い友人付き合いをしていました。子どものコミュニティ活動、主にソフトボールチームに2人とも参加していたんです。

［離婚して］最初の4か月間でアレックスと私の距離が縮まりました。精神的に私をものすごく支えてくれたんです。いろいろなことが重なりあって、性的な関係を持つようになりました。そ

れがだいたい6週間続きました。

当時34歳だったデボラと、離婚した前夫は、婚姻関係を再構築する決断をした。この決断をアレックスは喜ばなかった。6か月後、デボラと夫は再び別れた。アレックスはデボラとの関係を再開させたがったが、デボラは一人でいる時間が欲しいと告げた。ある晩、カリフォルニア州の2人の自宅から近いレストランの外で、酔っ払って怒ったアレックスがデボラに詰め寄った。デボラを壁に叩きつけ、首を絞めはじめた。デボラはアレックスの股間に膝蹴りを食らわせて逃げ出し、女友達が待つレストラン内に駆け込んだ。アレックスは車に飛び乗って去って行った。

友人と私もレストランを出ました。友人は、心配だから一晩泊まって行くようにと言いました。私は大丈夫と告げ、自宅に戻りました。

午前4時頃、はっとして目を覚ますとアレックスが立っていて、ただじっとこちらを見下ろしていました。ここを去らないなら警察を呼ぶと、私は言いました。アレックスは動きませんでした。私が受話器を手にとるとアレックスがそれを奪い取り、壁からコードを引き抜いて、私を追いかけてきました。私を叩き、突き飛ばし、言葉の暴力も浴びせました。

どこかで私はセラミックのボウルを掴み、力いっぱいアレックスの頭を殴りましたが、アレックスはひるむことすらしませんでした。あちこちに血が付きました。

最終的にアレックスは私をベッドに押さえつけました。私にもう反撃する気力はありませんでした。

そして、レイプではときどき起こることだが、アレックスは部分的にデボラに挿入したところで勃起が萎えた。デボラに向かって叫びはじめ、再び殴り出した。そしてベッドにじっと横たわっているよう指示した。動くと殴るぞと言って。やがてアレックスは射精しないまま服を着て、家から去った。家の中にいた時間は2時間だった。

証拠は十分にあったので私が告発する必要はなく、地方検事がやってくれました。朝になってアレックスは（中略）レイプ、不法侵入、暴行、電話機の破壊行為の罪で逮捕されました。予審でアレックスは、暴行罪をレイプ未遂罪とする司法取引を申し出ました。そして罪を認め、懲役4年となりました。今は州の刑務所にいます。

もうすぐ［レイプ事件から］1年が経ちますが、私は回復できると信じています。家族や友人が大きく支援してくれています。ただ唯一の例外は前の夫です。私の自業自得だと言うんです。

3. 顔見知りによるレイプはなぜこれほど蔓延しているのか

「女性が最終的には『ノー』と言っても、男性は単に耳を貸さなかったり、女性が『もったいぶっている』だけで実は『イエス』を意味していると勝手に確信したりすることがある」

デートでの慣習がなぜレイプに発展しうるかに関する

学生エリック・ジョンキーの見解

知り合い同士の男女間のレイプは、大都市でも小さな町でも農村地域でも起きている。あらゆる人種や宗教のグループで、教育レベルや裕福さに関係なく発生する。レイプの根本的要因は主に、男女に教えられる社会的行動にある。

ドンナとイーライの事例は、ジェンダーロールへの忠実さがレイプに発展しうる過程を示している。18歳のドンナと20歳のイーライはパーティーで知り合い、互いに興味を惹かれた。ふたりきりになると、ドンナは性的な行為をどの段階以上は望まないという意思を、はっきりとした断定的な言い方ではなかったにしろ、言葉で伝えた。イーライは聞こうとしなかったか、そのような抵抗の姿勢（言葉による抵抗と、最終的には肉体的な抵抗も）が別の意味を持つと解釈した。そして自分の欲を満たすために力を行使することにした。

ここからは、ドンナがイリノイ大学の大学警察に事件を届け出たときの記録の一部である。

金曜日の夜9時頃にパーティーに向かいました。友人2人も一緒に来てくれました。到着してすぐにお酒を飲みはじめました。友人と談笑し、初対面の人たちとも話しました。その初対面の人の中にイーライがいました。

その晩はビールを2杯しか飲まなかったので、私はまったく酔っていませんでした。友人を含めて集団で話しているときに、イーライの姿が目に入りました。青いフードが付いた白いロゴ入りのトレーナーに、リーバイスのジーンズをはいていました。イーライの友人が私たちにイーライを紹介してくれたので、学校や地元のことを話しました。

0時を回る頃、ドンナの友人の1人がパーティー会場を去った。もう1人はドンナと一緒に残った。

深夜0時45分頃に、イーライが自分の家に来て少し話さないかと私に尋ねました。友人にそれを話しましたが、友人は家に帰ると言ったので、イーライとイーライの友人2人、私と私の友人でパーティー会場を出ました。イーライの友人の運転で最初に私の友人を寮まで送り、それからイーライの家に向かいました。皆で家に入り、イーライと私はテレビの部屋に行きました。

イーライがテレビを付け、チャンネルを替えて、それからこちらを向いてキスをしました。イーライの友人が部屋に入ってきてしばらく私たちと話をしました。友人が出て行くと、イーライは

2階に行かないかと言いました。私は「それはやめとく。ここで話すんだと思ってたから」と言いました。イーライは「ドンナがしたくないことはしなくていいんだよ」と返しました。だから私は「何もしたくないの。あなたとは知り合ったばかりだし」と言いました。それでいい、ただ話すだけにしようとイーライは言い、私たちは立ち上がって2階に行きました。

2人はイーライの部屋に移動した。どこにでもある大学生の部屋といった風に、ベッドと自転車のほかには大して物がなく、服が散乱していた。

イーライは私にベッドに座るように促し、向こうを向いてドアの鍵を3つ閉めてから私の隣に座りました。そしてすぐキスを始めたので、私は後ろにのけぞりました。イーライがもう一度「ドンナがしたくないことはしなくていい」と言ったので、私ももう一度「私は何もしたくないの」と返しました。イーライはそれを無視して、無理矢理始めました。

私をベッドに横たわらせ、上にのしかかってきてキスを始めました。私はイーライを押しのけ、言葉で嫌だと言いました。イーライは無視してキスを続けました。

泊まって行くよう何度も言われ、最初の2回は無視しましたが、結局答えざるを得なくなりました。「やめとく、明日はやることがたくさんあるから家に帰らなきゃ」と私は答えました。イーライは頼むよと言いつづけ、結局尋ねるのをやめました。そのとき私は、これですぐに帰れるだろうと思いました。

でもそれは間違っていました。イーライは立ち上がると自分の服を脱ぎ、それから無理矢理私のズボンを脱がせて、私の脚の間に身体を割り込ませてきました。ベッドに押しつけられていたので、動けませんでした。イーライは私の上にのしかかり、セックスしてくれと私に頼みました。私は言葉で「しない」と言い、私の骨盤あたりに両手を上に向けて置いて、イーライを押し戻そうとしました。

しばらくそうやって押し返していましたが、イーライはさらに力ずくで進めようとしはじめました。怪我をしたくなかったので押し返す手をゆるめましたが、口では嫌だと言いつづけました。ここでイーライは私に挿入しました。

無理矢理挿入されている間も、私は押し返しつづけてやめさせようとしましたが、イーライはやめてくれませんでした。泣き出した私を見て、イーライはどうかしたのかと聞きました。「こんなことしたくない。あなたとは知り合ったばかりなのに」と言いました。イーライは「これまでに経験ある?」と聞いてきましたが、私は黙っていました。するとイーライは、「ねえ、ちょっとは楽しもうよ」と言いました。

やっとイーライは行為をやめて私の上から下り、隣にごろりと横になりながらも、私をしっかりと掴んでいました。私の目をのぞき込んで「ごめん」と言い、私の手をとってイーライのものを触らせようとしましたが、私は拒否しました。するとイーライはマスターベーションを始め、射精しました。その次は私を触りはじめ、また私の上に乗ってきました。セックスしようとまた頼み込んできて、何度も断りましたが意味はありませんでした。私はまだ泣いていましたが、イーライは完全に見ないふりをしていました。それから嫌がる私にもう一度挿入しました。

終わるとイーライは私の上から下り、私を掴んでいた手を離して隣に横になりました。そしてまた「ごめん、ドンナ」と言いました。私はもう行かないといと言い、この時点で朝7時半でした。イーライはいいよと言って、起き上がって洗面所に行きました。

イーライが洗面所に行っている間にドンナは服を着た。戻ってきたイーライがドンナを車で寮まで送った。

私の寮に着くと、イーライは私にキスをして「また電話してよ」と言いました。私は急いで車から降りて、部屋に戻りました。

ドンナは泣きながらルームメイトに起きたことを話した。ルームメイトが学生健康センターへとドンナを連れて行き、それからレイプ検査をしに病院に行った。ドンナは刑事告発はしないことに決めたが、大学管理部門から1人、教授1人、学生2人からなる大学の司法委員会に事件を持ち込んだ。3時間におよぶ審問の結果、イーライは大学の行動規範を侵害したと判定された。しかし、行動規範ではレイプ初犯者は停学に処すると規定されていたにもかかわらず、イーライは単に保護観察下に置かれ、性的暴行について作文を提出させられたのみに終わった。

ドンナの体験談を分析してみてほしい。セックスを懇願するイーライに対し、ドンナはしたくない旨を複数回伝え、その希望が無視されたと認識したうえで、「明日はやることがたくさんあるから家に帰らなきゃ」と伝えた。単純に、やめてほしい、または家に帰りたいときっぱりと伝えればよかったのに。叫べばよかったのに。噛みつけばよかったのに。鍵をかけられたドアをどんどん叩き、逃げだそうとすればよかったのに。そのとおりであるし、どの行動もレイプを防ぐことはできなかったかもしれないが、そもそも当時のドンナはどれも思いつきすらしなかった。なぜなら、最初からドンナはハンデを負っていたからだ。男性に対する好ましい振る舞い方を教え込まれてきたというハンデを。

デートの慣習

男女関係で好ましいとされる振る舞いは、昔からのデートの慣習を見ると最もわかりやすい。男性が女性を誘うことから始まり、費用をすべて支払ったり、お酒や料理、チケットなどを購入したりする。このとき相手女性との間に深い愛情があるかどうかにかかわらず、男性は性的な行動や性交を期待している可能性がある。一方で女性は、一定の時間をかけて関係を深めたあとにのみ親密な行為をしたいと考えている可能性がある。仮に女性が関係を深める前にセックスしたいと考えていても、女性が自ら望んでセックスをするのは「はしたない」と教えられてきたため、口では反対のことを言う可能性がある。これに対して男性は、そのような女性の行動を見てきた（または他の男性からの助言を聞いてきた）経験より、女性は乗り気だったとしても嫌と言うことがあると知っている。

男性が性的な面で攻撃性を持たない場合は、何も問題はない。しかしもし攻撃性を持つ場合、女性は男性を相手に闘争しなければならない。本当にその相手とのセックスを望まない場合、または評判を損なわないために反対の態度をとって見せる必要があると感じている場合の、いずれにしてもだ。するとデートは、どちらが勝つかの勝負となる。勝負はデートレイプという結果で終わるかもしれない。

フィラデルフィア近郊のハバフォード大学の男子学生グループのメンバーで、若い男性に顔見知りによるレイプへの注意を喚起すべく活動しているエリック・ジョンキーの意見を紹介する。ジョンキーは１９８７年に執筆した卒業論文で、当事者年代としての明確な視点から、デートをする男女間には気付きにくい程度のジェンダーロールに基づくやりとりがあることについて、こう述べた。

男性は、デート相手に対してとる行動を、領土を最大限に広げるために入念に練り上げた戦略とみなすよう教え込まれている。性交という最終目標を念頭に、ひとつひとつの行動が評価の対象となる。「どこまで進むことができるか」を知るべく、幾度となく先へ押し進めてみる。「デート相手の」女性が男性の希望に応じれば「前進」、応じなければ「後退」だ。男性はすでに女性を戦いの相手と、デートを試合や対戦と捉えているため、抵抗されることも想定している。「良い子は堅い」とわかっているので相手は「ノー」と言うだろう、とも。しかし男性は、自分自身と、相手や相手の関心とを切り離して考えるよう教わっている。試合に勝つことの方を重視するのだ。女性とコミュニケーションを図ろうとするのではなく、どうにかして「イエス」と言わせようと試みる。

女性が男性の希望をひとつ受け入れるたびに、男性は小さな勝利を得たと感じる（デートに誘う、飲み物を買い与える、キスをする、胸を触る）。女性の優柔不断さを利用して、女性に「君は本当はこうしたいのだ」と伝えるが、実はこれは自分の望みである。女性の行動に一貫性がなければ、それを「気まぐれ」や「思わせぶり」だと指摘する。女性が何を望むかに関心がないうえに女性に一貫性がないと感じていた場合、女性から直接希望を伝えられたときにそれを無視する傾向にある。女性が最終的には「ノー」と言っても、男性は単に耳を貸さなかったり、女性が「もったいぶっている」だけで実は「イエス」を意味していると勝手に確信したりすることがある。こうしたお粗末なコミュニケーションミスの結果、女性が言葉でも身体的にも拒否しているにもかかわらず、男性は女性をレイプし、それはレイプではないと思い込んでしまう。

要は、男性が性的な誘いを女性に押しつけ、女性がどの段階まで進展させるかを常にチェックするという従来型のデートでは、はじめから試合中の状態なのだ。双方が満足する形として、このバランスが長い間維持されてきたのかもしれない。ところが、性交に応じるよう男性が女性を言いくるめようとする段階から、レイプという手段で強制的に従わせる段階へと進むとき、男性から見ると相手は大して抵抗してこない。これは女性の社会化が、自分の希望を力強く主張してはならない、相手の感情を害したり拒絶したりしてはならない、静かに礼儀正しく振る舞い、間違っても場をリードしてはならないと、女性に教えてきたからだろう。さらに女性は幼いうちから、手荒なまねをしてはいけないとも教わっている。

「相手を殴ったり、何か本当に過激な手段に出たりしようとは、まったく思いませんでした」と、顔見知りにレイプされたアビーは話す。「私は『いい子』だったんだと思います。相手から酷い扱いを受けたとしても、女性はそのような手段をとらないでしょう」。

個人に対する暴力

個人同士の衝突を暴力で解決しようとする思想がありさえすれば、男女の関係は加害者／被害者関係として定着する。そうなるかどうかは紙一重であることを、複数の調査結果が示している。

ミネソタ州で202人の大学生男女を対象としたアンケート調査は、デートをする男女に関する次の事実を明らかにした。

・13％近くがデート相手を平手打ちにした、またはされたことがある。
・14％が突き飛ばす、または突き飛ばされたことがある。
・4％が殴った、または殴られたことがある。
・3・5％が物を使って叩いた、または叩かれたことがある。
・1・5％が首を絞めた、または絞められたことがある。
・1％が凶器を手にして暴行した、または暴行されたことがある。

この研究を実施した、ミネソタ州セントジョゼフにあるセントベネディクト大学／セントジョンズ大学の社会学教授、ジェームズ・M・メイクピースはこう述べている。男女関係において「拳による暴行（殴る行為）の発生率が4％であるとしたら、2万人の学生のうち800人がこの形態の暴力を経験していることになる」。全部をまとめると、学生の5人に1人以上がデート中の暴力を直接経験している。

デート中の暴力に関する強烈な事実は、ほかにも数多く証明されている。サウスダコタ大学の研究では、質問を受けた現役女子大学生の10％が、１人以上の相手から身体的な暴力を受けたことがあった。ほかにも多くの研究者が指摘するのは、女性に対する暴力が一部の映画のなかで文化として描かれていることと、その暴力的な場面に対する感覚の麻痺が進んでいることだ。これが、スクリーンの外、それもデート相手からの暴力の受容に間接的につながっていると言う。

コミュニケーション

顔見知りによるレイプ事件をあいまいなものにする事実と知覚の混乱の一因が、コミュニケーション不足だ。行動のきっかけや、ときには直接的な会話内容すら男性と女性では解釈が異なるせいで、このコミュニケーション不足が生まれているのかもしれない。一般的に、男性は女性と比べて行動をより性的に解釈する傾向がある。イリノイ州エバンストンにあるノースウェスタン大学のアントニア・アビーが１９８２年に実施した研究では、研究対象の男女に俳優と女優の会話シーンを見せた。被験者男性は女性よりも、女優は誘惑的で性に開放的だという評価を多くつける傾向が見られた。また、カリフォルニア州で高校生を対象とした別の研究では、男性のほうが女性よりも、デート相手の振る舞いや服の形状、デート内容を、セックスの兆候として常に評価しやすいことがわかった。

１９８３年の調査プロジェクトでは、男女の被験者に大学生がデートをするシナリオを読ませ、シナリオ内の男女が相手とのセックスを望んでいるかを評価させた。男女のどちらがデートに誘ったか、どちらが支払いをしたか、2人がどこに行ったかに関係なく、被験者の男子学生は女子学生よりも、シナリオ内の女性が相手とのセックスを望んでいると多く判断する傾向にあった。「男性は女性の振る舞いを誤って解釈し、女性が強く自分に興味を抱いていると思い違える傾向があるようだ」と、研究を実施したテキサス州カレッジステーションにあるテキサスA&M大学のシャーリーン・L・ミューレンハードが述べている。事実として、多くの男性はその女性とセックスをしたいと思ってからデートに誘うが、多くの女性はデートを、特に初回は、相手と交流し、より深く知り合うための機会と捉えている。

女性が自身の希望をはっきりと伝えられるようになれば、男性もどのように事を進めるべきかを自然と理解するようになるという、前向きな意見もある。顔見知りによるレイプを犯す一部の男性が、女性の声に「耳を貸さない」のは、女性が希望を明確に伝えないことも一因かもしれない。しかし加害する男性の多くは、単に女性の発言を軽く受け止めたり、自分が期待する内容に当てはめて解釈したりしている。女性とは、性に対して開放的と見られたくないがためにセックスを断る（事実そうする人もいる）ものであり、本心は「イエス」でも「ノー」と口にするものであり、男性からの支配を求めていて自分が支配下にあることを示したがるものだと思い込むように育てられてきた。さらには、多くの男性が女性の意思をただ黙殺することに慣らされてきた。女性が性行為に好意的な反応を見せたとしても、押したり反撃したり蹴ったり泣いたり、その他拒否の姿勢を示したとしても。

性的な関係になろうとするとき、女性の口から発せられた「ノー」は、無意味とされることが多いのだ。

「正当な」レイプの存在

男性の社会化された「無視」の習慣や、女性が思うよりも強く性的な意図を受け取る傾向などのコミュニケーション上の対立は、多くの男性（と一部の女性）に「正当な殺人」よろしく「正当なレイプ」の考え方を植え付ける。「正当なレイプ」では、被害者の振る舞いが男性の行動を誘発したとして被害者が責任を問われる。「正当な殺人」のように法的な概念はないものの、「正当なレイプ」という感覚は、レイプ被害者の家族から加害者に判決を下す陪審まで、あらゆる人の意見に影響を及ぼしている。

最近のある研究が、次のいずれかの状況下では男性はデートレイプをより正当な結果と感じることを示している。

・女性が男性をデートに誘う
・男性がデートの支払いをする

・女性が「刺激的な」服装をしている
・映画館などではなく男性の家へ行く
・女性が飲酒またはドラッグ摂取をする

女性に対して伝統に従った態度をとる男性は、伝統に従っていない態度をとる男性と比べて、右のような状況がレイプを正当化すると考える傾向が非常に強い。

男性が「誘惑された」と感じる多くの場合に、女性は自らの行動が性的な意味に解釈されたとはみじんも思っていないことも、この研究結果が明らかにした。1967年にパデュー大学でユージーン・ケニンが実施した研究では、性的加害をした男子大学生は、女性が「思わせぶり」であるならば性的暴行には正当性があると思うと発言した。1979年にカリフォルニア州の男子高校生を対象に行われたアンケート調査では、回答者の54%が、「女性が男性を誘惑した」ならばレイプには正当性があると答えた。

特定の状況下でのレイプには正当性があるとみなす人と、実際に性的加害事件に関わった人との相関関係を調べた研究がある。テキサスA&M大学のミューレンハードが実施したもので、女性がデートに誘って欲しいという気持ちを事前にほのめかしたと答えた人は、女性よりも男性の方がかなり多かった。ここで、デートで性的加害・被害を経験した回答者のみの結果に絞ると、違いがくっきりと浮かび上がった。男性の60％が、女性が自分とのデートに興味を示していたと回答する一方、女性のわずか16％がそれを意味する行動をとったと答えた。この男性たちは、セックスを拒否した女性から「誘惑された」と確信しており、よってレイプが正当化されるとみなしたのかもしれない。

酒類とドラッグが果たす役割

ドラッグと酒類の使用と、性的暴行との相関関係抜きに、顔見知りによるレイプがここまで蔓延する理由を語ることはできない。

〈『Ms.』誌の調査結果〉
・顔見知りによるレイプに関与した男性の約75％と、女性の55％以上が、事件の直前に飲酒していたか、ドラッグを摂取していた。

酔わない程度に飲酒することはもちろん可能だが、多く社交の場、とりわけティーンエイジャーや若者が参加するような場では、酔うことが飲酒の醍醐味とされる。また、ビールをグラスに1杯飲むだけよりもずっと確実に酔ったり「ハイ」になったりする手段としてドラッグを使う。種類によって効果に差はあるものの、マリファナ、ハシーシ、コカイン、クラック、メタンフェタミン、ＬＳＤ、エンジェルダスト（合成ヘロイン）、ヘロインなどが使われる。

連邦の道路安全テストが示すように、アルコールは酔ったと自覚するよりもずっと早い段階から、飲酒者に負の影響を与える。アルコールやドラッグは現実をゆがめて見せ、判断を鈍らせ反応を遅くするため、男女関係なく自らを危険に晒したり、自分に影響のありうる社会的制約を軽視したりする原因となる。

被害者が酔っていると、身の回りと自分自身に起きていることへの認識が不鮮明になる。言語的にも身体的にも反応メカニズムが鎮静され、暴行を阻止する能力が下がる。自分の身の回りのことや、安全に自宅まで帰れるか、危害から身を守れるかを、他人に面倒を見てもらう必要があるかもしれない。一部の男性は、強制的にセックスする際に抵抗されないよう、事前に意図的に酒類やドラッグを女性に与える。これがまさにパティーの身に起きたことだ。ちょっとした知り合いだった男性に誘われて、女友達2人も含めてレストランでディナーをとり、その晩にその男性からレイプされた。

私たちは終始大量にお酒を飲みましたが、今思えば彼は女性陣ほどは飲んでいませんでした。2時間くらい経った後、みんなで街に出て踊りに行こうということになりました。「一緒に乗って行かない？」と彼が言い、私は「いいよ」と言いました。私たちは街に戻る車の中でマリファナを吸いはじめましたが、これも今思えば彼は吸っていませんでした。でもずっと私にマリファナを渡しつづけていました。

目的地に着く頃には、私は思考できない状態になっていました。というのは、自分が誰なのかほとんどわからず、判断力など当然かけらもない状態でした。車から外に出て（中略）彼は私に「さあ、僕の家に行こう」と言いました。私は行きたくはなかったのですが、「ううん、行きたくない」と言う能力がありませんでした。

加えて、自ら飲酒して明らかに酔ったりハイになったりしている女性は、レイプの標的を探している男性や男性グループから狙われやすい。女性が飲酒しているという事実は、たとえ女性が酔っていなくとも、男性からするとレイプを正当化する理由となりうる（「真面目な女性」はそもそも飲酒しないと思っているため）。さらには飲酒などをともなうと、警察や検察官は顔見知りによるレイプやデートレイプの告発に動きたがらなくなる。

酔った男性はしらふのときに比べて性的な攻撃性が増し、より暴力的になり、女性の意思への関心が薄れることがある。そして顔見知りによるレイプを犯す男性の多くが、自分が酔っていた、またはドラッグを摂取していたことを犯行の言い訳にする。

レイプと暴行を支持する社会文化

レイプを擁護する考え方は非常に多くのレイプ加害者に見られるものだが、社会にも広く蔓延している。ワシントンDCにあるシンクタンク、アーバン・インスティテュートのマーサ・R・バートが、1977年にミネソタ州の成人男女598人を対象に行った調査では、過半数が次の2つの定説に同意した。「最初のデートで男性の家やアパートに行く女性は、性行為を希望するとほのめかしている」と、「大半のレイプの被害者は性に開放的か、男女関係にだらしないという噂を持つ」だ。さらには被験者の過半数が、届け出が出されたレイプの半分以上は、単に女性が怒りをぶつけたい男性に復讐を試みている、または未婚のままの妊娠を嫌がっているものだと信じ込んでいた。

研究は、この偏見を持つ女性が多い一方で、それ以上の男性がより強力にそう信じていることを示していた。男性は同じような感覚を持つ者同士で付き合うことが多いため、女性にレイプの責任がある、レイプとは精神疾患のある見知らぬ人のみが犯すものである、女性はレイプされたと嘘をつくなどという考えを互いに強化しあうのだろう。

マイアミ大学法科大学院のノーナ・J・バーネットとオーバーン大学のヒューバート・S・フィールドによる、大学生400人（男性200人、女性200人）を対象としたアンケート調査は、レイプに対する次のような考え方を明らかにした。（表2）

このような思い込みが、多くの人が女性を敵視しレイプを擁護するという現実づくりに加担している。この思い込みはたいていてい、公の場でぶちまけられる。1987年4月、ほぼ全員を女性

表2

定説	男性のうち左の定説に同意した割合	女性のうち左の定説に同意した割合
ほとんどのレイプでは、レイプされた女性がその結果を招いた。	17%	4%
レイプされかけている女性は、実はリラックスしてその状況を楽しんでいるかもしれない。	17%	7%
女性の服装や振る舞いがレイプを引き起こした。	59%	38%
女性にはレイプ被害を回避する責任がある。	41%	27%
女性の抵抗の程度が、レイプかどうかを決定する主要な要素となる。	40%	18%
男性を保護するため、レイプ発生の立証は困難であるべきだ。	40%	15%
レイプにより利益を得る女性もいる。	32%	8%

とする200人がデモ行進を行った。ある男子学生からある女子学生に対するセクシュアルハラスメントが申し立てられた際のプリンストン大学の対応に対して異議を唱えるものだった。男子学生限定の食事クラブの前を抗議者たちが通過すると、男子学生はビールが入ったカップを投げつけ「レイプされちまえ！」と叫んだ。

顔見知りによるレイプを、少年が少年らしく振る舞っただけのこととして片付けたがる人もいる。性的に興奮した男性が、レイプせずにはいられないという生来の特性を元気よく発揮しただけだと。真実からこれほどかけ離れた主張はない。フィラデルフィアにあるペンシルベニア大学の人類学者ペギー・リーブス・サンデーは、多文化にまたがる研究で次のように説明した。「暴力は社会的なものであり、生物学的にはプログラムされていないと理解することが大切だ。レイプは男性の性質として組み込まれたものではなく、暴力がプログラムされた男性が自身の性的な面を表現する手段としてレイプを用いるのだ。成長する女性の美しさと命の神聖さを敬うよう習慣づけられた男性は、女性に暴行などしない」。

顔見知りによるレイプを減らすために

どうすれば顔見知りによるレイプをなくせるだろう。デートをやめればいいのではなく、デートやその他の男女間の社会的交流を定義し直し、両親、兄弟姉妹、友人、同僚、仕事仲間としてどう関わりあうかを考え直すべきだろう。これはつまり、遠い未来にデートをする子どもたちに、男女関係の特徴である攻撃性／受動性という形を崩すよう教えることでもある。建設的かつ平和な方法で個人同士の争いや怒りを解決することを奨励し、責任をもって飲酒すること、ドラッグの危険性、「正当な」レイプがあるという思い込みに通じ偏見を排除することを、若者に教えなければならない。

研究者バートはこう述べる。「セックスとは両者が責任を持ち、自由に選択し、確実に意図して行う交流であるという考えを広めることでのみ（中略）、社会はレイプの脅威から解放された環境をつくることができる」。

4. 女性が「たやすい」ターゲットである理由

「レイプみたいと感じたものの、レイプと認識してはいませんでした」

大学1年生のときにレイプされたキャロル

全国の社会科学者による山のような研究論文が、性的暴行が女性にとってはよくあることという事実を証明している。どのくらいよくあるのだろうか。

〈『Ms.』誌の調査結果〉

回答した女子大学生3187人のうち

・15・3%がレイプされたことがある
・11・8%がレイプ未遂の被害を経験している
・11・2%が性行為を強要されたことがある
・14・5%が自分の意思に反して性的な接触を受けたことがある

『Ms.』誌の調査への参加者は全国各地域と文化にまたがり、キャンパスから無作為に抽出された授業に出席していた学生（あとがき参照）だ。アンケート調査は臨床心理士により実施された。回答した女性のうち、性被害に一度も遭ったことがないのはわずか45・6%だった。

ここで重要なことを記しておきたい。『Ms.』誌の調査の目的は顔見知りによるレイプの頻度の測定だったが、全71ページにわたるアンケート中で暴行や被害について触れる際に、「レイプ」という単語は一度も使わなかった。理由は単純で、顔見知りによるレイプを経験した女性の多くと男性のほとんどが、その事件をレイプと呼ばないからだ。「これまでにレイプされたことがありますか?」や「誰かをレイプしたことがありますか?」という質問では、「はい」という回答数を大幅に、それも不正に減らしてしまうだろう。代わりに、法による最も一般的な定義に当てはまる行為を具体的な言葉で表現し、得られた回答を分類した。

被害者となった女性はどんな人物だろうか。全体として、性格や家庭環境などの特性を見ても被害者とならなかった女性と何ら変わりない。しかしレイプ被害者は、家庭で身体的な暴力を受けていたり、一定期間母親と離れて暮らしていたり、家出をしたことがあったりする傾向はやや強かった。レイプされたことのある女性のうち41%が被害当時に処女だった。

レイプはどのようにして起きるのだろう。ほぼすべて(95%)の事件で、加害者は1人のみだった。被害者のほとんど(84%)は加害者男性と知り合いで、事件の半数以上はデート中に起きていた。腰以上の部分のペッティングまでの性的な行為は過去に同意のうえで行ったことがあるというケースが多かった。とはいえ、レイプ被害に遭った女性のほとんどが、相手男性に「かなり明確に」性交を望まない意思を伝えたと答えた。

レイプのほとんどはキャンパスの外で発生し、どちらかの家や車の中で起きる傾向が強かった。女性の回答によると、加害者の73%がドラッグまたは酒類を摂取しており、被害者の55%が同様の摂取により酔った状態だった。男性が主に行使した暴力は中程度と評価され、被害者の腕をねじったり、被害者を押さえつけたりするものが多かった。加害者に叩かれたという回答は被害者女性の9％、凶器で脅されたという回答は5％にとどまった。被害者のほとんど（84％）が男性を説得しようと試み、多く（70％）が何らかの身体的な抵抗をした。

それでもこの女性たちはレイプされた。それも全国統計によるレイプの平均発生率、居住者10万人あたり37・5件という数値をはるかに上回る頻度だ。ただしこの全国統計には、『Ms.』誌の調査があぶり出したレイプ事件のほんの一部しか含まれていない。被害を正式に届け出る女性はほんの一握りであるためだ。

〈『Ms.』誌の調査結果〉

・レイプ被害者の42％が暴行について誰にも話さなかった。
・わずか5％が警察に届け出を出した。
・わずか5％がレイプ相談センターに助けを求めた。

『Ms.』誌の調査により、次の3つの特徴が、女性が我が身に降りかかった出来事をレイプと認識しない、または公的機関に届け出ない理由となっていることがわかった。

・デート相手との間でレイプが起きた場合
・被害者と加害者との間で過去に同意のうえでの性的な行為があった場合
・暴力の程度がかなり低い場合

本書執筆のために実施したさまざまな年代や境遇の女性へのインタビューから、出来事をレイプと呼ばなかったり、暴行について沈黙を保ったりする別の理由も明らかとなった。知り合いの男性をトラブルに巻き込みたくなかったというものや、レイプの周辺事実（男性と2人でバーを抜け出したこと、ドラッグを使用したことなど）を恥ずかしいと感じており、出来事について自分が責められると思っているか、単に相手の男性の社会的地位が非常に高いため自分の話を信じてもらえないと思っていることも挙げられた。

顔見知りによるレイプが隠された巨大な事件でありつづけるのも無理はない。

「たやすい」ターゲットとなる理由とは？

デート相手や顔見知りの男性からレイプされた女性を、社会学者や心理学者がしばしば「たやすい」被害者と呼ぶ。レイプ犯にとって「たやすい」という意味だ。そのような女性は、レイプを届け出たり本気で抵抗したりしなさそうに見える点で、理想的なターゲット候補となる。

数多くの研究者が、レイプ被害者となる女性とならない女性がいる理由を理論化しようとしてきた。『Ms.』誌の調査を実施したメアリー・コスは、顔見知りによるレイプに結びつく予測要素が女性にあるかを探求した。被害者から収集した情報を次の3つのブロックに分けた。①家庭内暴力などの経験、子ども時代の性体験、初めての性交時の年齢。②レイプを擁護する思い込みなどのような社会心理学的な特性。③アルコールやドラッグなどその他の不確定要素。

この3つを、広く信じられているレイプ被害の通説と比較すると、次の考察が導き出された。

・通説#1―**被害促進**―男性関係の「悪い」評判があったり、女性の受動性など性別でステレオタイプ化された振る舞いをしたりなど、個人が持つ特性から、レイプ被害への遭いやすさを推し量れるとする主張。

『Ms.』誌の調査を経た考察：顔見知りによるレイプの被害者は、レイプされたことのない女性と性格の面で大きな差は見いだせなかった。どちらかというと、被害者女性はほかの女性に比べて社会的に男性と釣り合う能力を持ち、力強さと自信を有している傾向が見られた。

・通説#2―**社会的操作**―レイプを擁護する意見が生む通説を女性が受け入れることで、レイプ被害に遭いやすくなっているとする仮定（レイプをする男性はレイプを擁護する意見を高く支持する傾向があるという事実の、結果としてこの仮定が生まれる）。

『Ms.』誌の調査を経た考察：顔見知りによるレイプの被害者が、ほかの女性と比べて前述の通説をより強く信じているとは言えない。

・通説＃3──状況モデル──被害者と加害者が特定の行動（飲酒や過去の性的関係）を経た後に特定の環境（隔離された場所や男性のテリトリー内）に移ると、レイプが発生しやすいとする意見。この要素を満たすと女性が出会う男性の数が増え、自身が酔う可能性も上がるため、自らをレイプの危険にいっそう多く「さらす」ことになる。

『Ms.』誌の調査を経た考察：レイプ被害に遭った女性はそうでない女性と比べて、慣習にとらわれない性的価値観（男女が定期的にデートを重ねていれば、正式な婚約や結婚関係なしに性行為をしても問題ないと考える）をいくらか強く持ち、わずかに多い数の性的パートナーを有し、飲酒量がいくらか多いことがわかった。

状況に関する要素が、顔見知りによるレイプに遭うリスクの一因となってはいるが、これだけではなぜこれほど多くの女性が知り合いの男性にレイプされるかを十分に説明できていない。『Ms.』誌の調査に回答したレイプ被害者の41％が処女で、45％が飲酒していなかった点を考えてみてほしい。女性が顔見知りによるレイプに遭う理由を、ひとつの理論モデルで説明することはできない。

「たやすい」ターゲットの事例

キャロルは、ニュージャージー州郊外に建つ裕福な家庭のキッチンテーブルについている。幼い息子は2階で昼寝中だ。洗濯室で洗濯機がガタガタと音を立て、留守番電話のランプが灯り、キャロルが行っている在宅の仕事へのメッセージが流れる。33歳のキャロルは幸せな日々を送っている。

しかしその口から語られるのは、別のキャロルの話だ。18歳の大学1年生、デートや性体験の経験はまだ少なかった。そのキャロルが大学の冬休みに家族のもとに戻っていたとき、男友達から電話がかかった。男友達の彼女（キャロルの友人、テリー）とルームメイト1人を誘ってフラタニティハウスで行う新年パーティーに行くので、一緒に行かないかという誘いだった。つまり事実上、キャロルはそのルームメイトのデート相手となる。

彼［男友達のルームメイト］は隣の地区に住む割と素敵な人でした。彼のいとこが私と同じ高校にいました。家族に紹介できる、デート相手として恥ずかしくないちゃんとした人でした。

キャロルはパーティーの誘いに応じた。パーティーではフラタニティのメンバーたちが、ワインにジュースを少量混ぜたパンチを作っていた。キャロルはそれまでアルコール飲料を飲んだことがなかった。

　パーティーが進むなか、私はそのパンチを飲んでいました。とても美味しかったんです。飲み過ぎるとどうなるかがわからないまま、最終的にはひどく酔ってしまいました。

　私たちは男性陣のアパートに帰りました。テリーもです。そういうときに何かが起こりうるなんて、考えたこともありませんでした。単に眠るつもりでした。男性と一晩過ごしたことも実際ありましたがそこでセックスをしたことはないし、そうなることはおかしいと思っていたので、単に一緒に眠っただけでした。


しかし、単に一緒に眠るという考えはキャロルのデート相手にはなかった。2人でベッドに入ると彼はキスをしはじめ、それは性的欲求へと変わった。キャロルが「やめて、やめて、やめて」と繰り返し、彼の身体を押しのけようとしたにもかかわらず、彼は190㎝以上ある体格を武器に、150㎝と小柄なキャロルをねじ伏せた。


　もうどうしようもないと悟りました。彼に危害を加える気持ちにもなりませんでした。すごく不快で（中略）ほんとうに苦しい時間でした。

　朝になると、彼は私を車で家に送り届けました。車に乗っている間ずっと私たちは口をききませんでした。彼はきまりがわるかったのだと思います。

レイプみたいと感じたものの、レイプと認識してはいませんでした。私はいやいやながらも行為をした人でした。それに、女性が殴られて気絶させられたことや薬を盛られたことが証明できたり、レイプ前から怪我を負わされて最終的に殺されたりでもしないかぎり、レイプされた女性が悪いと思っていました。

彼に怪我を負わせていいと、たとえば急所を蹴り上げたり目を殴ったりしてもいいという考えは、一切浮かびませんでした。ちゃんとした女性はそんなことはしませんから。ただ寝転んで身を任せ、後のことは後で考えるしかないんです。

女性を「たやすい」ターゲットにした教え

顔見知りにレイプされる事態に直面したとき、一般的に女性は全力で底力を出して反撃することができない。なぜならキャロルがそうだったように、自分の力を信頼しないよう、または力で自我を通す権利があると思わないよう教わって育ったからだ。相手が社会から認められる男性であればなおさら。今も変わらず、たいていの少女はこのような考えを持つように育てられている。ときに直接的、ときに間接的に(両親、教師、遊び相手、ポップカルチャーのロールモデルから)、受動的で弱々しく自分の意見を持たぬよう教え込まれる。若い女性や大人の女性には成長した後もその幼な子のような状態を保つことが求められている。臆病で感情を表さないことを求められ、独立心や自信が育まれないように仕向けられる。その代わりに、物理的にも経済的にも保護してくれる男性を見つける術を身につける。

少女たちは、保護を受ける見返りとして男性の性的要求を聞き入れ、願わくはそれに結婚という永続性を付随させるという社会化手法を若いうちから学ぶ。これにより結婚の前段階であるはずのデートは、第3章で述べたように、女性が望む以上の性的な行為を獲得しようとする男性との取引へと格下げされる。女性がセックスに乗り気でないのは性欲がないためではなく（女性が男性に興味を抱いている場合）、女性のセクシュアリティが女性の「市場価値」となるために自衛するよう教えられてきたことが根底にあるのではないか。少女は自分の性という「愛情」の与え方を管理する術を学ぶ。早く与えすぎてしまっても自身の価値が減るだけだからだ。

こうして少女は、愛し合う関係の一環として性行為が行われるという基本的には良い教えを学ぶが、それには女性の無防備さゆえに支援と保護を与えてくれる男性が必要になるという、悪い理由が不随している。セックスは、保護を確実に得るために差し出す交換用の行為として理解されているのだ。

このような教えが「たやすい」ターゲットづくりの一端を担う。顔見知りによるレイプという脅威に対して否定、解離状態、自己非難に苦しみ、自分の中の不安と闘い、レイプの最中には反撃できず、事後には警察に届け出ることができず、さらに時折二度目の被害にさえ遭う女性を育ている。

被害者に起きること#1：否定

顔見知りにレイプされた女性のほとんどが思い出すのは、状況が酷くなる一方でも自分の感情はレイプされているという事実を否定していたことだ。暴力、強制的な隔離、拘束、暴言、そしてもちろん女性の否定的な反応をすべて無視する行為など、どれほど耐えがたい証拠を突きつけられたとしても、被害者の中には信じたくない気持ちと否定の気持ちが生まれることが多い。このときの否定は、攻撃者が知り合いという単純な事実が根源となっている。もし見知らぬ人が攻撃者なら、何が起きているかを女性が認識するのはそう難しくない。だが顔見知りの場合は、ただ話し合って思いとどまるよう伝えられさえすれば分別をもってくれるだろうと信用してしまう。男性の酷い行動が何を意味しているかと、必死に説明を求める。その出来事をレイプと呼ぶ以外の説明を。

入学した年を孤独に過ごしていたジョディーを例に見てみよう。孤独ではあったが、一人の男子学生と仲良くなって2度セックスをした。2人はその後、性的な関係を継続しないことを選んだが、友人関係は続いていた。春の終わり頃にはジョディーはその男子学生の親友とデートをしており、特に男子学生からの敵意も感じていなかった。男子学生から自分の就職祝いに部屋に来て一杯飲まないかと誘われたとき、ジョディーは何もおかしいとは思わなかった。友人に良い知らせがあったときに祝うのは普通のことだからだ。しかし部屋へ行くとすぐ、男子学生はジョディーに性的な接触を試みはじめたため、ジョディーは帰ることにした。彼がジョディーを襲ったのはそのときだった。ジョディーを寝室へと無理矢理連れ込み、壁に押さえつけた。

彼がそんなことをするはずないとしか、考えられませんでした（中略）。私のことを友人だと言っていましたから。私は別の相手が気になっていたうえ、その相手は彼の長年の友人でしたし。

レイプを犯せない理由がそれだけありながらも、彼は犯行に及んだ。

多くの女性にとって、事実の否定は今経験している痛みから自分を守る方向にはたらく。虐待を受ける子どもがその経験を胸の奥に閉じ込めるのと同じだ。実際、本書のためにインタビューした女性のうち数人がこう語ってくれた。顔見知りによるレイプの被害経験を何年間も押し殺してきたが、ある会話や新聞記事、感情を呼び覚ますような出来事がきっかけでレイプという事実が一気によみがえったと。

ボニーは家族が経営するアイオワ州の農場で、デートする仲になって3週間の男性にレイプされた。ボニーにとっては初めての性交だった。「酷い暴行を受けた」と感じながらも、誰にも話さなかった。5年後に見知らぬ人がボニーのアパートに侵入し、ボニーとルームメイトに性的暴行をはたらいた。今度は、出来事を周囲の人に話した。しかし1件目をレイプとは認識しておらず、2件目の後にレイプ被害者支援グループに参加してもなお、それは変わらなかった。顔見知りによるレイプについての記事を目にしたのは、アパートでの事件から9年後、デートレイプからは14年後のことだった。「やっと救われたような気がしました。目から鱗でした。物事がうまく収まり、意味を成しはじめました。初めてあの出来事について話せるようになったんです」とボニーは語った。

被害者に起きること#2：解離状態

レイプ被害の最中には、信じたくない気持ちや否定とともに、被害者が身体的、精神的に目の前の出来事から距離をとっているかのように感じる状態が訪れる。この解離状態が、起きていることへの対応力を下げたり阻害したりすることがある。否定と同様、解離状態も防御反応であり、出来事を一から十まで体感するのを避けることでその経験をやり過ごす。何人かの女性回答者は、レイプのうち解離状態にある時間を最もはっきりと記憶していた。直接体験しているというよりは、レイプの映画を観ているかのようだったと言う。

マギーは殴られ、自分の家の中を何部屋も引きずられた。相手は何度かデートをした後に会うのをやめていた男性だった。マギーは抵抗を続けたが、ついに男性がマギーを寝室に引きずりこんでベッドの上に押し倒した。

そのときに私は自分の身体から離れました。ベッドの脇から2人を眺めていました。だから、レイプ時の記憶の一部は他の部分の記憶とまったく違っていて（中略）自分の身体の中にいない時間があったんです。為す術を持たない自分からの解離です。私は自分の隣に立っていて、ベッドの上の自分は抜け殻でした。

冷静さや無関心さではなく、ただ無の感情でした。ただそこに居ただけです。

部屋の様子を思い起こすとき、ベッドからの視点じゃないんです。ベッドの横からの視点です。そこから私は見ていたので。

被害者に起きること#3：自己非難

顔見知りによるレイプの被害者は、自分の判断力から裏切られたように感じる。知っている男性が、それもたいていの場合魅力を感じていた男性が、もしくは自分が選んだ男性が、手のひらを返して酷い行為をしたのだから。自分が男性を止められなかったと認識したところから、被害者の自己非難が始まる。レイプ直後は、自己非難の感情が被害者の頭から事件のことを締め出してしまう。自分同様に他人も自分のことを責めるだろうという恐れから、警察に届け出ることはせず、親しい友人に安心感を求めて話すことすら避けてしまう。

自己非難の感情にはいくつかの要因がある。レイプ発生前に自発的に男性から酒やドラッグを受け取った、または自分で酒やドラッグに酔った場合は、状況を把握できない状態になった自分自身をとがめる。

酒やドラッグを摂取しなかった場合でも、顔見知りによるレイプの後に被害者が自責の念を抱く傾向がある。20歳のニーナは病院で大きな手術を受け、つい2週間前に退院したところだった。片方の卵巣を摘出し、部分的にしか機能していないもう一方の卵巣が残った。友人に誘われて地元のクラブに行くことを決めたとき、切開の傷はまだ完治していなかった。自宅療養で閉じこもっていたニーナにとっての息抜きの機会だった。

クラブでは、高校で最も人気の高い男子生徒の一人だったラリーがニーナたちのテーブルへやってきて、最近見かけなかったがどうしていたのかとニーナに尋ねた。ニーナは入院していたことを伝えた。さらに詳しく尋ねられ、医療補助員としてのラリーの興味を考慮して、ニーナは受けた手術について簡単に説明した。その後ラリーはルームメイトの誕生日パーティーを自宅でやるとニーナを誘った。ラリーの運転で、イリノイ州郊外の家に着いた。ニーナはすぐに疲れてしまった。何人かがパーティーから抜けはじめた頃、ラリーに家まで車で送ってほしいと頼んだ。

ラリーは、疲れすぎていて運転できないと言い、2階に空いている寝室があるから今晩はそこで眠って、明日の朝に送るのはどうかと私に言いました。普段なら疑ってかかりますが、ラリーは私の手術について詳しく知っていたので、セックスは不可能と当然わかっているものと思いました。あまりに疲れていたので、どこで寝たらいいか教えてくれとラリーに頼みました。この時点でパーティーの参加者はみな帰っていて、ルームメイトは既に寝ていました。

2人で2階へ行くと、ラリーはセックスをしたがった。ニーナはひどく驚いて、手術後なので仮にしたいとしてもできないと伝えた。

彼はモンスターになりました。私を掴んでスラックスを引きずり下ろし、丸見えになったお腹の醜い傷を見て「たいしたことないじゃん」と言いました。

最初は抵抗してやめてと言いました。するとラリーは、叫ばない方がいいと言ったんです。ルームメイトが目を覚ますと、彼は私に気があるから何が起きているかを知ってすぐ加わってくるぞと。信じられない会話でしたが、それが事実でした。

お腹を一発殴られでもしたら大量出血が始まり、将来子どもを産むわずかな希望を壊されるか失血死するかのどちらかだと気付いてからは、抵抗するのをやめて懇願しつづけました。

ラリーは射精すると眠ってしまった。ニーナは階下へと這って行き、自分を奮い立たせて電話番号問い合わせサービスに電話をかけ、自分のアパートの番号を聞いた。ニーナのルームメイトが迎えに来て、ニーナを病院へと連れていった。病院で警察の捜査係に事件の内容を聞かれた。

警察官に話すのは怖かったです。話の中のあまりに多くのところで、私が世間知らずで馬鹿だったと批判されそうと感じて。心底自分を責めました。

どうして彼についていったんだろう。自分の車で行けばよかった。叫んで彼のルームメイトに助けを求めればよかった。ラリーがそういう人だとなぜわからなかったんだろう。

善良で「たやすい」被害者がそうするように、ニーナもラリーを告発しないことに決めた。裁判に耐えられるほど精神的に強くないと感じたためだった。

被害者に起きること#4：「小さな声」の無視

周りの要求に応えるためにどれほど完璧に社会化していようと、女性の内側のどこかには小さな自分が住んでいる。危険を察知して警告の信号を発することができる、自分とは切り離されているような力だ。女性はたいていい年を重ねるうちに、この「悪い予感」を軽く受け止めることを学んでいく。最終的には、内側の自分が注意するよう警告したとしても、社会化された自分が疑っては相手に失礼だと善意で解釈する。若い女性は成長の過程で「成り行きに任せ」る術や、男性の希望にある程度は応える術を学ぶ。ちゃんとした女性は相手をがっかりさせたりはしないからだ。自分の感情がどうであれ、感じよく振る舞う必要がある。

自分の感情がどうであれ。

本書のために女性にインタビューする中で、レイプ発生前にいかに自分の直感を軽視したか、相手男性や場所、状況に関して何かおかしいと訴える内側からの信号を無視したかを、繰り返し耳にした。何人かは、相手への「悪い予感」を信じて何度かデートの誘いを断ったと話した。それでも悲しいことに、最後には折れてしまった。

レイプ犯と化す前の男性に、レイプの前兆となる発言が見られたケースもあった。女性に対する敵意や攻撃性をはらむ態度などで、その後被害者となった女性がそのときは見逃すことにした前兆だ。「(パーティーで踊った後に)外に出て彼の車へと向かい、私は自分でドアを開けようとしました」というのはメリルの体験談だ。「彼は車を発進した後、『俺と一緒に居るときは絶対に自分でドアを開けるな!』と、なかなかの形相で怒りました」。メリルはすでにこの男性と二度と一緒に出かけることはないと決めていたため、この激怒を受け流した。メリルの家に着くと、男性はメリルをレイプした。トーニャのデート相手で、後にトーニャをレイプしようとした男性も、トーニャが見過ごすことに決めた前兆となる発言をした。「夕食を食べているとき、私が何かについて意見を述べようとすると、彼は『君はそういう話をするには可愛すぎるね』と言いました。（中略）［少し後に］彼は私のネックレスを褒め、『何をしてそれを手に入れたの？』と聞きました」。

多くの場合、男性に明確な前兆は見つけられない。インタビューで聞いた「悪い予感」は完全に女性の内側から、どうやらきっかけもなしに湧いてくるようだった。

ベラとスティーブンは何年も前から知り合い同士だった。家族で通う教会が同じで、同じコミュニティ内に住んでいた。ベラはプロの歌手に、スティーブンはプロのトランペット奏者になった。ベラが18歳のときに、2人は同じバンドで演奏をした。

ベラが20歳で無職だったある日、スティーブンとばったり会った。なんと翌日にスティーブンが所属しているバンドが歌い手のオーディションをすると言う。ベラが興味を示したかって？　当然食いついた。スティーブンは、車でベラを迎えに行くときに電話をかけて詳しい家の場所を聞くと言った。

何故かはわかりませんでしたが（中略）オーディションに連れて行くとスティーブンに言われた瞬間から、恐怖を感じはじめました。スティーブンの言動におかしなところはなかったのに、私は怖かったんです。最初は「行っちゃだめ！」と小さくささやく声が聞こえはじめました。次の日になると酷い頭痛がして、その声は「行っちゃだめ！」と叫んでいました。

以前にも似たような直感はありましたが、オーディションの日はあまりにも強烈で本当に怖かったです。それまでの直感とはまったく違うと感じました。(中略) あまりに恐ろしかったので、スティーブンから電話がかかってきたときに、オーディションに興味がないと伝えようと決意しました。そう決めた後は少し気持ちが楽になりました。

オーディションの2時間前に、電話連絡もなしにスティーブンとスティーブンの友人がベラの家の玄関に現れた。

「私の家がどうしてわかったの？」と聞きました。[来られてしまったら、やっぱり行かないなんて言えるわけがない、と思いました」。

「それくらい簡単にわかるよ」とスティーブンは言いました。「オーディションにはまだ時間があるけど、少しやらなきゃいけないことがあって。途中にちょうど君の家があったんだ。もう出られる？」

このときには（内側の）声は訴えるように「行っちゃだめ！」と絶叫していました。でも自分にこう言い聞かせたんです。「ベラ、疑いすぎよ。どうしてスティーブンが怖いの？　昔からの知り合いじゃない。仕事を見つけなきゃ。オーディションに行くべきよ」。

行くと決めたとき、ものすごく悲痛な様子で「ああ、そんな」と嘆くのがはっきりと聞こえました。そして声は消えました。

オーディションに向かう途中でスティーブンは、自分のアパートに寄る用があるからあがってコーヒーでも飲まないかとベラと友人を誘った。皆で家にあがったが、友人はすぐに用があると言っていなくなった。そしてスティーブンはベラをレイプした。

被害者に起きること#5：反撃しない

レイプされた後、被害者の多くは命の危険を感じていたにもかかわらず、より強く反撃しなかった自分に対して怒りを感じる。冷静な状態で事件を振り返ると、攻撃をどうにか撃退したり、叫んで助けを呼んだり、逃げたりする方法を思いつく。頭の中のビデオをリプレイして、別の結末を与えようとする。フィラデルフィアの兄の家で子守りをしているときにデート相手からレイプされたイマーニは、こう話す。「あの晩、もし甥っ子が一緒でなければ、激しい喧嘩だけで終えられただろうと信じたいです」。

恋人と別れた後や離婚直後、初めて家族のもとから離れたときや失業したときなど、無気力になり自尊心が低くなって滅入っているとき、つまり人生がマイナスに振れているタイミングでレイプが発生したと、話してくれた女性も複数いる。このような被害者はそもそも自分の生活が手に負えていないため、レイプ犯に反撃するという考えはまず思い浮かばない。

しかし反撃しないことや助けを呼びすらしないことも、しっかりと女性に植え付けられた慣習なのだ。一般的に、女の子は他人に気を配るよう、自分の関心事よりも他人の希望を優先するよう、言い聞かせられてきた。ところが、この「女性的な」特性を顔見知りによるレイプの状況で行使すると、自分への危害を助長するだけとなる。オーバーン大学の心理学者でデートレイプの専門家でもあるバリー・バークハートの発表によると、フラタニティの男子寮の一室でレイプされたある被害者は、なぜレイプの最中に叫ばなかったのかという問いに対し、男性にフラタニティの他のメンバーの前で恥をかかせたくなかったからと答えたそうだ。

ほぼ例外なく全女性が抱くごく普通の身の危険こそが、男性に反撃をしないいちばんの理由だ。男性は女性より強いというのが現実だ。たいていの女性は15歳以上の男性なら誰でもその気になれば力で自分に勝てると理解したうえで外を歩く。男性が単ににらみつける、または卑猥な言葉を浴びせるだけでも、暴力の兆しとして十分に女性を怖がらせることができる。この兆しが隔離された場所で行われたら、相手が知り合いだったとしても恐怖に襲われる。

それでもなお、顔見知りによるレイプの被害者はさまざまな手段で抵抗を試みる。『Ms.』誌の調査結果の分析によると、顔見知りにレイプされた女性のうち83%が相手の説得を試みたり懇願したりした。77%が相手に思いとどまらせたいがために冷淡な態度に変え、70%が身体的に抵抗し、11%が助けを求めて叫び、11%が逃げようとした。

顔見知りによるレイプの多くのケースでは、男性は単純に自分の体重を使って女性を押さえつける。レスリングやボクシングの選手は、相手との体重が同等であることが、公正に戦う唯一の条件だと知っている。同じ階級でも体重がぎりぎり10ポンド（約4・5kg）違えば、プロの格闘家でも厳しい戦いとなる。平均的な男性は平均的な女性よりも40〜50ポンド（約18〜22kg）重いのだから、デートレイプでの「戦い」ははじめから勝負にならないだろう。そしてたいていの男性は、子どもの頃からけんかを通してパンチやレスリングをして良しとされてきたこともあり、戦い方を知っている。しかし女性は、本気でも遊びでも誰かを殴ったことなどない人が多い。ましてや自分より身体が大きく、力が強く、暴力的または虐待的な行動をとる相手に戦いを挑むなど、恐ろしくてできるわけがない。

体重47・6kgのメリルは、自宅でデート相手に襲われたときに大声で叫んだ。身体的にも抵抗したが、長くは続かなかった。

私が抵抗をやめなければ暴行すると、彼に言われました。レイプされるのはわかっていたので、私の選択肢はただレイプされるか、レイプされて殴られるまたはもっと酷い目に遭うか、の2つでした。（中略）私の頭の中を最も占めていたのは、息子が帰ってきて母親が死んでいるのを見つけたら、どれほど大きなトラウマを受けてしまうかということでした。生き残る可能性を最も高めるために、目の前の男に「とりあえず」従わなくてはと決めました。

女性が男性の腕力を過大に見積もり、恐怖心のあまり無力化してしまう部分もいくらかはある。男性と戦って撃退することも可能ではあるが、その可能性を見据えて実践的にも気持ちの面でも事前準備が必須となる。

被害者に起きること#6：事件を届け出ない

多くの女性は、レイプされた直後に警察や医療機関からの細かな詮索を受けたがらず、それを理由に事件を届け出ない。顔見知りによるレイプの被害者のほとんどがこの選択をする。警察が自分の話を信じないのではないか、私を責めるのではないか、出来事をレイプではないと言うのではないかと考えてしまう。要するに、警察も社会の大半と同様、信じるのではなく逆に非難するのではないかと予想してしまう。

デートレイプと顔見知りによるレイプの被害者がこのような恐怖を抱えていることは、ほとんど知られていない。警察や検察官は、その状況ではレイプと断定はできないとストレートに言うかもしれない。ニーナはレイプされた後のことをこう語る。「私もお酒を飲んでいたこと、自分の意思で相手と出かけたこと、相手が知り合いであることから、州検事がレイプ容疑での告発に踏み切る見込みはないだろうと刑事の方に言われました。自分なら加重暴行罪にする、とも」。警察の無関心な態度はしばしば、女性の話をあからさまに拒絶する方向へと変化する。「ある晩に、公正で理性的な取り調べをしてくれるものと私が期待を寄せていたあの刑事から電話があったのですが、刑事は私を嘘つき呼ばわりし、加害者とパーティーに行って『ヤった』のが悪いと非難しました。私は呆然としました」と、ニーナは振り返る。

知り合いの男性にレイプされた女性のほとんどは、わざわざ警察に行こうとはしない。だから真に「たやすい」被害者でありつづけるのだ。37歳のときにデート相手にレイプされたヘリーヌは、住んでいたコロラド州の町の警察が親身になってくれないことを知っていた。レイプ相談カウンセラーとして働いていたときに、他の被害者への警察の対応を目にしていたからだ。「警察は、私を馬鹿だと思うでしょう」。そうヘリーヌは言う。「デート相手が『手に負えなく』なっただけじゃないか、と」。

被害者に起きること#7：再被害に遭う

『Ms.』誌の調査から明らかとなった、最も不安をかきたてられるデータはこれだ。

〈『Ms.』誌の調査結果〉

・レイプ被害に遭った女性の42％が、加害者男性とその後再び性交をしたと答えた。

・レイプをした経験のある男性の55％が、被害者とその後再び性交をしたと答えた。

レイプ事件より後に被害者とセックスをするという現象を、どう説明すればいいのだろうか。デートレイプと顔見知りによるレイプの被害者がレイプ事件に対して抱く混乱した感情のなかに、その答えがある。ほとんどの被害者は自分の身に降りかかったことを何と呼べばいいのかわからず、典型的な自己非難の説明に頼ろうとする。「私が意味を取り違えているに違いない」「私が自分の考えをはっきり伝えなかったから」「あのことを不愉快に思う私が間違っている。彼はまたデートに誘ってくるのだから、本当に私のことが好きなんだ」と。

レイプ被害者は自分の身に起きたことをレイプとは思っていないため、しばしば加害者にもう一度機会を提供する。その男性の見た目が素敵だから、良い仕事に就いていたり評判のいいフラタニティに属していたりするから、そして誰もが彼を素敵な人だと思っているようだから、などと理由をつけて。

すると何が起きるだろう？　たいていい同じ結果が待っている。再びレイプされるのだ。そうしてやっとほとんどの女性が、相手男性と会うのをやめる。『Ms.』誌の調査では、レイプされた女性は平均2・02回被害を受けていた。レイプをした経験のある男性は、同じ女性を平均2・29回襲っていた。

レイプされたことを、継続中の男女関係の一環として行われた単なるセックスへと変えるために、再び加害者と会う女性もいる。レイプの経験を許容できるものに変えるのだ。たとえば3週間前からデートをしていた相手にレイプされたボニーは、その後も相手と性交をした（レイプの時点ではボニーは処女だった）。この行動をボニーは「起きたことの正当化」を試みたのだと説明している。しかしその試みはうまくいかず、その後すぐにデートをしなくなった。研究者のヴァイスとボージェスの指摘によると、元恋人によるレイプは、男性が「以前の権利を取り戻し」て女性に復縁を強要したり、拒絶する罪悪感を与えたりすることが狙いである可能性がある。女性は「後ろめたい秘密」を共有しているせいで、男性から逃れられないように感じるのかもしれない。

ルースは、2回目のデートで酔い潰れた自分をレイプした男性と、最終的に結婚した。

私が世間知らずだったのですが、彼は本当に私に気があると思っていたので起きたことは自分のせいだと思いました。あのときデートレイプについて知っていたならと思います。たぶん、自分は軽い女だとか、自分に落ち度があったとか思いたくなかったんです。残念ながら彼は私を好きなのだと信じていたので、半年後に結婚しました。結婚生活は10年間で終わりました。離婚した後に、彼が私の姉妹2人に対しても同じこと（酔わせてレイプする）をしようとしていたことを知りました。

もしもこのような女性が被害経験をはじめからレイプと正しく認識できていたなら、もう二度と相手男性とデートすることはなかっただろう。事実、本書のためにインタビューした女性のなかでも、暴行発生時にそれがレイプにあたると明確に認識した被害者は、その後加害者と二度と性交をしなかった。

しかしほとんどの被害者にはその認識がないために、簡単に再被害に遭ってしまう。これが『Ms.』誌の調査が明らかにしたあまりにも悲しい統計データの一因となっている。デートレイプと顔見知りによるレイプの威力が、自分の人生をコントロールする自信を女性から剥ぎ取ってしまうことを、次のデータが示している。

〈『Ms.』誌の調査結果〉

・41%のレイプ被害者が、再びレイプ被害に遭うだろうと予想している。

5. 顔見知りによるレイプの後遺症

「私の世界が足元からすべて蹴り崩されたような感覚でした」

同じ寮に住む男性にレイプされたジョルジェット

デートレイプと顔見知りによるレイプでは「真の」暴力行為（激しく殴る、凶器で脅したり傷つけたりする）は大して用いられないため、被害者のトラウマは見知らぬ人によるレイプほどは重症化しないと多くの人は信じたがる。だが真実はその逆だ。ワシントンDCのシンクタンク、アーバン・インスティテュートの研究者であるボニー・L・カッツとマーサ・R・バートによると、顔見知りによるレイプの被害者が被害から3年後に自覚している回復具合は、見知らぬ人によるレイプの被害者の場合に比べて低かった。この結果に対し、ニューヨーク州イサカにあるコーネル大学のデートレイプ研究専門家アンドレア・パロットはこう解説した。顔見知りによるレイプの被害者は当該経験への自認を抑圧する傾向があるため、暴行から受けた影響をより長く引きずりやすいのではないか。一方で見知らぬ人によるレイプの被害者は、カウンセリングなどのサポートに迅速に頼ることが多い。

いかなるレイプであっても、被害者は、自分の身の安全を掌握できなかったせいで自分が侵害されて踏みにじられ、居心地の良い日常が永久に閉ざされたと感じる。それでも見知らぬ人にレイプされた女性の多くは、保護と支援を得られる場所を周囲の人に与えてもらえるという感覚を、たとえ非常にもろいものだとしても抱くことができる。身近な人からの共感をともなう反応で、自分の被害経験を認めていくのだろう。

顔見知りにレイプされた女性には、往々にしてそのような場所が欠けている。見知らぬ人によるレイプの被害者と同様に社会への信頼を打ち砕かれるが、見知らぬ人によるレイプの被害者と違って共感してくれるのはほんの一握りの人のみだ。なぜなら、顔見知りによるレイプに関する社会的偏見や被害者を責める傾向、被害者がレイプについて誰にも話さない可能性があるからだ。

心理学者とレイプ相談センターのカウンセラーは、被害者が事件について話すことが、被害後に現れる反応の理解や回復促進の助けとなると理解している。見知らぬ人によるレイプの被害者も多くの場合は経験を語りたがらないが、それでも専門家や友人、家族に助けを求めることが多い。しかし顔見知りによるレイプの被害者は基本的には事件を誰にも打ち明けず、そのせいで回復への道を閉ざしてしまう。もっとも、あまりに多くの被害者がレイプと認識していないがために、自分の心の中ですら対処ができないのだ。

『Ms.』誌の調査でレイプ・サバイバーと認定された女性同士を比較してわかるのは、顔見知りにレイプされた女性が報告した心理的影響は、見知らぬ人にレイプされた女性のものと同等レベルだった。さらにこの2グループは、どの程度明確に同意していない旨を伝えたか、どの程度の抵抗をしたか、また暴行中に感じた怒りと絶望の感情に関しても、結果の点数に明確な差はなかった。いずれの場合においても自尊心を傷つけられ、恐れと不安に襲われ、将来への希望を砕かれた感覚を反映した甚大な影響をレイプは残す。

〈『Ms.』誌の調査結果〉

・出来事をレイプと認識していたかどうかにかかわらず、調査でレイプ被害者と認定された女性の30％が事件後に自殺を考えた
・31％が精神療法に頼った
・22％が護身術を習った
・82％が事件の経験が永久的に自分を変えたと話した

アリスの体験談は、見知らぬ人によるレイプと顔見知りによるレイプの後遺症の類似性を示している。30歳のアリスは、少し前に見知らぬ男性にレイプされた。カリフォルニア州の自宅に押し入った男が寝ていたアリスを起こし、ナイフで脅した。12年前、18歳だったアリスは職場の若い同僚にレイプされた。「最初のレイプの後、何か月もの間ひどく憂鬱な状態が続きました」とアリスは話す。「そのときの症状は今回の症状ととてもよく似ています。暴食し、体重が増え、幾晩も泣きました。今回は医者に通い、抗うつ剤を飲んでいますが、あの頃（最初のレイプの後）はしょっちゅう真剣に自殺を考えていました」。

もしアリスの被害の順序が逆であったなら、結果は違ったかもしれない。はじめに見知らぬ人にレイプされ、その後に顔見知りの男性によるレイプが危ぶまれる状況に陥った女性は、「前に起

きたことと似ている」ために、レイプが発生しそうだとすぐに気付くことができると話した。その警戒が功を奏してうまく逃げられることもある。

顔見知りによるレイプの情緒面への影響

ジョルジェットは当時18歳で、ノースカロライナ大学の1年生だった。メルはジョルジェットの寮のレジデント・アシスタント、つまり寮生の相談役兼監視役として雇われた上級生だった。午前2時頃にジョルジェットは寮のすぐ外に立っていた。パーティーで少し飲んできたが、酔ってはいなかった。ジョルジェットが言うには近寄ってきたメルに「言い寄られた」。何度も断ると、メルはジョルジェットの腕を掴んで自室に引き入れた。ジョルジェットは抵抗したがさして効果はなかった。今もなお、レイプされたときの身体的な痛みと、もみ合いになったときに壁に映っていた影を覚えている。しかしその後にジョルジェットを襲う痛みはさらに酷いものだった。

誰にも話しませんでした。それどころか自分でも事実を認めたくありませんでしたが、4か月ほど経つと、自分をむしばむ罪悪感と恐怖が隠しきれないほど大きくなり、完全に神経衰弱の状態に陥りました。自殺しようとしましたが、幸いあと一歩のところで怖じ気づきました。

私の中で何が起きているのか説明のしようがありませんでした。自制心を失っていき、過去に経験したことのないほど何かにおびえ、無力さを感じていました。私の世界が足元からすべて蹴り崩され、一人きりで暗闇に取り残されてさまよっているような感覚でした。レイプのことや、もっと恐ろしいことを夢に見てうなされました。誰かといるのが怖くて、でも一人でいるのも怖かったです。何に対しても集中できなくなり、いくつか単位を落としはじめました。朝起きて何に着替えようかと悩むだけでパニックに陥り、涙を止められませんでした。自分がおかしくなっているのがわかりましたし、実際おかしくなっていたと今でも思います。

ジョルジェットの話は、アメリカ精神医学会が１９８０年に心的外傷後ストレス障害（ＰＴＳＤ）として明らかにした内容を正確に説明している。この症状は、加害者が見知らぬ人か顔見知りかに関係なく、レイプ被害者全般にはっきりと見られる。感情面と行動面に幅広く表れるのだ。被害者は隠すことなく症状に反応するかもしれないし、表向きには落ち着いて冷静な様子を見せて症状を制御するかもしれない。いずれにせよ、被害者は漠然とした恐怖や死に対する恐怖を感じたり、怒り、自責の念、絶望、男性への恐怖、不安、屈辱感、困惑、恥ずかしさ、自己非難などの感情を抱いたりする。この感情のどれかひとつまたは複数が、時期や強さを変え、気分の大きな波をともなって被害者を襲う。被害者は自殺を考えるかもしれない。命を脅かす経験から生き残れたことに、つかの間の幸福感すら抱くかもしれない。簡単なことにすら集中や専念ができなかったり、逆に受けた暴行の記憶やレイプ犯と顔を合わせることへの恐怖など、ひとつの考えに固執したりするかもしれない。びくびくしたりいらいらしたり、身体の震えや身震い、速脈、ほてり、悪寒に悩んだりするかもしれない。睡眠障害、食欲不振、その他さまざまな不調に襲われ、そのなかには暴行と具体的な関連を持つ症状もあるかもしれない。

本書のためにインタビューした顔見知りによるレイプの被害者の多くにとって、レイプ犯から解放されてはじめに抱く感情的な反応は、自分の汚れはもう二度と取れないという感覚だった。長年の友人にレイプされた歌手のベラは、当時のことをこう語る。「はじめにしたのはシャワーを浴びることでした。熱いシャワーを。それから湯船に浸かりました。ものすごく熱いお湯にです。それからまたシャワーを。それから湯船。全然綺麗になりませんでした。彼の臭い、触られた感覚、精液、肌が、身体に貼り付いていました」。

現在31歳のエマは、17歳のときにニューヨーク州立大学寮の同じ階に住んでいた男子学生にレイプされた。ベラと同様、エマもひととおり洗う行為をした。

ドアの鍵を閉めて、泣きました。それからバスルームに入って湯船に浸かり、それからシャワーを浴びて、もう一度浸かり、またシャワーを浴びました。身体を拭いて鏡を見たときに初めて、上半身全体、首と胸があざ、つまりキスマークだらけであることに気がつきました。不快でした。嫌悪感でいっぱいになりました。自分が不潔で、汚《けが》されたと感じました。バスルームから出たくなくなり、身体にタオルを巻いたまま床に座り込んで、泣きました。

加えて、レイプを直接の原因とする他の感情的な影響を受ける被害者もいる。過去にトラウマ（深刻な病気や精神障害）を抱えたことのある被害者は、レイプにより複合的な症状が出ることがある。過去のトラウマから来る症状と、レイプから来る症状が合併するのだ。子ども時代を含めて過去に性被害に遭った経験があり、それに対する感情を解決できていない場合、過去と現在の被害両方からの強力な症状に見舞われることもある。

数か月や数年にわたって行動が変化する被害者もいる。その人らしくない変化が起きる可能性がある。たとえば、性的な行動には慎重で自分を抑制できるタイプだった女性が、誰とどんな状況で寝ようと気にしなくなる。社交的だった女性が内気になる。服への関心がとても高かった女性が、わざと人目を引かない服装を着るようになる、などだ。レイプ犯と同じ職場や学校に通う被害者は、仕事をやめたり転校したりすることもある。安心感を得るために引っ越したり、電話帳に出ていない番号を取り直したりすることもある。家族への依存度を高めることもある。ジョギングをしたり外を散歩したりといった趣味を諦めることもある。どの変化も、周りからはわからないくらいひっそりと時間をかけて進行する。

アイオワ州に住む23歳の記者スーザンには、夜遅くまで働いた後に同僚とビールを飲みに行く習慣があった。ある晩男性記者の一人が、スーザンの身の安全のために家まで送ると申し出た。玄関の前までスーザンを送り、トイレを借りたいと言った。トイレから出てきた彼はズボンをはいていなかった。目の周りにあざができるほどスーザンを殴り、もみ合いになり、そして彼はスーザンをレイプした。「そのとき、誰もが思うであろうことを思いました。『だらしない女。あなたが彼を誘い込んだんでしょう』って。彼とお酒を飲んだ自分を責めました。職場で彼を誘っているかのように見られていたんだと思いました」と、スーザンは語る。事件がスーザンに及ぼした影響はどうだったのだろうか。「記者仲間と飲みに行くのをやめました。もっと勉強するようになりました」。記者仲間が気付いたスーザンの変化は、一緒にいても前ほど楽しくなくなったということくらいだろう。

ときに恐怖心は被害者を衰弱させる。レイプ被害者は人混みにいるのが怖くなったり、一人でいるのが怖くなったりすることもある（またはその両方）。親しい友人すら信用できなくなるし、見知らぬ人の考えていることに酷く疑心暗鬼になることもある。レイプに関連するものが引き金となり、不安や恐れが湧くこともある。たとえば、暴行中にかかっていた曲、レイプ犯が飲んでいた酒の臭いやつけていた香水の香り、あるいはレイプ犯に似た人を見かけただけでも。

このような恐怖心は、デートレイプと顔見知りによるレイプならではの特性を考えるとなおさら理解しやすい。被害者の個人的な世界と広範な世界の両方が脅かされているように見えるのだ。安全な場所などどこにもなく、信用していい人などいない。前向きな支援をしてくれる人がいなければ、被害者は、自分は価値がなく無力で孤独な人間だという新たな（そして間違った）前提に基づいた人生を再構築しはじめるかもしれない。

顔見知りにレイプされた女性のなかには被害から数年後に外傷症候群が発症する人もいる。ベトナム戦争から帰還した軍人が、終戦から10年以上経ってPTSDを発症することがあるように。「あらゆる感情にしっかりと蓋をしてきました。どの感情とも向き合わなくていいように。ものすごく深いところに葬っていたんです」と、イリノイ州に住む35歳のコニーは話す。コニーは19歳のときに、地元の行きつけの場所で出会った男性にレイプされた。

怒りや憤怒、罪悪感などの感情は16年近くものあいだ押さえつけられ、葬られてきました。しかし今年になって蓋が外れ、恐ろしい感覚や恐怖などすべてを唐突に味わっています。身体的な症状をともなう突発的な不安発作にも襲われました。

昔起きたことに向き合わなくてはならないとわかるまでに何か月もかかりました。この16年間に、抑えていた感情は増大し、腐敗し、煮詰まっていたのです。私はまさに故障した人間でした。結局、情緒不安定になることを恐れて専門家に助けを求めることにしました。ここ数か月で対処の仕方をかなり学んでいます。16年ぶりに自分自身を愛する方法を思い出してきたところです。

それでも、女性に対するたった一度の浅はかな暴力行為がこれほどのものを破壊できることに、今でも怒りを感じます。

顔見知りによるレイプが与える身体への影響：怪我、妊娠、中絶

顔見知りによるレイプの後遺症のうち、最も早い段階で被害者の目に留まるのが「物理的な」後遺症、つまりレイプを原因とする身体的な異常だ。ウェンディの事例でもそうだった。デート相手がやっと行為を終えたとき、相手の部屋のベッドは血だらけとなっていた。「処女膜を保持していない、または生理中ではない場合でも、男性の乱暴さや女性の抵抗、潤滑剤不使用を原因として、女性がレイプ後に出血することがある」。ウェンディが家に帰ってからも出血は続き、翌日にはさらに悪化した。最終的には大学の医務室に行った。

医務室で血を拭き取られ、膣の中に大きなガーゼの詰め物を入れられ、次の日にまた来るよう言われました。処方された「アフターピル」は、DES［ジエチルスチルベストロールという合成エストロゲンで、服用した女性の子どものがんを誘発する相関性により現在はあまり処方されない］でした。

翌朝もう一度医務室に行き、詰め物を取ってもらいました。血は止まっていました。処方されたあの恐ろしいピルを5日間飲みました。苦しすぎる時間でした。絶えず酷い気分で吐き気がありましたが、妊娠したくなかったんです。

ピルを飲み終わってから数日後、体調がものすごく悪くなりました。お腹があまりに痛くて、食べることも寝ることも水を飲むこともできませんでした。一週間苦しみつづけ、医務室にも複数回通ったことから、誰かにこのことがばれました。潰瘍ができてしまい、一週間入院しなければばなりませんでした。

ウェンディのように顔見知りによるレイプ後に医療機関に駆け込む女性の多くは、妊娠を心配している。また、性感染症を移される可能性も心配ごとのひとつだ。現代メディアのエイズへの関心の高まりや、キャンパスのエイズ予防プログラムへの取り組みにもかかわらず、攻撃的な男性はレイプで性感染症に感染する可能性を大して気にかけていないように見える。エイズは同性愛者の男性にしか感染しないという迷信が理由のひとつかもしれない。また、若いレイプ被害者の多くは処女であったために、男性は初体験の「安全性」に安心感のようなものを覚えていた。さらに、女性と同意のうえでセックスをする男性なら関心を持つであろう、望まない妊娠から女性を守ることに関しては、顔見知りをレイプする犯人は決まって関心を持っていないと、貴重な存在である逮捕されたレイプ犯が述べていた。

女性にとってデートレイプによる妊娠の可能性は、頭の中を占める恐怖となりうる。事件について誰にも話したくないと望んでも、間違えようのない妊娠の兆候が増えるにしたがって諦めざるを得なくなる。ときに妊娠の兆候が、実は妊娠ではなくレイプのトラウマ症状の一環として現れていたというケースもある。レイプされた当時17歳で処女だったエマは、事件後に体重増加と吐き気からなる想像妊娠をした。3か月間生理が来なかった。「本当に恐ろしかったです」とエマは話す。結局エマは寮長に事件のことを打ち明け、寮長は妊娠検査をするためにエマの尿をとった。返ってきた結果は陰性だった。その次の日、エマの生理がきた。

どの話もこのような結末を迎えるわけではない。ケイトリンは21歳、大学4年生だった。ニューイングランドのアイルランド系カトリック信者の厳格な家庭に育った。処女ではなかったが男性との間に性的に一線を引き、男性を尊敬する慣習があった。クリスマス休暇の間に、高校時代からの知り合いの男性とデートをしはじめた。彼は3回目のデートで、セックスを拒んだケイトリンをレイプした。ケイトリンはショック状態で家に帰った。

約2週間後から、ケイトリンは身体にほてりを感じはじめた。病院ではウイルス性腸炎と診断された。しかし快方に向かわなかったため年上の女友達に相談すると、妊娠検査を勧められた。結果は陽性だった。近くの非営利医療サービス、プランド・ペアレントフッドのクリニックで中絶手術を受けた。

レイプ事件自体に向き合うよりも、中絶の決断をするときの方が辛かったように思います。決断に長い時間を要しました。私はカトリック教徒なので、懺悔に行く必要があったんです。両親には半年経ってから話しました。(中略)父親は「懺悔には行ったのか?」と言い、「それ以来」二度とそのことには触れません。長いこと、もう2年になりますが、「懺悔には行ったのか?」以外の言葉はかけてもらっていません。もう誰にもこれ以上触れてほしくありません。これ以上誰もこのことを知る必要はないんです。

話をしてもただ私が悲しい思いをするだけなので。

顔見知りによるレイプが与えるセックスへの影響

デートレイプや顔見知りによるレイプの後にほとんどの女性が抱く恐怖心の矛先は、主に男性とセックスだ。事件以前はもしかすると楽しさや喜びの源であったこの2つが、いずれも恐怖や怒り、嫌悪感を被害者の心にもたらすものへと変わる可能性がある。

一般的にレイプ・サバイバーは、被害以後はセックスをすることが難しくなる。とりわけ顔見知りによるレイプの被害者は、身近な存在の男性に対する信頼を失ったせいもあっていっそうセックスに苦痛を感じるかもしれない。「どこもかしこも危険だと感じていました。どの男性も好きなときに私に危害を加え、殺害すら可能なことに気付いたからです」と、32歳のときに社会人向けの講義で出会った男性にレイプされたアンナは話す。

多くの被害者にとって、身体的な傷やパートナーがどう思うかといった精神的な不安が理由となり、性行為を困難とするようになる。リラックスできない、性的に興奮しない、性に無関心または不快感を持つなどといったセックスに関する幅広い問題を抱える。これは短くても数日間、長いと数年間持続する可能性がある。メリーランド州在住のキムは、5年前の交換留学生だった頃にデート相手からレイプされた。「レイプ被害から3年後、別の男性と一晩の関係を持ちました。

それが［レイプ被害以降］初めての男性との身体的な接触でした」とキムは話す。「レイプから3年5か月経ってやっと、今の恋人と性交することができました」。

パティーは顔見知りによるレイプの記憶を4年間押し殺してきた。自分の身に起きたことについて考えはじめるまでは、セックスへの影響は現れなかった。「去年の秋にきちんと事件に向き合いはじめると、常に悪夢にうなされるようになりました。座って何もしていなくても、フラッシュバックに襲われるんです」。そうパティーは語った。「夫が私に触れるたびに、別の男性の顔が浮かぶんです。セックスなんて到底できるわけがありませんでした。どうにか乗り切ることができましたが」。

被害者のほとんどは、無傷でとは言えなくともこれを何とか乗り越える。たとえばレイチェルは、男性やセックスに関する長期的な問題はさほどないものの、高身長または身体の大きな男性と付き合うことを避けているうえ（レイプ犯が大学のアメフト選手だった）、セックスの最中に男性に冗談でも押さえつけられるとパニックを起こす。しばらくはセックスを避ける被害者もいれば、以前よりも頻繁にするようになる被害者もいる。後者には、レイプのせいで自身の「価値が下がった」ように感じている、事件以前は処女だった女性が多い。守るように教わってきたものを誰かに奪われたため、守る価値のあるものをもう何ひとつ持たないように感じるのだ。顔見知りによるレイプは、性生活が始まったばかりの女性に深刻な影響を残しうる。レイプの経験をセックスのあるべき姿と思い込むことで回復に向かう女性もいれば、今後自分がセックスを望むことはあるだろうかと悩みながらやり過ごす女性もいる。

レオナはキリスト教原理主義者の家庭に育った。29歳までデートをしたことがなかったので、交際相手紹介所を利用することにした。そこを通してロサンゼルスの警官と出会い、デートするようになった。デートではほぼ毎回、彼の家に行って1時間もベッドに入っていた。「他にどうすればいいのかわかりませんでした」。そうレオナは話す。「そうしなかったら彼に嫌われるのではないかと怖かったんです」。

数か月後、レオナは引っ越しを決め、新しい住所を彼に伝えないことにした。4か月後、玄関口に彼が現れた。警察のコネを使って探し当てたそうだった。ずかずかと中に入り、拳銃を身につけたままレオナを床に押し倒して、レオナにとっては初体験となるオーラルセックスをさせた。彼が発砲するのではないか、拳銃が暴発するのではないかと恐れたレオナは抵抗はしなかった。

それから3年間レオナは独り身を貫き、その後出会った男性と2年間一緒に暮らした。「とにかくものすごく穏やかで優しく、とてもおっとりした辛抱強い人でした」とレオナは教えてくれた。その人は亡くなった。現在レオナは親友の女性と暮らしている。

誰とも付き合ってはいません。セックスをしないことも誰とも性的な関係にならないことも自分で選択しています。セクシュアリティが自分にとって何なのかがわからないので。今は大好きな人と暮らしています。身体の関係はありませんが、誰かと親密な関係になることを想像したら、私の中では相手は彼女です。

自分が砂漠の真ん中に暮らして死ぬまで一人きりでいる姿が、どこかでわかっているんです。

信用問題［レイプした男性との関係のこと］でものすごく傷つきましたから。

アイリーンも「信用問題」に人生を形作られたひとりだ。18歳のときにデート相手に、その5年後には義理の兄にレイプされた。「一度も結婚したことがありませんし、しようとも思いません」とアイリーンは言う。「男性を信用できないから、自分の将来を男性の手に委ねることも、今後男性を信頼することも起こりえないと思います。（中略）今は既婚者男性と付き合っていますし、その前には女性と9年間付き合っていました」。

被害者がレイプの際に強制された性的な行為に罪悪感や嫌悪感を抱き、同意のうえの相手とでもその行為をできなくなることもある。また、レイプ中に不本意にオルガスムを感じた女性は、自分自身を性的な面で裏切ったような感覚から、いっそう強い自己非難と罪悪感を抱くこともある。

顔見知りによるレイプのサバイバーの多くが、今後男性と愛し合う関係を再び築けるのだろうかと疑問を抱いている。本書のためにインタビューした女性たちから窺えるのは、レイプ被害以前に何人かの男性と良い関係を築いた経験がある女性は、より若く経験の乏しい女性よりも、将来に希望を見出せる傾向があることだ。「ひとつだけどうしても乗り越えられないことは、男性への不信感です」と、18歳のときにファストフード店で働く仲間だった男性にレイプされたアリスは言う。「男性みんなを疑ってかかるのは公正ではないと思われそうですが、そうせざるを得ないんです。もし間違ったことになったときに、失うものが大きすぎるので」。

恋人や夫に打ち明けることによる影響

顔見知りにレイプされた経験を恋人や夫に打ち明けるのは、とても難しいことだ。打ち明けると、レイプ事件以前の性的そして情緒的な日常を取り戻せなくなる可能性すらある。男性パートナーには、レイプで何が起きたのかは理解しがたいかもしれない。女性を責めるかもしれない。レイプに対して怒りを感じ、混乱し、当時傍にいなかったとはいえ、彼女を守れなかったと苦しむかもしれない。「自分の」ものを盗られたように感じ、もしレイプ犯が知り合いだったなら負けたような寝取られたような気持ちになるかもしれない。再び彼女とセックスすることや、すべてが「いつもどおり」に留まるのか確かめることを不安に感じるかもしれない。もしかすると彼女ともうセックスする気持ちになれないかもしれない。

顔見知りによるレイプが引き起こした疑問と疑念が、パートナーとの関係を終わらせることも多々ある。ジョディーが恋人の親友にレイプされたことを恋人に打ち明けると、恋人はしばらくの間黙っていた。ジョディーが起き上がって去ろうとすると、彼はジョディーには触れないから泊まって行くようにと言った。

その晩、彼にのしかかられて目が覚めました。はじめは［レイプ犯］が戻ってきたのかと思ってパニックになりました。すると彼は、私が今後一生不感症で終わることのないように、もう一度「慣れて」もらおうとしているだけだと言いました。私は抵抗したり口論したりできないくらいに疲れていたので、彼を止めませんでした。終始、私の頭の中は完全に空っぽでした。何も感じませんでした。

次の日に私は最後の試験を受け、自分の荷物をまとめて出て行きました。その夏の間に彼とは別れました。

長い関係のパートナーを持つ被害者女性は、彼はその場にはいなかったが、当然これから自分を支えてくれるものと考えることがある。女性が親密な思いや性的な行為を以前のとおりに戻そうと試みても、男性がレイプに向き合えないままとなるかもしれない。オレゴン州のバーで出会った男性に2年前にレイプされたホリーは、恋人のアルにレイプのことを打ち明ければ前向きに向き合ってくれるだろうと希望を持っていた。アルが前妻とまだ婚姻関係にあった頃、前妻が顔見知りにレイプされたことがあると、聞いていたからだ。アルはホリーの気持ちを理解してくれると信じていた。

ホリーがレイプ被害を打ち明けたとき、アルはレイプ犯の男性に電話をかけて直接抗議した。男性はホリーの同意なしに強制的にセックスをしたことを簡単に認めた。しかし男性からあることを聞いたアルは、ホリーに対して腹を立てることとなった。レイプの後にパトカーとすれ違ったが、ホリーは叫んで助けを求めたりしなかった、と。

アルはそのことばかりを重要視しました。(中略)その晩のアルはとても不可解で意地悪でした。

私は、今こそもう一度アルと性的な行為をしなければ、アルは本気で別れを考えてしまうかもしれない、と思いました。だから私たちはセックスをして、関係はまあまあ普通に戻ったように見えました。それから3~4週間は関係が続き、その後別れました。

アルは、別れたのはレイプとは関係ないと今は言います。私はそうは思いません。それを信じたことはありません。あの男[レイプ犯]がアルとの関係を壊したのだと、これからもずっと考えると思います。あれ以来、長く親密な付き合いは誰とも築いていません。アルは私の最愛の人でした。

心の奥深くに隠してきたデートレイプの経験に女性がやっと向き合いはじめたとしても、男性パートナーに打ち明けるとなると、パートナーを愛していたとしてもやはり問題は出てくる。レイプ被害が何年も前のことでも、男性パートナーは、最近起きた被害について知らされるのと同様に混乱した感情を経験する。マサチューセッツ州ケンブリッジに住む34歳のボニーは、20歳のときの経験がレイプに当たると気づいた後、数か月の間を置いて夫に打ち明けた。「話を聞いた直後から夫は私を慰めて支えてくれ、同時にとても驚いてもいました」とボニーは話す。「それから少し時間が経つと、夫は私がそれまで打ち明けなかったことに怒ったようなおびえたような態度になりました。長い間一緒にいながら、私が話せなかったことに」。

友人関係と家族関係への影響

女性が身近な友人や家族からの助けを最も必要とするときに、そのような情緒面のサポートや慰めが閉ざされていることに気付くことがある。理由は単純だ。顔見知りによるレイプの被害者は、親しい相手にすら話を信じてもらえなかったり、非難されたりするのだ。

ケイトリンは、妊娠が発覚した後にルームメイトにレイプのことを打ち明けた。「ルームメイトは、『彼がそんなことをするなんて信じられない』と言いました。(中略)彼は高校時代にとても人気があり、喜んでベッドインしたいという女の子があまりに多かったからです。そんな風に考えちゃだめとルームメイトに言われました」と、ケイトリンは思い起こす。「私が感じたことや直感したことの妥当性を否定するような反応でした」。

ときに友人、とりわけ女性の友人は、安心を感じるために被害者から距離を置かざるをえない場合がある。被害者の話の内容を考えてみてほしい。「きちんとした」男性、それもおそらく顔見知りで好感すら抱いていた男性が、性的暴行をする。それはつまり自分も同様の危険な目に遭う可能性があることを指し、多くの女性にとって認めたくない事実となる。ベティーナは20年前、ミシガン州アナーバー在住の学生だったときにレイプ被害に遭った。「1週間後くらいに友人に何があったかを打ち明けました。クリスとジョー［レイプに関わった男性2人］を友人も知っていたので、伝えるべきだと思ったんです」とベティーナは話す。「友人から返されたのは、彼らはそんなことをしないという否定の言葉でした。もう何も言えませんでした。友人すら信じてくれないのなら、警察や他の誰かに話しても意味はないと、私は判断しました」。

友人がレイプを、まるで性的な火遊びだと言わんばかりに軽く扱うこともある。「たいしたことじゃない」と被害者に伝える。それどころか、処女だった被害者はしばしば祝福され、「そろそろしとくべきだよね！」などと言われる。どんなやり方であったにしろ大きな重荷をやっと下ろせたことを、祝ってやらなければならないとでも言うように。レイプ被害時に処女でティーンエイジャーだったアリスは、被害のすぐ翌朝の友人の反応を覚えている。「友人はレイプが面白いことで、ちょうど良い時期だと思ったみたいでした。私があまりにお堅いのが面倒なようでした」。

顔見知りによるレイプのサバイバーが助けを求める先として最も理にかなっているのは家族だが、そこからの助けを得られないことも多い。両親や親戚は、被害者の気持ちに寄り添わない宗教的、文化的、社会的な価値観を掲げる傾向があるからだ。「私は母に被害を打ち明けました。（中略）そして今日までずっと、言ったことを後悔してきました」。大学でデートレイプに遭ったウェンディはそう語る。「母の頭の中では、自分の『可愛い娘』が台無しにされたんです。私も残念ながら同様に感じていました。結局、今の私は『台無しにされた後のもの』なんです。さらに酷なことに母はその後父にも話し、父は『がっかりした』と言いました」。

セックスは決して親子間で気軽に話せる話題ではない。加えてレイプ以前に、自立やパートナーの選択に関しても親とは衝突しかねない。その状態で、知り合いの男性からレイプされたこと、もしかすると親の反対を押し切って選んだ男性にレイプされたことを話すのは、親に攻撃の機会を与えるだけだ。パートナーと離婚したり別れたりする際に、家族との衝突を経験した女性も多い。「両親が一番の理解者ではないことはわかっていました」と話したのはホリーだ。「私が別れたことを良く思っていませんでしたから。私がまたデートをしたり付き合ったりすることも良く思っていませんでした」。レイプ犯の男性を告発すると決めた後に、ホリーは事件について母親に話した。

母の言葉で最もよく覚えているのは、「ホリー、私にそれを言ってどうしたかったのかわからないわ（中略）」というもので、私はただ打ちのめされました。「それでもあなたを愛している、大丈夫」と誰かに言ってほしかったんです。

私はこう返しました。「お母さんが思っているような楽しいことだったらどれほどよかったか」。

強い信仰心を持つ家族のなかには、レイプは女性が男女間にもたらしたものという見方をする人もいる。アダムがエデンの園から追放されたのはイブのせいとするように。女性が未婚かつ非処女だった場合、多くの宗教や家族は女性の自業自得だという考えに至る。

本書のためにインタビューした女性のほとんどが、顔見知りによるレイプ被害を家族に打ち明けていなかった。今更打ち明けることで家族にもたらされる苦痛を恐れている女性もいた。打ち明けられたレイプの内容に感じる苦痛と、これまで打ち明けてもらえなかったと知ったことへの苦痛の両方をだ。「私がこのような酷い経験をしたことと、それに一人きりで対処すると選んだことの両方が、両親を深く傷つけるだろうと思います」とジョディーは語る。

有難いことに、良い話もいくらか聞くことができた。デートレイプの被害から数週間の間、普段は社交的だった19歳のローリは不自然に無口で塞ぎ込んでいた。ローリの母親は何かあったのかと幾度も尋ね、ローリは毎度大丈夫と言い張った。ある晩、ローリの母親とその親しい友人が、ローリを夕飯に連れ出した。食事をしながらその友人女性は、自分をレイプした男と付き合っていた頃の話をした。

母が私を見てこう言ったんです。「あなたもこういう経験をしたの？　だから最近おかしいの？」

私はただ「うん」と答えました。

母は話してほしいと言い、私はそうしました。

その後、母親はローリにデートレイプに関する記事を渡し、読んでと言った。「私は記事を読んで、それが何なのか、そして私に起きたことが何だったのかを理解しました」とローリは言った。

レイプ犯との対峙と被害者の夢

レイプ犯に向き合って過去のレイプを大声で非難することは、顔見知りによるレイプのサバイバーの多くが心に抱く夢であり、怒りの感情が生み出す幻想だ。多くの被害者が、ゆくゆくは相手に責任を負わせて、罪悪感と自己非難という自分の中の悪魔を鎮めたいと願っている。夢を現実にするには、公衆の面前や、たいていその男性が広く知られて尊重される環境である仕事場で、男性に立ち向かう必要がある。同じ職場の医師にレイプされたパウラは、「[病院の] 廊下で彼に向かって叫んで、他の医師や看護師の面前で彼の面目を失わせたいと思っていました。公衆の面前で恥をかかせるか、彼の上司の医局長にレイプを報告するという夢を、何年も願いつづけていました」。

当然、顔見知りによるレイプは基本的に同じコミュニティ内の男女間で起きるため、多くの被害者が事件後に加害者と遭遇する。ドンナはイリノイ大学のキャンパス内警察に出向き、レイプ犯である男子学生を告訴した。しかし男子学生は大学から除籍されなかったため、ドンナはその後幾度も彼と出くわした。「彼は私の方を見て怖がらせようとしてきました。にらみつけたり笑ったりして」とドンナは話す。「一度、ハーディーズ［レストラン］で彼と実際にぶつかったこともあります。その前から目は合っていたので、彼は私がいることは知っていたはずです。その後で後ろを振り返ると彼がすぐそこにいました。ひどく不快でした」。しかし、相手との偶然の対峙はドンナを救うことになる。あるパーティーに参加したとき、ドンナが到着した後にその男子学生もやって来た。ドンナは少しの間滞在した後、もう彼がドンナを怖がらせて追い立てることはできないことを、少なくとも自分自身と彼に対して証明できたと感じながらその場を後にした。「彼に出くわすのは嫌でしたが、いろいろと乗り越える助けにはなった点では良くもありました」とドンナは語った。

男性のなかには抜け目なく姿を消す者もおり、心理学者によると、この場合の被害者は対峙による「気持ちの整理」がないまま取り残される。したがって対峙を夢想することは、被害者が怒りの感情を晴らし、起きたことを理解するという回復の一面を担っている。キャロルは18歳で処女のときに受けたレイプ被害の後遺症を一通り乗り越えるまでに、10年を要した。暴行した男性にいつか遭遇したときのために、キャロルは言うことを用意している。「私は多分彼を激しく批判して、こう言うと思います。『これがあなたが私にしたこと。悪かったと思っていないでしょうし、他の女性にもデートレイプして後悔すらしていないんでしょうけど。女性5人のおそらく50年間分の人生をあなたは台無しにした』って。おそらく彼に効果はないでしょうが、それを言えたら私が救われます」。

アリスがふける空想はこうだ。女性が半自動式の銃「ウージー」を政府から支給されて持ち歩き、男性が「暴力や軽蔑の気配を少しでも見せたなら」使ってよしとされること。レオナは空想どころか行動にも移した。ある晩レイプ犯の家の前の芝生に放尿したそうだ。

何か代替となる出来事が、被害者に新たな感情のはけ口を与えることもある。パティーは、自分の罪を認めたレイプ犯とレイプ・サバイバーが、治療としての目的で対峙する趣旨の集会に参加した。

車のエンジンを切ってから建物の中に入る間、私は震えていました。「何をしてるんだろう。本音を洗いざらい話すだなんて」と思いましたが、やりたかったんです。

中に入ると、例の男性たちが私たちを見ておびえました。奇妙でした。私たちの方が力を持っていて彼らは持っていないことの証明でした。彼らはコーヒーをすすり、こちらを見もしませんでした。（中略）ひどくびくびくしていたのです。

私たちが腰掛けると、彼らはこちらを向いてまず名前と何の罪を犯したかを言わなければなりませんでした。彼らが話していいのはそれだけです。質問は許されません。座ってただ私たちの話を聞かなければいけませんでした。約4時間もかかり、本当に強烈な時間でした。

回復までの長い道のり

顔見知りによるレイプから回復して傷が癒えるまでの具体的な過程は、いまだに謎に包まれている。被害者一人ひとりの状況により一つひとつが異なる。最も大きな傷が残る可能性をはらむのは、レイプをレイプと認識するときではなく、そうできないまま葬るときだ。何百人、何千人もの被害者がこれを行ってきた。多くの被害者が今も事件と向き合えず、名前を付けられずにいる。

現在33歳のフランは、17歳のとき、働いていたキャンプ場で魅力的だと感じていたスタッフ仲間にレイプされた。フランはレイプのことをキャンプ場管理者の妻に話そうとしたがはねつけられ、後にフランの母親にもそうされた。

9年が経ちました。ときどき誰かと肉体関係を持つときに、身体が勝手に震えます。セックスの後に泣いてしまうこともあります。1度か2度、吐き気を催したこともあります。自分の性欲や、気遣ってくれるパートナーの優しさがあっても、常に苦痛が伴うんです。

職場に新しく入った従業員に対して理由なしに嫌悪感を抱いたとき、彼がレイプ犯と似ていることが理由であるとフランは気付いた。

その従業員によって［レイプ犯］とレイプ被害のことを思い出すはめになったとわかり、ショックを受けました。そして怒りを感じました。怒りを感じたということは、私は解放されたのだと思いました。

さらに2年が経ち、私は十分にあの経験から離れられたと感じたので、レイプ・サバイバー向けの危機介入カウンセリングのボランティアをしようと考えました。でもそのトレーニングセミナーでレイプのシミュレーションの映画を観せられたときに、私は目を逸らしてしまいました。あまりにリアル過ぎました。

あの夏の夜と、少女時代の私の姿がフラッシュバックしました。新しく俯瞰的な視点で見られるようになっていたため、自分の人を信頼する力がこれまでどれほど阻害されていたか、健全な好奇心が罪悪感と恐怖によりどれほどねじ曲げられていたかがわかりました。そうすると、私にはもうひとつすべきことがあると気付いたんです。

私はやっと、自分が失ったすべてに対して深く悲しむことを始めました。

6. 顔見知りの女性をレイプする男性

「レイプ犯は2人ともごくごく普通の男性でした。（中略）外から見たどこにも『レイプ犯』とは書かれていませんでした」
顔見知りの男性によるレイプを2度経験したカレン

レイプは男性にとって自然な行為ではない。もしそうなら男性のほとんどがレイプ犯となるが、そうなってはいない。にもかかわらず、『Ms.』誌の調査に参加した男子大学生からの回答は、性犯罪や性的暴行の大部分が中流階級の教育を受けた層により犯されているという、はっとする事実を描き出した。

女性へのアンケートと同様に、性的な行為について男性に尋ねる設問にも「レイプ」という語は用いなかった。代わりに行為を具体的に説明した（たとえば「女性が性交を望んでいないときに、相手を脅して、またはある程度の身体的な力を用いて、性交に及んだことはありますか？」）。

結果はこうだ。

〈『Ms.』誌の調査結果〉
2971名の男子大学生が、調査の前年に以下を行ったと報告した。
・レイプ187件
・レイプ未遂157件

・性行為の強要327件
・相手が望んでいない性的接触854件

アンケートに回答した男性の約8％が、14歳以降に女性をレイプした、またはレイプ未遂をしていた。また75％が、女性が望まない性的な行為を何ひとつとして強制したことはないと答えた。

レイプ犯は、攻撃性を持たない男性とは複数の点で異なる。週に1～2回飲酒し、月に1～3回泥酔するというのは、レイプをしない男性よりも多い値だ。そして割と厳格な家庭で、家庭内暴力（両親が子どもを叩く、または両親が互いを叩く）が月1～2回発生する環境で育った傾向が見られた。

性に関する価値観にも違いが見られた。レイプ犯は友人と日常的に「あの女性がベッドではどうなるか」を想像する会話をすると答え、『プレイボーイ』、『ペントハウス』、『クラブ』、『フォーラム』、『ギャラリー』、『ジェネシス』、『ウイ』、『ハスラー』などの成人誌を読む頻度を尋ねる質問には「とても頻繁に」と回答した。また、女性と知り合ってからの時間の長さに関係なく、どのような状況でも性交していいと考えると答えた。初めての性交を経験した平均年齢は15歳過ぎである一方、攻撃的でない男性の平均は17歳だった。

調査結果によると、レイプをしたことのある男性は、レイプを擁護する思い込みをより信じている傾向にあった。女性を戦いの相手と見なし、ジェンダーロールのステレオタイプを支持し、レ

表3

レイプの特徴	男性のうち、「はい」と答えた割合	女性のうち、「はい」と答えた割合
加害者が2人以上	16%	5%
レイプ犯が被害者を叩いた	3%	9%
女性が事前にドラッグや酒を摂取	75%	55%
レイプ前のペッティング	ウエストより下	ウエストより上
男性が用いた力	軽度	普通
被害者が言葉で説得を試みた	36%	84%
被害者が力を用いて抵抗した	12%	70%
起きたことはレイプに当てはまる	1%	27%

イプの予防は女性の責任と見なし、性行為に侵略の要素が含まれるのを普通と考えていた。

女性回答者がレイプ被害の発生経緯を回答したように、男性は自分が犯したレイプの経緯について設問に答えた。ある点において、男女間で回答内容に一致が見られた。大多数の男性（85％）がレイプした女性と知り合いであり、レイプの半数以上がデート中に発生していた。最も多い発生場所はキャンパス内であり、男性の大多数（74％）が事前にドラッグまたは酒類を摂取した。警察に届けられたレイプ件数は、男性自身が調査に報告した件数のわずか2％に留まった。

その一方で発生したレイプの特徴に関しては、複数の重要な点で加害者と被害者の間に大きな不一致が見られた。（表3）

男女の回答が完全に同様になるとは当然予測していない。調査対象の男性が、必ずしも女性回答者の被害に関与したわけではないためだ。それでも右のデータの不均衡、それも特に後半4項目を見ると、男性が力を用いると女性が怖がることを知覚する能力の欠如や、女性の抵抗を事実よりも軽く解釈する傾向があり、不均衡が生まれていると見受けられる。さらには女性が暴行後に恐怖や怒り、絶望を感じたと回答した一方で、男性は幾分か自信を得たと回答した。

顔見知りをレイプする男性は、そうしない男性とはしばしば異なる行動を取るとはいえ、どちらも見た目は同じだろう。大学ではこの2タイプの男性が講堂やフラタニティ、スポーツチームや生徒会で隣同士に座っているかもしれない。「現実」社会ではどちらの男性も良い仕事に就き、同僚から好感を抱かれ、尊敬されることすらある。ほとんどの側面で、両タイプの男性は相違点よりも多くの共通点を持つ。

単なる普通の男性

現在は弁護士としてウエストコーストに住むカレンは、名門のイーストコーストウィメンズカレッジの4年生だったときに、キャンパス内で友人を通して知り合った男性にレイプされた。それから数年後、法科大学院での最後の年に、別の顔見知りの男性にレイプされた。被害から10年以上が過ぎた今、カレンは加害者たちがレイプ犯のステレオタイプとはどれほど違ったかを改めて実感している。

レイプ犯は2人ともごくごく普通の男性でした。1人目はまあまあ魅力的で、2人目はそうでもありませんでした。2人とも頭が良く、意見をはっきりと述べるタイプでした。外から見たどこにも『レイプ犯』とは書かれていませんでした。1970年代の自由な風潮が味方していたのもあり、いずれの男性もセックスのために女性をレイプする必要性などないはずでした。

しかしデートレイプや顔見知りによるレイプを行う男性には、ごくごく普通の男性以上の何かがあるのだ。トーニャは加害者を「背が高くてハンサム、体つきが良く、魅力的」だったと表現する。彼とはクラブで出会った。トーニャの友人は彼を見て「ものすごく素敵」と言った。数日後に彼から電話がかかってきて、週末のデートに誘われた。「少し舞い上がっていたんです」とトーニャは振り返る。「彼は本当に私を好きになったように見えましたし、妹も友人も私をあまりに幸運だと言ったからです」。後日、トーニャはその「ものすごく素敵」な男性とのデート中に、激しい抵抗の末にレイプを何とか未遂で終わらせることとなる。

顔見知りによるレイプを犯す者は、隠れ蓑として「普通の」男性を演じる術を身につけ、正常さを装っているだけと考えることもできる。しかし研究結果によると事実はそうではない。顔見知りによるレイプを犯す者は、普通の人なのだ。デートレイプを自白した男性71人を対象とした、パデュー大学のユージーン・ケニンによる研究が、これを最も明確に表している。参加者はみな白人の大学生で、レイプ犯と言える要素を持つ者として有志でこの研究に参加した。彼ら全員の体験談に共通したのは、同意していない女性に対して力の行使または脅迫を用いて、性的な挿入行為をしたという点だ。

この男子学生のほとんどが中産階級の出身で、過去に警察の世話になった経験はほぼなかった。「過去の犯罪行為に関して言うなら（中略）彼らは『典型的な』大学生に見えた」とケニンは発表している。「多少の破壊行為、些細な盗み、それからよくあるレベルの酒とマリファナの使用や交通違反が見られた。度を越えた暴力歴はない。（中略）有罪となったレイプ犯に共通すると言われていた、一時の衝動に駆られた行動や犯罪に手を染める傾向は、驚くほど皆無だった」。男子学生71人のうちレイプ被害者によって警察に通報されたのはわずか6人で、しかもそのすべての件で被害者は起訴しないことを選択した。男子学生の全員が、相手女性と会う際に性的行為を計画していた、または望んでいたと話した。

この研究に参加したレイプ犯と自己制御ができる男性との間には、違いが見られた。レイプ犯には、愛情があると偽って女性に近づいたり、セックスに持ち込むために酔わせたりする傾向がより強く見られた。オルガスムの回数も、制御できる男性が月0・8回であるのに対し、週1・5回と多かった。さらに、研究に参加した男子学生は制御できる男性と比べ、自分の性的な功績を不十分と見なして、ケニンの言葉を借りるなら「肉食的な行為」をとりやすい傾向にあった。レイプを犯した男子学生のうちわずか6人が、自分が（望みはしないが）収監に値すると認めた。3分の2が、レイプの責任は被害者の行動にあると答えた。一部は当時の自分がどれほど酔っていたか、どれほど性的に興奮していたかなどの状況を重視し、それがレイプを正当化すると考えていた。

ケニンはこう結論づけている。デートレイプ犯は、「中学・高校時代に始まる、性欲を過剰に優先する集団仲間社会の産物」である。男性が大学に入り、それまでに育んだ価値観を支持し強化してくれる新たな仲間を見つけると、集団社会化はそのまま引き継がれる。「結果、性的な征服を得ることが、彼らの自尊心に密接に結びつくようになる」。

顔見知りによるレイプの加害者が用いた手法

顔見知りの女性をレイプする男性のほとんどには自分がレイプ犯である自覚はないが、状況を「設定」するという強力な特徴を持つ。ここまでの章で述べたとおり、レイプの舞台とされるのはたいてい隔離された場所で、他人の目や耳がないことを理由に選ばれる。被害者の自宅でレイプが発生するときは、ルームメイトや子どもが不在であり、ふたりきりで邪魔が入らないことを加害者が知っているケースが多い。

リディアの体験談は、ニューヨーク市に来たばかりの看護・医療学生のグループで開催した持ち寄りディナーパーティーから始まる。リディアはそこで出会ったグループ内のある男性に好意を持った。後日その男性から夕飯に招待され、リディアは応じた。デート中、ニューヨーク市に来る前の生活の話題になった。男性はロングアイランドの病院で医師をしている友人の話をして、その人にどうしても会いたいと言った。「とっさの思いつきといった感じで、『今夜その友人のところへ行って脅かしてみない？』と彼が言いました」とリディアは語る。「私はその思いつきに乗り、翌日にベビーシッターの仕事があるからあまり遅くまではいられないけどと伝えました」。

2人が車で友人の家を訪ねると、友人は不思議なことにすぐに居なくなった。リディアと彼はふたりきりで友人のアパートに取り残された。

その晩ではなく、翌日の朝早くに帰ろうという話になりました。私はソファーで、彼は友人の部屋で眠ることになりました。

私が眠りに落ちそうになるとすぐに彼が襲いかかってきて、セックスを求められました。私が断ると、別の部屋のベッドへと戻っていきました。でも何度も何度も、私が眠りかけたときにやってくるので、はじめは私もかなり混乱しました。

時間が経つにつれ彼はだんだん暴力的になりましたが、私の気は変わりませんでした。彼は私をつねったり叩いたりして、私は片方のコンタクトレンズをなくしてしまいました。それから彼が私の服を脱がそうとして、服が裂けました。（中略）これが一晩中続いたんです。しかもだんだん脅迫的で乱暴になっていって。

私が叫んだとしても、誰にも聞こえなかったと思います。それにもし逃げ出したとしても、真夜中にロングアイランドのど真ん中でお金も持たず、どうやって一人でニューヨーク市まで戻ればいいかわかりませんでした。助けに来てくれそうな友人や家族もいませんでした。

暴力が激しくなり、人格も変わっていくのを見て、私は命の危険を感じはじめました。

リディアは彼から挿入されないように闘いつづけた。夜が明け、彼は暴力行為で疲れたのか、ニューヨーク市までリディアを車で送った。当時を振り返ってリディアはこう言う。「とっさの思いつきなんかじゃありませんでした。友人と共謀して、入念に計画されていたんです」。

リディアを襲った男性は、デートレイプ犯が用いる典型的な行動と手法を使った。女性の不安を和らげるため、レイプ犯は、二人で向かう場所には別の人物もいるとしばしば嘘をつく。リディアもそう推測したように、その別の人物がレイプ犯と共謀していることもある。また、どこか孤立した場所に留まるために用事をこしらえたり、被害者と共に移動するために緊急事態を装ったりすることも多い。

アビーの場合は、フィラデルフィアの広告会社の同僚とある晩夕食をともにした。同僚の男性はレストランバーで飲みはじめ、すぐに完全に酔った様子を見せた。「そこまで酔っ払う人を見たことがありませんでした。感傷的になり、椅子から転げ落ちていました。目の前の光景が信じられませんでした」とアビーは話す。「彼を安全に家に送り届けなくてはと責任を感じました。周りの人に手伝ってもらい、彼を彼の車に押し込みました」。

彼が住むタウンハウスまで車で送り、半ば引きずるようにして2階へと運んだ。セキュリティドアを開けられるくらいには彼の酔いは覚めていて、アビーはよろめきながら一緒に部屋に入った。「大丈夫かと彼に聞きました。彼が私に飛び乗ったときには、完全に酔いが覚めているようでした」。2人はもみ合いになったが、彼がアビーをねじ伏せ、レイプした。

顔見知りの女性をレイプするときに、暴力を振るうと脅す加害者もいる。こうした脅しは、たいていは脅しのままで終わる。大多数の女性が言葉による脅しの時点で降伏するため、実行する必要がないのだ。「彼が怒っていて、暴力を振るうと脅されているように感じました。（中略）ナイフや銃を持っていたわけではないのに」と語るのは、20歳のときにデート相手にレイプされたキムだ。「彼はよくわからない変なことを言って、言葉で私を批判しつづけました。人間としての私はそこにいないかのようでした。私は、彼が挿入したがっている単なる身体でした」。

レイプ犯が被害者に本当に怪我を負わせることもある。32歳のアンナには、同年代の新しいデート相手ができた。2人でパーティーに行ったとき、彼はずっと飲んでいた。パーティー会場から出た後に彼は、アンナを家に送る前に自分の家でコーヒーを飲まなくてはと言った。アンナは彼の家に入ったがコートを脱がなかった。脱ぐようにと言われても断った。

するど彼は脅すような言い方で脱げと言いました。（中略）レイプされるんだと、信じられないほどの恐怖を感じました。

彼は服を脱ぎはじめました。私は頭の中で「叩かれたらどのくらい痛いだろう？　私がどうにか断りつづければ、叩いても最後は引き下がるだろう」と考えました。彼は私のすぐ近くでパンツ一枚になっていました。

突然彼が腕を振り上げ、頭の両側を殴られました。最後の一発で私の脚が地面を離れて身体が宙に浮き、後ろ向きに吹っ飛ばされてウォーターベッドの端を越え、テレビ台に頭から突っ込みました。

この数秒で、私の人生が一変しました。（中略）暴力とは何か、痛みとは何かを知りました。それに抵抗できるほどの強さを自分は持っていないことも。

彼は私を床に押さえつけ、もう一度殴ることになったら本当に後悔するぞ、と言いました。私が想像しているよりもずっと酷く殴ると。頭がガンガンするなか、完全に打ちのめされて、私はゆっくりと起き上がりました。（中略）家で小さな子どもが2人待っているので、生きて帰りたかったんです。とにかく殺されたくありませんでした。


最終的にはこの男性はアンナをレイプした罪で起訴され、5年間の執行猶予を受けた。

一方で、デートレイプ犯の大多数は相手女性に身体的な暴力を振るわず、単に女性の拒絶を無視する。またかなり多くのレイプ犯が体重をかけて女性を下に押さえつけ、逃げ出せないようにしたうえで、性的暴行を加えやすい体勢を力ずくでとらせる。『Ms.』誌の調査の被害者の回答によると、加害者の64％が、目的達成のために単に女性を押さえつけるか、腕をねじるなど軽度の肉体的暴行を加えた。

顔見知りをレイプした後の加害者の認識と行動

顔見知りの女性をレイプした後の加害者の行動は、被害者に見せた敵意と攻撃性とは矛盾することが多い。行為を終えた途端に妙に優しくなり、女性に服を着せようとしたり何かで覆おうとしたりすることもある。一人で外に出るのは危ないからと、ご丁寧にも被害者の家まで徒歩や車で送ると申し出る加害者もいる。言葉で愛情を表現し、関係の継続について話す者もいる。被害者にさよならのキスをして、すぐにまた電話すると言う者までいる（そして実際に電話をかけてきてしきりに次の「デート」に誘う者もいるそうだ）。要するに、つい直前にレイプをしたことの自覚を持たない加害者が多い。

〈『Ms.』誌の調査結果〉
・レイプを犯した男性の84％が、自分の行為は絶対にレイプではなかったと話した。

男性のレイプに対する認識は、ときに女性側の認識とは正反対だという見解に、デニスとエイプリルは同意する。デニスは１９７０年代半ばに自分の部屋で「友人の友人」にレイプされた。男性はデニスの抵抗を無視してベッドに押さえつけ、首を絞めた。射精すると男性は眠ったので、デニスは逃げ出して車で友人の家に向かった。次の朝に友人と二人で部屋に戻ると、男性はいなくなっていた。

メモにメッセージと笑顔のマークが残されていました。メッセージはこうでした。「デニス、起きたらもういなかったよ。また連絡する！　いい一日を！　ボブ」

すぐに電話が鳴りました。出ると、ボブの楽しげな声がしました。たしか私は、ひどいやつ、くそったれなどと言って、もう二度と電話しないでと伝えて切りました。ボブはすぐにかけ直してきて、驚いたふうに「ねえ、いったいどうしたの?」と言ったんです。

エイプリルをレイプした男性も、自分がしたことをまるで理解していなかった。当時知り合ったばかりだった彼は、エイプリルが新しいアパートに引っ越す際の手助けを申し出た。二人はデートをしたことも性的関係を持ったこともなかった。彼がエイプリルを床に押し倒し、殴って部屋の隅に追い詰め、最終的にレイプするまでもみ合いになった。「挿入はあまりにも暴力的でした」とエイプリルは語る。「すべて終わった後、彼は私に、セックスのときにはいつもこんなに暴れるのかと尋ねました。私をレイプしたなんてまったく思いもしていなかったと思います」。

時折自分の行為をレイプと自覚し、被害者がそれを口外する可能性を予測して、加害者が先制攻撃をしかけるケースがある。女性が望んでセックスをしたと素早く周囲に知らせるために、あの女性と「してあげた」と友人に得意げに話すなどだ。ニーナをレイプした男性はまさにそうだった。さらにニーナが警察に事件を届け出ると、男性が雇った弁護士を通して、名誉毀損で訴えるつもりだという書簡が届いた。「信じられませんでした!」とニーナは言う。「結局、そこで初めて頭にきたので、事件のことで自分を責めるのではなく彼を責めるようになり、それが私の回復に繋がりました」。ニーナは男性が雇った弁護士に電話をかけた。レイプのことを話すと、弁護士は謝罪して彼の依頼を進めることはしないと言った。

レイプの後に女性がレイプ犯に再び遭遇した際に男性が見せる感情は、自覚のなさ、罪悪感、敵意などと幅広い。トリシアは17歳のときに高校の友人からレイプされ、学校や社交行事でその後も彼と出くわしつづけた。「3か月ほど経って、彼が話しかけてきました。『ごめん、本当に悪かった』と言いました。私はただそこから離れました。何も話したくなかったので」。そうトリシアは言う。

マギーをレイプした男性は同じ町の出身で、マギーに告発された後に文字どおりストーキングを始めた。道を歩いているマギーの横に車を乗り付けて脅迫まがいのことを言ったり、マギーを「ビッチ」と呼んだり、いっそう不気味なことにただ笑ったりするのだった。マギーが運転していると彼は車で後をつけ、地元のショッピングモールでは尾行した。マギーが就職のために面接に行った会社の外で座っていたことさえある。結局は地区検察官が男性の弁護士に話をしたので、嫌がらせは多少ましにはなった。男性は最終的にはレイプの罪には問われなかった。

レイプを推奨されて育つ男性

「レイプは、ほんの一部の男性を襲う精神障害の類ではありません」。そう説明するのは、顔見知りによるレイプに関する教育者パイ・ベイトマンだ。「それどころか、社会的に受容され、賞賛される男性の行動とそう変わらないのです」。

顔見知りの女性をレイプする男性とそうでない男性を差別化する要素のひとつに、少年時代に学んだ男性らしさの定説をどの程度信じているか、というのがある。最もセンスの悪い言葉で言うなら「マッチョ」さを。一部の研究者は、この要素を「過度の男らしさ」と説明する。これを行動として体現する男性を「男性性崇拝者」と呼ぶ研究者もいる。

ほぼすべての男性がこのような男性らしさの洗脳に晒されるが、幸い本当に忠実に従うのはほんの一部だ。男性らしさの教えは主に他の男性から伝えられる。父親、おじ、祖父、コーチ、仲間うちでのリーダー、友人、フラタニティの同輩、さらにはポップスターからも。言語的、非言語的な刺激を与えて、セックスにおいては自己中心的で意欲的であるよう、女性を希望や欲求を持った平等なパートナーではなく性を搾取する対象として見るよう、少年は指導される。男性側から性行為を始めなければならないこと、女性がしぶる可能性があること、しかしただ食い下がり、丸め込み、続行すれば最終的には希望が通ることを、少年は学んで育つ。女性との関係を敵対する相手への挑戦と理解し、身体的な力と社会的な力の両方を使って自分より小さくて価値の低い相手を征服する術を身につける。

これが、未来のレイプ犯のみならずほぼすべての少年が男らしさについて学ぶ内容だ。セックスとは2人の人間がともに参加してともに楽しむ交流だという点は、皆無と言っていいほど伝えられない。周囲の男性の例を見て良い性的関係とは何かを学び、その恩恵を受ける少年はほんの一握りだ。

マサチューセッツ州ウィリアムズタウンにあるウィリアムズ大学のバージニア・グリーンリンガーと、ニューヨーク州立大学アルバニー校のドン・バーンによる最近の研究は、調査対象の大学生114人に、男性の性的社会化の価値観が強く根付いている様子を明らかにした。この研究では、ジェンダーロールとセクシュアリティに関するさまざまな考えに同意するかどうかを質問した。回答のいくつかを紹介する。(表4)

このようなセックスと女性に対する見方は、さまざまな表現方法を通して強化される。男性がよく使う言葉に注目してみてほしい。男性(ほとんどがレイプ犯ではない)を対象とした聞き取り調査の結果をまとめた書籍『Men on Rape(レイプする男)』の中で、著者ティモシー・ベネキは、男性が使う表現の中に、セックスを価値のある物を消費した功績と位置づける考え、つまり女性を所有する感覚がどれほど含まれているかを調べ上げた。例を挙げる。

功績としてのセックス

・「あの子と寝たい」
・「今晩、モノにできたらいいな」
・「あの子にちょっと教えてやろうかな」

表4

考え	同意と答えた割合
比較的身体の小さい女性を好む。	93.7%
女性より優位に立つのが好きだ。	91.3%
セックスの持つ征服的な面が好きだ。	86.1%
レイプしてほしいと言っているような見た目の女性もいる。	83.5%
セックスの際に女性が抵抗すると興奮する。	63.5%
力を用いて女性を征服することに興奮する。	61.7%

・「どうしてもあいつを犯したい！」
消費対象としての女性
・「あの子はヤらせてくれなさそうだ」
・「押してみれば手に入りそうだ」
・「あいつのヤり心地最高だった」
・「ちょっとだけさせてよ」
さらに男性が使う表現には、女性の地位を子どもや動物、または最もシンプルに性器へと落とすことで、女性をモノ化する傾向が見られるとベネキは続ける。「やあ、ベイビー！」「ビーバーを撃てるかな《誰かとやれる》（ビーバーは女性の性器を指す）」「あいつはcunt《最低》（cuntは女性器を意味する）だ」などだ。

このような表現が、顔見知りをレイプする加害者の養成に加担している。セックスはもはや個人の満足感を得ることの代名詞でしかない。パートナーとのやりとりは重視されないどころか邪魔ですらある（男性が目的を達成できない可能性を生むため）。「男性がセックスを価値あるものを所有する行為と考えながらデートをする場合、女性の同意の有無はさして重要にならない」とベネキは書いている。

かなりの男性が一度は先ほど挙げたような表現を使うだろう。多くの男性は、共感や思いやり、愛情を育むことで、最終的にはそのような表現に宿る考え方から脱する。それでもなおほとんどの男性の中に、刷り込まれてきた性的社会化の痕跡は残る。「すべての男性がレイプを犯すわけではないが、アメリカでアメリカ英語を学んで育った男性は、誰もがうんざりするほどにレイプ犯のような考えを持ち、女性経験や性経験を自分のステータス、戦い、支配、優越感の観点から構築する」と、ベネキは書いている。

夏休みに働いていたバーの常連客からレイプされたケイシーは、暴行中に男性が用いた言葉を覚えている。

私のスラックスを引きずり下ろそうとしながら、彼はずっと「I want some（入れさせろ）」と言っていました。私がしたくないと伝えても彼は「入れさせろ！」と繰り返し言い張り、自分の欲求を満たす必要性をずっと押しつけてきました。

「入れさせろ」という言葉を使って、自分には欲しいものを手に入れる権利があるというメッセージを私に発信していることは、明らかでした。「some」という言葉からわかるとおり、私は消費対象であり、物なのです。

言葉は女性のモノ化を引き起こすのみならず、男性の性器のモノ化、つまり男性と性器の分離をも進める。ペニスは男性の「武器」であり、しばしば名前をつける男性すらいる。するとそれ自体が独立した意思を持つ生き物となり、男性はその生き物の行動に責任を持たずともよくなる。この考え方は、男性が性的に興奮すると女性にセックスを迫らざるをえないという男性の間に広まっている通説とかみ合っている。この思い込みが男性に、セックス強要の手軽な正当化手段を与えている（「自分が何をしたかわかってる？　こうなったら、やるしかない」）。さらに、男性と自分の性器との分離や、スイッチが入ると自分の責任ではなくなるという考えが原因となり、デートレイプは男性とその「友達」を興奮させた女性に落ち度があるものと見なす（この通説を信じるのは男性に限らない。大学生の男女を対象とした研究によると、セックスは男性にとっては生物学的衝動であり女性にとってはそうではないと、男女ともに信じていた）。

過度に男性的な性的行動を布教する言葉にさらなる影響力を与えているのが、映画やテレビ番組などの大衆文化を通して伝えられるメッセージだ。これは往々にして、攻撃性、暴力、セックスを混ぜ合わせたものである。映画『風と共に去りぬ』（女性作家の小説が原作）では、レット・バトラーとスカーレット・オハラが酒を飲んで口論になり、互いに怒りをむき出しにするシーンがある。唐突にレットがスカーレットを持ち上げ、いかにも映画らしい階段をスカーレットを抱えて駆け上がり、そして（おそらく）2人はベッドインする。「翌朝どうなっていたかって？」とレイプに関する教育を行うベイトマンは問う。「スカーレットは大きな笑みをたたえていた！」。女性は心からセックスを所望している、それも多少乱暴に扱った後に身体的に征服するとなおさらいい、という説の証拠を見せている。

また、映画『サタデー・ナイト・フィーバー』のワンシーンも、女性の希望は無視せよという思い込みを強めているとベイトマンは続ける。問題のシーンでは、大スター、ジョン・トラボルタが憧れの女性に家まで歩いて送ると申し出る（そしてあわよくば親密な関係になりたい）が、断られる。女性は家の方へと歩き出し、しかたなく彼も自宅の方へ歩き出そうとすると、道を渡った女性が彼の方を振り返ってこう言う。「何も言わずに送ってくれればいいのよ」。ベイトマン曰くここに込められた男性へのメッセージは「聞くと、機会を失うぞ」だ。

この2つのシーンは、決して時代遅れの遺産ではない。最近の実例も山のようにある。1987年のテレビドラマ「こちらブルームーン探偵社」は、華やかで流行に敏感な視聴者をターゲットに据え、魅力あふれるシビル・シェパードとブルース・ウィリスが演じるメインキャラクター、マディ・ヘイズとデイヴィッド・アディスンの間の性的な均衡状態が大きな見所だった。マディとデイヴィッドがあからさまにそう望んでいるにもかかわらず、性的な関係に発展するのを避けて通るのを、ドラマのファンは2年間も眺めつづけた。そしてついに待ち焦がれた成就の夜が訪れた。ABCは放映前にテレビCMで派手な予告まで流した。「何が起こったかというと、2人は喧嘩をした」とベイトマンは述べる。「マディが嫌なやつと言ってデイヴィッドの横面を張り飛ばす。デイヴィッドはビッチと言い返す。それから床に倒れ込み、家具を破壊し、花瓶をなぎ倒す。怖いほどだった。心臓がどきどきした。あまりに気が滅入ったし動揺もした」。ヤッピー（訳注：

1980年代の若きエリート）カップルは数分間も使って怒り狂って喧嘩を続けたあげく、性的な悦びへとなだれ込んだ。画面の外側では何百万人もの少年と男性が、これが女性が心から欲しているものかと、マディのように賢くて自立した女性でもそうなのだと、受け止めていた。

時折、かすかな変化の兆しは見られる。1988年のテレビドラマ「女刑事キャグニー&レイシー」のある回では、デートレイプを広くはびこる現実世界の現象として扱った。レイプ犯は成功したビジネスマンで、被害者は強くて自立した女性警官だった。

映画やテレビの暴力や強制的な性行為を容認するシーンは、顔見知りによるレイプに直接結びつく。オーバーン大学のカレン・ラポートとバリー・バークハートが男子大学生201人を対象に行った調査では、性的な局面で攻撃性を用いることに対する考え方を測定することで、レイプを犯したことのある男性と性的な行為を強要した男性を言い当てることができた。変数を用いて、女性をごまかしやすく信用度が低い存在とどの程度見ているか、満足感を得るための力の行使を自分にどの程度許すか、特定の性的状況で力を行使する権利があるとどの程度判断するかを測定した。

その結果、男子大学生の間で、女性の意思に反する性的な接触やその他の行為がどれほど一般的に行われているかを示す啓発的なデータが露わになった（表5）。

アトランタにあるエモリー大学の心理学教授アルフレッド・B・ヘイルブラン・Jrと、オーバーン大学の心理学部の院生モウラ・P・ロフタスによる別の研究では、男子大学生の性的な攻撃性

表5

女性の希望に反して行われた行為	それを行った男性の割合
キス	53%
膝に手を置く	61%
服の上から胸に触れる	60%
服の上から太ももまたは股に触れる	58%
上着を脱がすまたは乱す	42%
下着を脱がすまたは乱す	32%
性器を触る	37%
性交	15%

に見られるサディズムの役割を調査した。被験者は、女性の喜び、驚き、怒り、恐れ、嫌悪、悲しみの表情を写した36枚の写真を見せられ、それぞれの性的な魅力を評価する。また、性的攻撃性の程度を計るアンケートにも回答した。

その結果、被験者男性の30%が、嫌悪を表す女性の表情のほうが喜びを表すものよりも性的に魅力があると評価した。この男性のうち60%が、性的加害を複数回行っていた。喜びを表す表情のほうに性的魅力を感じるとした男性では、性的加害の経験があるのは29%にとどまった。

明らかに多くの男性が道徳的、倫理的な圧力に晒されるにもかかわらず、過度の男性性の教えを賞賛している。それどころか、UCLAの研究者ニール・マラムスは1986年に、調査対象とした男性の30%が逮捕されないならレイプをすると回答したと発表した。なお、「レイプ」という言葉を「女性と強制的にセックスをする」に変更した上で、同様に男性は逮捕されないと条件付けて同じ質問をすると、50%以上が実行すると回答した。

男性被害者

デートレイプに関するワークショップで参加者からまず挙がる質問は、「女性が男性をレイプすることはないんですか?」かもしれない。この質問の裏には、男性がレイプ、特に顔見知りによるレイプというテーマに対して感じる自然な防御の姿勢がある(この質問は女性からもしばしば聞かれるが、ワークショップに参加している男性の居心地の悪さを汲んでのことかもしれない）。

事実を言うと、男性もまたレイプ被害を受けている。専門家の話では、男性被害者は女性被害者以上に被害後に助けを求めようとしない傾向があるが、レイプ相談センターに来る被害者の10％程度が男性である。ただし男性被害者のほぼ全員が、男性からレイプされている。

とはいえ子どもへの性的虐待をはじめとした、女性によるレイプも存在する。稀に女性が男性をレイプするケースもあり、相手男性が恐れている状況で刺激を与えて勃起に至らせたり、肛門を物でレイプしたりする。しかし男性をレイプする女性の数は極めて少ない。

それでもこの質問が頻繁に持ち出されるのは、女性もレイプをすることがあり、それが頻繁に発生していると信じたい男性側の要求が一定数存在するためだ。それどころか顔見知りによるレイプに関するワークショップでは、女性からレイプされる事態が自分の身に起きればどれほどいいかと、くすくす笑いを漏らす男子大学生が頻繁に見受けられる。女性から暴行を受けるB級映画発の幻想を楽しんでいるのだ。たとえば色っぽいチアリーダーたちに性奴隷にされるような妄想を。

これほど現実とかけ離れているものはない。男性のレイプ被害者は、被害者や加害者が異性愛者か同性愛者かに関係なく他の男性から加害を受けている。恐怖と苦痛を感じ、精神的な傷が残される経験、要するに女性被害者がした経験とまったく変わらない。男性被害者はレイプの過程で容赦なく殴打される場合が多い。見知らぬ人に路上で襲われたり、自宅に侵入されたり、ヒッチハイクで乗せてもらった後にレイプされている。女性と同様、顔見知りによるレイプや、同性愛者のデート相手によるレイプ被害に遭うこともある（当然女性と同じく、子ども時代に親戚やベビーシッター、他の大人からレイプされることもある）。

残念なことに、男性がレイプ被害を受けてやっと、あまりに多くの女性が経験したことが理解されはじめるものだ。『ボストン』誌の1985年5月号にフレッド・クルーガーが寄せた記事では、異性愛者の男性がヒッチハイク中にレイプされて以降、考え方に起きた変化について語っていた。

レイプは自分には関係ないというふりは男性にはもうできない。だって関係あるのだから。（中略）男性だから被害に遭わないとは言えない。人間であるかぎり、レイプされる可能性はある。

7. 集団レイプ（「パーティーレイプ」）

「1人が私に挿入したので私は『やめて！　今すぐそれを出して！』と叫びました。もう1人は私の頭の横に膝をつき、私を押さえてキスをして、それから私の頭を回して（中略）それから2人は交代し（中略）」

2人の顔見知りの男性によるレイプを思い出すエレイン

エレインがレイプされたのはもう20年前のことだが、座って経験談を語るにはいまだにティッシュ1箱が必要となる。今は、ニューイングランド軍事基地内の木造タウンハウスが連なる一画に、夫と3人の子どもと暮らしている。レイプされた当時は22歳で、両親とともにシカゴに住んでいた。

当時、エレインの人生はほぼ破綻していた。ある男性と恋愛関係になり、妊娠した。彼は結婚を拒否した。エレインは大学を中退して娘を産んだ。不本意ながら赤ん坊を養子縁組に出し、家に戻った。元彼が電話をかけてきて子どもを産んだのかと聞いたとき、エレインは否定した。

家に戻って数週間後、トムという高校時代からの知り合いからの電話で、トムと友人、そして友人の恋人とダブルデートをしないかと誘われた。その時点ではエレインはトムと友人が元彼と仲が良いことを知らなかった。

地元の催し物に行く計画となり、はじめにトムの友人の恋人を、働いているレストランまで迎えに行くことになった。エレインと男性2人がレストランに到着し、トムの友人が中に入ったもののわずか数秒後に出てきて、彼女は体調が悪くて家に帰ったらしいと言った。「ごめんね」と言うトムに対し、エレインは「どうして謝るの？　その子の体調が悪いのはあなたのせいじゃないよ」と返した。

そして3人で催し物に向かい、アトラクションを楽しみ、バーに移動して男性2人はビールを数杯、エレインはソーダを1杯飲んだ。男性たちはビール瓶の6本セットを持ち帰り用に購入した後、トムが「この近くにものすごくいい感じの墓地があるんだ。君は墓地が好きだったよね？行ってみよう」と言い、そこからのエレインの記憶はこうだ。

私はトムの方を見て、「すごい、私墓地が大好きなの。古い墓石が好きで」と答えました。どうしてトムがそれを知っているんだろう、とは考えませんでした。元彼が伝えたから知っていたんです。

私たちは墓地に移動しました。ものすごく広い墓地で、誰もいませんでした。真夜中でしたから。車に乗っているときにトムが私に「ごめんね」と言い、私は「どうして謝るの？　私は墓地が好きなのに」と答えました。男性たちがビール6瓶を出して、3人で1本ずつ飲みながら墓石を眺めてうろうろとして、私はとても楽しんでいました。

するとトムがまた「エレイン、ごめんね」と言い、私は「何の話かよくわからないんだけど」と言いました。

唐突に、私は地面に倒されてシャツをめくりあげられ、ズボンをおろされて、1人が私に挿入したので私は「やめて！　今すぐそれを出して！」と叫びました。もう1人は私の頭の横に膝をつき、私を押さえてキスをして、それから私の頭を回して、私は「やめて！　出して！」と叫びつづけました。それから2人は交代し、今度は違う方がレイプしました。そして2人とも行為を終えるとトムが「ごめんね」とまた言って、やっと私はトムの言葉の意味がわかりました。

後にエレインは、2人が元彼の友人だったことを知り、集団暴行を入念に計画されていたことに気付く。「元彼は、私が出産したかを探りたかったのと、彼ら［レイプ犯］に私の性器の状態を確認させたかったのだと思います」。それと彼に出産のことを教えなかったことに対する復讐の気持ちもあったと思います」。暴行後に家に帰るまでの車の中で、男性の1人が、自分の子どもが相手女性とその新しい夫の手で育てられていることにひどく腹が立っているとエレインに話した。「ある意味、彼はその怒りのはけ口にも私を使ったのでしょう」とエレインは言う。

家に帰ると、誰もいませんでした。2階の自分の部屋に行くと真っ暗でした。私は眠りました。翌朝目が覚めると、私はまだ同じ服を着ていました。下着を脱ぐと草が付いていました。その日墓地で芝刈りがあったようだったんです。草を見て、本当に起きたことだとわかりました。精神的に傷を負いました。（中略）レイプに対して何も感じない状態でした。パンツを下ろして草を見つけなかったら、起きたことを信じなかったと思います。私の日常においては理解の及ばない出来事だったので、夢だったと思ったでしょう。そんなことをできる人間がいるとは思いもしなかったので。

集団レイプがとる形態

顔見知りを対象とする集団レイプは実在する事件であり、単独犯によるレイプとは明らかに異なる。大きな違いは、男性グループへの帰属意識を強化する手段としてレイプを使用する点だ。スーザン・ブラウンミラーは著書『Against Our Will: Men, Women, and Rape（意思に反して：男と女とレイプ）』でこう書いた。「男性が2人または集団でレイプを行うと、男性の身体的な力の絶対的優位性が、疑う余地なく浮き彫りになる。単なる男性による女性の征服ではなく、集団レイプは複数男性による1人の女性の征服だ」。

集団レイプをする男性はおそらく一人きりでレイプをしたことはない。集団レイプに参加することで、仲間との特別な絆を実感する。「男らしさ」を単に寄せ集めただけの力で被害者を征服し、自尊心を得るという、共通の目的のもとに団結するのだ。レイプを通して自分の性的能力をグループのメンバーに知らしめ、自分の高い地位を強調する場ともなる。たいてい、グループのリーダー格が最初に女性を犯し、手下が続く。もともとメンバーの1人と女性が合意の上でセックスをしているところに、他のメンバーを呼んで交代するケースもある。

〈『Ms.』誌の調査結果〉

・レイプを犯した男子学生の16%と、レイプ未遂を犯した男子学生の10%のケースで、加害者は2人以上だった。

少年は、大人という立場に落ち着く前に「若気の至り」をしておくべきという信条がいまだに社会に存在し、顔見知りの集団レイプはしばしば暗黙のうちに見逃される。少年が友人と一緒に若気の至りを行っても、それを「普通」の行動と受け止める観念が維持されている。「少年は、一種の凶暴な男らしさの誇示として、仲間のために集団レイプをする。自分たちの力を証明するため、見せびらかすため、集団の一員となるため、もしくは最もましな理由としては、参加しないことで仲間はずれにされる恐怖のために」と、レイプ研究の専門家ヘレン・ベネディクトは著書『Recovery: How to Survive Sexual Assault for Women, Men, Teenagers, Their Friends and Families（回復：女性、男性、ティーンエイジャー、被害者の友人と家族が、性被害から生き残るには）』に書いている。「集団レイプは昔から、単独犯によるレイプよりも異常性が低いと考えられてきた。ある意味で男らしさの証明であり、通過儀礼のようなものと想定されていたからだ」。集団レイプへの参加を拒否すると、そのメンバーはグループから外されるか、同性愛者と疑われる原因になりかねない。

集団レイプは被害者に屈辱を余分に味わわせる特性を持ち、これは単独犯によるレイプにはない要素だと思われる。グループの全員が直接関わらなくとも、関わらないメンバーはレイプを端から見ている、写真を撮る、または単に「別室で何が起きているか」を知っているが止めない。メンバーはレイプを阻止したがらないのが一般的だ。グループ内での評価を高めるためである。グループのメンバーは、被害者を知る第三者を相手に得意げに「功績」を話すため、被害者が味わう屈辱はレイプの後も続く。被害者は、今後も日常的に顔を合わせる必要があるかもしれない男性たちから、ひどい裏切りを受けたと感じる（支配と屈辱は男性の集団が男性をレイプする際の理由にもなる）。

テネシー州ナッシュビルにあるヴァンダービルト大学ジョージ・ピーボディ・カレッジの研究者パトリシア・ロージー＝コーカーと、ノースダコタ州グランド・フォークスにあるノースダコタ大学看護学部の研究者グレンダ・C・ポークは、単独犯によるレイプよりも集団レイプにおいて2倍も多く見られる特徴を列挙した。侮辱、強制的なフェラチオ、引っ張る、噛む、胸を火傷させる、被害者に尿をかける、被害者の身体に精液を付ける、自慰を要求する、被害者の前で自慰をする。さらに悪いことには、攻撃性と悪質度は男性が「交代」するたびに増す。

当然ながら、顔見知りの集団レイプへの参加者は、それをレイプとはめったに自覚しない。女性が「淫乱」だったと男性たちは他人に吹聴し、女性自身の望みで激しいグループセックスという冒険に参加しただけだと言う。しかし、カリフォルニア大学バークレー校の人類学者ナンシー・シェパー＝ヒューズは、「まわし（レイプ犯は事件をこう呼ぶ）はグループセックスでも変わったセックスの形でもありません」と述べる。女性が自発的に参加しているように見えるケースでも、基本的には強制的で下劣な、レイプと同種の行為である。

顔見知りの集団レイプ（発生数が多い場所から、「パーティー」レイプと呼ばれることもある）の半数以上において、犯行グループは標的を注意深く選定する。弱みを握っていることや、グループメンバーと性的関係にあることが原因となることもある。大学キャンパスでは、ときに入学したてでまだ友人の少ない1年生を狙う。標的となる女性は、人気がなかったり魅力的ではなかったり単に純粋すぎたりするために、暴行の前に突如ちやほやされてすぐに気を良くすることがある。酔っているかドラッグでハイになっていることもしばしばで、この場合決まって女性はほぼまたは完全に無能力となり、理解ができなかったり、言葉で同意や抵抗を表せなかったり、自分より力の強い人の集まりに身体的に抵抗するまたは逃げ出すことができなかったりする。

女性の状態がどうであれ、犯行グループは、女性が希望してセックスをしたとあくまで言い張る。事件が法廷に持ち出されると、女性がそう言ったと証言する。レイプしたことを後悔しているメンバーでさえ、権威のある人から質問されると「仲間の絆」のためにグループの言い分を支持する。「顔見知りによる集団レイプで皮肉なのは、被告側の証人の数が原告を上回る点です」。カリフォルニア大学バークレー校の法学部教授ジェローム・H・スコルニックは、近年そのキャンパスで発生した集団レイプが話題となった直後にそうコメントした。

顔見知りの集団レイプを最も起こしやすい男性グループとは、女性に対する敵意や攻撃性がグループの文化という側面に現れているものだ。1人の女性を支配し負かすことで、グループの基本的信条を再確認する。別の男性の代理としてエレインをレイプした2人のように、明確なグループではない場合もある。それでも確かなまとまりや主体性を持っていると見られ、たとえばフラタニティ、スポーツチーム、男性のみの生活グループ（同じ寮に住むメンバーや、アパートや家のルームメイト）、暴走族や不良グループなどが例となる。暴走族と不良グループに対しては、犯罪の気配を察した女性が警戒するかもしれないが、他のグループのメンバーはたいてい社会的に成功しており、コミュニティ内で尊敬の対象となっていることすらある。

フラタニティ

フラタニティハウスでは、顔見知りの集団レイプよりも1対1のデートレイプや顔見知りによるレイプのほうが頻発していることは間違いない。しかしニュースで大きく取り上げられるのも、フラタニティの男性と聞いて一般大衆がイメージするのも、集団レイプのほうだ。ここ数年でこれだけの事件が起きている。

・サンディエゴ州立大学：Pi Kappa Alphaフラタニティに所属する3人以上が、パーティーでDelta Gammaソロリティ入会希望の18歳の女子学生をレイプしたと告発された。地方検事は証拠不十分で起訴できないとしたが、大学管理部は22時間にわたり45人の目撃者に質問し、暴行は発生したと結論づけた。フラタニティは最低5年の解散を命じられ、メンバー30人が大学の行動規範を侵害したとして処罰された。

・フロリダ大学：Pi Lambda Phiフラタニティのメンバー6名が、17歳の1年生をレイプした罪で告発された。その女子学生は、フラタニティの「リトル・シスター」制度のラッシュパーティー（訳注：入会を希望する学生を集めて交流を深めるイベント）に参加するためにフラタニティハウスに来ていた（「リトル・シスター」はフラタニティに参加する女子学生のことで、正規メンバーではない。フラタニティのパーティーや資金調達の催しで裏方の仕事を担当することが多く、社交イベントの女性参加者を確保するあてとなる）。大学はこのフラタニティをいじめの罪に問い、2年間の懲罰を与え、「リトル・シスター」制度を廃止し、寮には保護監督者の常駐を要求した。

・ペンシルベニア大学：Alpha Tau Omegaフラタニティのメンバー9名が、酔ったうえにLSDでトリップしていた22歳の4年生をレイプした罪で告発された。キャンパスはフラタニティに3年間の活動停止を言い渡し、事件に関与した男子学生2名を停学処分とした。男子学生2名は社会奉仕活動に参加すること、性的暴行に関する文献を読むこと、その文献の討論会に参加することを受け入れた。この事件の刑事訴追は行われなかった。

・アイオワ大学：20歳の女子学生が、キャンパス内の寮で怪我を伴うレイプ被害に遭ったと告発し、フラタニティのメンバー3名が犯行を認めた。

・ニューハンプシャー大学：フラタニティのメンバー2名を含む2年生の男子学生3名が、酔った女子学生を寮の部屋でレイプした罪で告発された。4晩にわたる証人喚問の結果、大学司法委員会は3名を性的暴行では無罪とし、「不敬行為」の罰として2名に一学期間の停学を言い渡した。刑事裁判では2名が性的暴行の軽犯罪を認め、禁固60日間と2年間の保護観察、120時間の社会奉仕活動への参加を受け入れた。3人目の男子学生は罪に問われなかった。

・フランクリン＆マーシャル大学：Phi Sigma Kappaフラタニティのメンバー6名が、フラタニティハウスでのパーティー中に別の大学の女子学生をレイプした罪で告発された。大学管理部門は事件を調査した後、フラタニティの特権を廃止した。

・バージニア大学：17歳で1年生の女子学生が、フラタニティのパーティーに参加して泥酔し、複数のフラタニティメンバーから拘束されて服を脱がされ、レイプされたとキャンパスの新聞で発表した。女子学生は告発はしないと決めている。

Association of American College（アメリカ大学協会）のProject on the Status and Education of Women（女性の地位と教育プロジェクト）は、1985年にアメリカのキャンパス内で50件を超える事例が発生し、その多くがフラタニティのパーティーで起きていることを報告した。この50件は、実際に起きている大学生の集団レイプのほんの一部でしかない。「毎週のようにパーティーで集団レイプが起きているという報告を寄せるキャンパスも存在します」と、バニース・R・サンドラーと論文を共同執筆したジュリー・K・エルハートは述べる。「誰もが想像しがたいくらいに、蔓延している事件です」。

なぜフラタニティはこれほどまでに集団レイプがはびこる場となっているのだろう？　多くのフラタニティの文化は、メンバーにグループの精神を教え込む。それは言語的、身体的な攻撃を通して女性をモノ化し、価値をおとしめるものであり、過度の飲酒やドラッグの使用を称揚するものであり、著しく反社会的でときに違法ですらある団結した行動を通してグループへの忠誠心を強化するものでもある。キャンパスにおいてフラタニティとは社交生活を意味するが、活動内容といえば、パーティーに参加して日常的に吐いたり意識を失ったりするまで飲み、回復してはまた飲むことぐらいだ。フラタニティでの「train」（男性が車や電車のように連なって順番待ちすることから、集団レイプを表すスラング）の報告は後を絶たず、どれだけ長く激しくパーティーに参加したかや、性的な「得点」を増やせたかで地位が決まる場所となっている。

こうした文化的特徴は全国のフラタニティハウスで見られる。サンディエゴ州立大学は1986年、集団レイプが発生したフラタニティの環境についてこう述べた。「聴聞委員会は、Pi Kappa Alphaフラタニティを暴行、わいせつで無作法かつ不愉快な行動、侮辱的な行動と嫌がらせ、アルコール飲料の規律違反、そして酩酊状態とみられるゲストの安全確保の不履行、証拠の意図的な破壊による大学の懲戒手続の妨害において、組織全体を有罪に処した」。また、コーネル大学のスポークスマンであるデイヴィッド・スチュアートが「行動様式」と呼んで大学内で取り調べを2度急行し、フラタニティメンバーの性的暴行、ハウスの管理不行き届き、違法飲酒の申し立てに対する大陪審の調査が行われた。結果、Phi Gamma Deltaフラタニティが大学表彰を剥奪され、4年間にわたるすべての支部の活動停止とフラタニティハウスの閉鎖が命じられた。

フラタニティは女性をモノ扱いして侮辱する信条に忠誠を求められる環境であり、メンバーはそこに属することに問題を感じていないことが多い。大型校であるニューイングランド州立大学のフラタニティメンバーが、フラタニティハウスでの日常について語った内容を紹介する。

> そうですね、フラタニティでは、というかフラタニティや一般的な男のグループではどこでも、何人の女の子とセックスできたか、全部で何人としたかに力を入れる雰囲気があります。そのような話を毎日耳にします。金曜の朝食［そのキャンパスのフラタニティは木曜夜に大きなパーティーを開く］の席では、みんな何かしらネタを持っていますよ。
>
> 多分、同じハウスに住む男の90％が肉食的と言えると思います。（中略）フラタニティって、同じ目標や考え方、野心を抱いた男の集まりですから。同じような思考回路の男ばかりです。何か一言でも「グループの意見に反することを」言えば、すぐに皆から攻撃されます。ハウスに入会したいなら、とにかくメンバーと同じ考え方や物、同じ感情を持つしかありません。僕のハウス

では、とりわけ男の結束が割と強いです。基本的には皆同じタイプの男ばかりです。

質問者：そして共通の目標は「得点」を得ることなんですね？

まあ、そうですね、基本的には。そうじゃない人もいますけど、全体を見るとそうと言えます。

大学のフラタニティを率直に批判するアンドリュー・マートンは、1985年に『Ms.』誌にこう執筆した。「高校を出たばかりの若者にとって、大学への環境の変化は『男らしさ』を得る奮闘の第一歩となる。女性を価値あるもの、だが確実に自分より劣る征服対象として見る『男らしさ』だ。女性を対等な相手として見ることは、良くて奇妙で不便、悪くて恐ろしいと感じられる。残念ながら大学のほとんどは、その偏見の強化に理想的なある保護区を用意している。フラタニティである」。

反女性感情は多くのフラタニティであからさまに表現される。「ラッシュ」と呼ばれる新歓時期に張り出されるメンバー募集の張り紙には、裸の女性、縛られた女性、または単純に女性の身体の一部が強調して描かれ、「入会してセックスしよう」という暗黙のメッセージを伝えている。パーティーのテーマはたいてい性的なもので、メンバーはおおっぴらに女性を口説いて「2階につれて行く」ことで、他のメンバーからの賞賛を得ようとする。

フラタニティの行事や寸劇、ときに刊行物ですら、たびたびわいせつで反女性的な内容を含む。ペンシルベニア大学のAlpha Tau Omegaフラタニティでは、ハウスで集団レイプが発生したと報道された後、メンバーで数分間のハウスミーティングを行った。そこでは前の週の「ハイライト」がこのように発表された。「ATOシスターズ・プログラムについて良い知らせです。リーダー候補の女性［レイプ被害者］が数人のメンバーにインタビューを実施しました。（中略）リトル・シスターの呼び名の候補には（中略）、『ATOエクスプレス』［事件を「トレイン（まわし）」と呼ぶことから］などが挙がりました」。また、「サービス」賞として「［レイプ被害者］にサービスを提供しました」と記載した者もいた。フロリダ大学のBeta Theta Piフラタニティは、グループの「リトル・シスター」のメンバーにそれぞれビールを何杯飲ませるとものにできるかを図に表し、雑誌の特集とした。この雑誌にはほかにも性差別的、人種差別的な内容が掲載されて発行された。フロリダ大学はこの発行物を審査した後、グループに1年間の活動停止を言い渡した。

フラタニティの特別イベントも女性にとっては危険だらけだ。イマーニはアトランティックシティに出かける年に一度のイベントで、レイプ犯となる男性に出会った。暴行はイベントの数日後に起きた。だがレイプ被害以降、イマーニはアトランティックシティでのイベント中にレイプされたと言う女性数人と話した。「［フラタニティのイベントに］行って性的暴行を受けたという女性がたくさんいます。他の女性と会ってレイプのことを打ち明けてやっと、他にも被害者がいることを知りました。イベントのパッケージの一部だったのではないかと思います」とイマーニは言う。

多くのフラタニティハウスに根付く性的暴行の文化は、メンバーが使う言いまわしのなかに、最もあからさまかつ広く普及した形で現れている。ニューヨーク州ハミルトンにあるコルゲート大学のあるフラタニティには、最初に性的に征服した女性の名前が付けられた玉突き台があるという噂だが、この大学の1984年発行の学生新聞に、フラタニティ特有の言いまわしとそれがレイプを許容する過程について女性5人が記事を書いた。この記事からの情報と他のキャンパスから集めた資料から得たフラタニティの攻撃的なスラングを、一挙に使ってみるとこうなる。

「new meat（新たな肉）」［＝女性の新入生または転入生］は、「pigbook（豚一覧）」［＝新入生名簿］の可愛さランキングに応じて「cattledrive（牛の出荷）」または「hogfest（バイク乗りのパーティー）」［＝いずれもパーティー］に招待される。パーティーでは、女性は「landshark（陸のサメ）」［＝フラタニティのメンバーが女性の背後で跪き、尻にかみつく］されたり、「bag（袋）」［＝袋をかぶって顔を隠したフラタニティのメンバーが数人で女性を部屋の隅に追い詰め、ズボンと下着を下ろして女性に向かってペニスを振り、女性を侮辱したり脅したりして「gang-bang（まわし）」に持ち込もうとする］されたりする。女性を掴んで男性たちの頭の上を移動させる「flying blue max（フライング・ブルー・マックス）」の標的にされる可能性もある。最も不細工と認定された女性とセックスをしたフラタニティのメンバーは、仲間から「rude hogger award（いやらしくがっついたで賞）」が贈られる。地元の女子大学の学生が「fucktruck（ファック・トラック）」でパーティーに遠征してくることもある。

フラタニティのメンバーが「得点」を決め、女性は得点を決められてメンバーから「ho' s」

(whores＝売春婦のスラング)と呼ばれるようになり、これを「bone(ヤった)」したと表現する。メイン州のある大学のフラタニティのメンバーは「ledging(legde＝岩の崖)」に参加する。これは、ある卒業生の女性の体験談に登場した言葉で、「フラタニティの1人が他のメンバー全員を呼んで、純真な女子新入生を征服するところを見せ、その後何か月もその噂でもちきりになる」ことを指す。「ledging」の言葉は、この慣例の対象とされた女性が自殺するところまで追い詰められることから来ている。

「言葉は人間性を奪う力を持っています」と、『Ms.』誌のライターであるアンドリュー・マートンは、Fraternity Executives Association(フラタニティ理事協会)の全国会議で語った。「人間を人間と思わずに、フン(訳注：ドイツ兵を指す俗語)、ニップ(訳注：日本兵を指す俗語)、グーク(訳注：東洋人を指す俗語)、スロープ(訳注：つり目のアジア人を指す俗語)などと捉えはじめると、相手を簡単に殺害できるようになります。人間性を奪う表現を用いて女性を扱うことで、女性が誰であるかを、つまり一人前の人間であることを忘れがちになります。忘れた瞬間から、罵倒や虐待が可能となるのです」。

だから、フラタニティハウスの玄関からは、通りすがりの女子学生に向かってからかいのやじが飛ぶ。メンバーがよってたかって女性を1~10点で評価し、辛辣なコメントを書き添えたスコアカードを作成する。ときには身体的な攻撃に発展し、女性が望みもしないのにつねったりなでたり(性的な意味で触れる)、道や廊下で女性の行く手をふさいだりすることもある。メンバーはこうした行為を一種の競技と見なしており、自分の腕を磨くために仲間と競争する。ときにはグループ独自の理由から、特定の女性を標的に据えることもある。たとえばミシガン州マウントプレザントにあるセントラルミシガン大学では、あるフラタニティの支部のトップをレイプ罪で起訴したソロリティ所属の女性が、そのフラタニティのメンバー数人から嫌がらせと脅迫を受け、告発に至った。

このような文化を通じて、集団レイプや輪姦（まわし）を普通のこととする思い込みが蔓延する。飲酒とドラッグで泥酔した女子学生を集団レイプした罪で告発された、ペンシルベニア大学のあるフラタニティのメンバーのうち1人が、『フィラデルフィア・インクワイアラー・マガジン』誌の記者マーク・ボウデンにこう語った。同じフラタニティのブラザーたちが女性とセックスしているのを見て「おかしいとは思いませんでした。他のフラタニティや同じフラタニティハウスの友人からの話を聞いたり、映画やテレビを観たりして知識はありましたから。ハウスに（ケーブル）テレビがあって、いつも夜中にソフトポルノをやっています。男みんなでそれを観たり、それについて話したりしますし、常に目にしたり耳にしたりすることなので、［暴行を］それほどおかしいとは感じません。他のフラタニティメンバーからグループセックスや輪姦などについて話は聞いていました。だから何というか、『これが噂のあれで、こういう感じなのか。聞いたとおりだ』と思うだけです。そういうものだと思います」。入会許可を得たいがため、この学生も迷いなくレイプに加わった。

フラタニティのなかには、この通念の排除に尽力しているところもある。全国各地のいくつかのフラタニティが、メンバーが関与する顔見知りによるレイプ、顔見知りの集団レイプ、セクシュアルハラスメントへの取り組みを開始したが、そのほとんどは、フラタニティとは社会全体の縮図であると短く注意しただけだった。メンバー1万2000人を擁するSigma Alpha Epsilonと6000人を擁するPi Kappa Phiの2団体は、性的暴行に対する公式の意見表明書を発行した。フラタニティが性的暴行に関心を持つべき理由を説明したSigma Alpha Epsilon の1987年の会誌の記事には、こう書かれている。

友好的な「輪姦」は〇Kと思っていた。最終的には女性が受け入れるから。だがブラザー、それは間違いだ。「輪姦」自体が法的に間違っているだけでなく――どう正当化してもレイプはレイプ――、男性らしさと性欲の誤った認識に基づいた暴力行為だ。

フラタニティからの力強い言葉だ。そしてPi Kappa Phiの広報局長スコット・E・エバンズの話では、フラタニティで作成したポスターを大学500校以上に配布して、性的暴行に対するこの意見表明を後押しした。ポスターには、兵士たちが女性をさらおうとする荒々しいシーンを描いた「サビニの女たちの略奪」の版画を模して、その下に次のキャプションを添えた。

現代のフラタニティはそれをデートレイプと呼ぶ。

Pi Kappa Phiからの助言を伝えよう。

彼女の意思に反するなら、それは法に反している。

スポーツチーム

それは1986年9月末の土曜日の夜、カリフォルニア大学バークレー校のアメリカンフットボールの試合後のことだった。普段どおりにパーティーが催された。ある18歳の女子新入生も、女子寮の仲間と一緒に飲酒していた。女子学生と知り合いで同じ寮に住む1年生選手4人もそこに混じっていた。

この女性の話では、その晩遅くに4人の選手が女性を押し倒し、拒絶を無視してレイプし、オーラルセックスを強要した。男性側の話では、女性が自らの意思でグループセックスを行った。「体格のいいアメフト選手4人と小柄な女性1人というのは、グループセックスという定義では不自然さがあるように思えます」と、カリフォルニア大学バークレー校の人類学者であり、1、2年生の学生教育部長であるナンシー・シェパー＝ヒューズが、事件が公になった後に発言した。郡は男性4人を証拠不十分を理由に不起訴とした。大学は男性たちに女性への謝罪と退寮、カウンセリング受診、40時間の社会奉仕を要求した。事件は男性たちの学歴にも選手としての功績にも跡を残さなかった。

シェパー＝ヒューズは、大学側のレイプ事件の扱いに異議を申し立てた学生と教員たちの最前線にいた。「男性4人全員への退学処分以外の対応はあってはならないと思います」と述べ、多くが賛成した。キャンパスでの騒動は大学側の決定から数週間続いた。アメフトの試合には、「レイプは試合じゃない」と書いたプラカードを持った抗議者たちが現れた。大学側はCoalition to Break the Silence（沈黙を破る連合体）と呼ばれる反レイプ団体の立ち上げに関わった1人の女子学生に対し、活動を控えるよう指導した。その後、その女子学生は脅迫の電話や罵倒を受け、自宅玄関のドアに警告を書かれた。そしてある日1人の男性が学生寮の脇に停車していたトラックの後ろから女子学生に石を2つ投げつけ、その1つが女子学生の顔を切った。加えて、シェパー＝ヒューズは記者にこんな話をした。「別の女子学生が2週間前にレイプされたと申し立てているが、今回の件の大学側の公式な対応を見て、告発しないことに決めたようです」。

1987年1月、ようやくアイラ・マイケル・ヘイマン学長がバークレー校の3万1000人の学生に宛てて、顔見知りによるレイプを「被害者、当キャンパスのコミュニティ、そして社会全般の価値を落とす」行為として非難する声明を発表した。ヘイマンの声明文書には、顔見知りによるレイプの説明や、回避方法と助けを得られる場所などが書かれた小冊子が付けられた。

大学のスポーツ選手が関与する顔見知りの集団レイプの事例は、ここ数年でほかにも報じられてきた。いくつか例を挙げる。

・**ミネソタ大学**：2年生のバスケットボール選手3名が、ウィスコンシン州マディソンでチームの勝利をバーで祝った後、ホテルの部屋で女性をレイプした罪で告発された。3名は12の性的暴行において無罪となった。ほんの数か月前に、この3名のうち1名が住んでいた男女共同寮で別の女子学生に対してレイプ未遂を犯し、無罪となっていた。大学はマディソンでの事件後にバスケットボールの試合を1回分没収し、起訴後には3名全員を退学処分にした。チームのコーチは解雇された。

・**ウエストバージニア大学**：バスケットボール選手5名が、キャンパス内の寮で女子学生をレイプした罪で告発された。刑事訴訟には至らなかったが、選手2名に1シーズンの間のバスケットボール活動停止、3名に1学期間の停学が言い渡された。

・**デュケイン大学**：バスケットボール選手4名が、寮で女子学生をレイプした罪で告発された。裁判までの間は4名全員が停学となった。3名が無罪となり、4人目への告訴は取り下げられた。裁判後、2名の停学がバスケットボールのシーズン中盤まで継続され、2名は退学処分となった。

ほかにも全国の大学スポーツ選手による、単独でのレイプが報告されている。カンザス大学、アリゾナ州立大学、ロードアイランド大学、コロラド大学、ノースカロライナ州立大学、ノーザンイリノイ大学、フロリダA&M大学、セントラルコネチカット州立大学などが含まれる。

フラタニティ同様スポーツチームも、レイプ、とりわけ顔見知りの集団レイプの温床だ。自分たちの身体的な攻撃力を自負し、チームへの忠誠心が要求され、外部の人間に対する優越感でその忠誠心を強化する組織がスポーツチームだ。性差別的でレイプ擁護派の考えに染まった男性で構成されることが多い。「ロッカールームトーク」とはよく言った言葉で、スポーツ選手の世界の中心とされるロッカールームは、女性を単なる性欲の対象として、または地位をおとしめ、屈辱を与えて嘲笑するに値する存在として捉えた会話を楽しむ場所である。

スポーツ選手が敵意や攻撃性を表現する言葉には、セックス自体が組み込まれている。バークレー校のアメリカンフットボール選手と女子学生の事件当時、バークレー校のアメフト部コーチだったジョー・キャップは、選手への指導内容と最近の負け試合との関係を記者に尋ねられた。キャップがこの質問に対し、ズボンのファスナーを下げて「私の［ピーッという雑音］を見たいか？」と答えたと、『ロサンゼルス・タイムズ』紙は報じた。

この文化のなかでは、たしかに集団レイプは「グループセックス」と捉えられるのかもしれない。チームのメンバーが絆を強め合う手段のひとつなのだ。さらには、大学のスポーツ選手の世界では、小さな町のキャンパスだろうがビッグテン（訳注：アメリカの大学競技連盟）に名を連ねる強豪校だろうが、選手は公衆の注目、名声、ときには崇拝すら集める特別な地位を手に入れられる。特に実力のある選手は、女性と遊ぶことに、さらには口説かれることにさえ慣れている。この人気が原因となり、選手の多くは、触れてはいけない女性などいない、それどころか相手の意思を聞く必要すらないと思い込んでいる。女性から抵抗されると、フィールドやコートでしているることと同じようにすれば勝てるとわかっている。「私は身長158cmに体重49kg、彼は198cmに120kgでした。私に選択の余地はありませんでした」。と、レイチェルは相手について話した。ミッドウエストの大学の寮で同じ廊下に住むアメリカンフットボールの選手で、パーティーの後にレイチェルをレイプした件だ。「彼が怖かったです。怪我をさせられると思いました」。

大学のスポーツ選手への崇拝は、他の学生のみが寄せるわけではない。熱狂的な卒業生やコーチ、さらには大学管理部門からもその学校に入るよう口説かれる。若きスターがキャンパスに入ると、現金から「使用可能な」女性までさまざまな贈り物が差し出される。選手にレイプ罪が科せられたとしてもこのサポート体制は終わらない。卒業生や大学管理部門からの圧力が事件を公衆の目から隠し、刑罰を最少にとどめるケースや、チームでの活動停止や除名が言い渡されないケースもある。

『フィラデルフィア・デイリー・ニュース』紙の「レイプと大学のスポーツ選手」と題されたシリーズで、スポーツ記者リッチ・ホフマンが露わにしたのは、1983〜1986年の間、大学のスポーツ選手による性的暴行が平均して18日に1件報告されていたことだ（レイプや性的暴行に関しては常にそうだが、報告される件数は実際に発生した件数のほんの一部である）。前述の期間に61件が発生し、46校にわたるスポーツ選手88名が関与したという。事件の90%以上において、被害者は加害者と顔見知りだった。「NCAA（全米大学体育協会）加盟大学のアメリカンフットボールとバスケットボールの代表選手は、一般の男子大学生に比べて38％頻繁に性的暴行で警察に届けられていた」とホフマンは述べた。

これだけではスポーツ選手が他の男性と比べてレイプを犯しやすいとは言えないが、弁護側がよく言及する次の2つの理由により、スポーツ選手の加害の届け出が多くなっている可能性がある。1つは選手が有名であること、もう1つは黒人であることだ。有名さは、事件を届け出る理由を説明できる一方で、届け出ない理由にもなっている（「誰が私を信じます？　彼は本当に優秀なアメフト選手でしたから」と、レイチェルは述べる）。黒人であるという理由については、「刑事司法制度に潜む偏見が理由となって」黒人スポーツ選手がレイプ罪で起訴されやすいという説には筋が通っていると考える黒人指導者が多いと、ホフマンは述べる。ホフマンの研究対象となったスポーツ選手の90％は黒人だった。

フラタニティ同様、こちらにも変化は起きはじめている。NCAAによる性的暴行を取り締まる公式な方策は立てられていないものの、いくつかの大学は選手に対して顔見知りによるレイプについての教育を行い、選手の態度を変える取り組みを行っている。たとえばワシントン州立大学では、女性センターからの要求を受けて、アメリカンフットボールチームの全メンバーに顔見知りによるレイプに関するセミナーの受講を義務づけている。コーチが熱心に受講を推奨したこともあり、全員がその講座に参加した。

キャンパス内でおそらく最も重要な層を対象としたレイプの意識喚起教育の向上に、より多くの学校、チーム、コーチが関わることを願っている。ただし有意義なプログラムを受けさせても、生活の大半を過ごす場所に根付いた文化には勝てないかもしれない。なにせ、１９８６年９月の少し前に、ある大学のアメリカンフットボールチームはレイプ予防教育プログラムに参加していたのだ。

どこのチームかって？　カリフォルニア大学バークレー校だ。

8．ティーンエイジャーの場合

「両親には話せませんでした。(中略)警察にも話しませんでした。(中略)知り合いを一人刑務所送りにしたとなると、友人からも縁を切られると思いました」

友人にレイプされた高校生、メリッサ

大学こそが顔見知りによるレイプがはびこる環境と思われがちだが、高校や中学に通う少女も顔見知りの少年によるレイプ被害に遭っている。精神的に不安定な、大人と子どもの中間地点に立っているティーンエイジャーは、性的暴行を回避する備えを持っていない。

メリッサが高校2年生になったばかりの9月初旬、付き合っていたデイヴィッドから、他の女の子とデートしたいと告げられた。16歳だったメリッサは思いとどまるよう懇願した。ティーンエイジャーの初恋ならではの熱烈さで、メリッサは彼のことが好きだった。1年以上付き合い、性的な関係も持っていた。

土曜日の夜に他の女の子とデートする予定だとデイヴィッドから聞かされた後、メリッサにデイヴィッドの親友ブライアンから電話がかかった。

ブライアンは、私を裏切ったデイヴィッドに「仕返し」をしたいかと尋ねました。そしてデイヴィッドと相手の女の子、ブライアン、私でダブルデートをしようと提案しました。うまくいくと保証する、デイヴィッドが私をこんな目に遭わせるところを見たくない、そうブライアンは言いました。私は賛成しました。

4人で映画を観た後、車で地元のビーチへ向かった。デイヴィッドと新しいデート相手は海辺を散歩しに行った。ブライアンはメリッサに、岩に座って2人の帰りを待つことを提案した。

私たちは大きな丸い岩に座り、とりとめのない話をしました。数分後、ブライアンが立ち上がって私の方を向き、ズボンのバックルを外しはじめました。何してるの、と私が言うと、ブライアンは「デイヴィッドに本当に仕返ししてやろうよ」と言いました。

私は「それは嫌」と言いましたが、ブライアンが本気だとは思っていませんでした。ブライアンはズボンを脱ぐのをやめず、私のベルトに手を伸ばしたところで、やっと私は彼が本気だと知りました。

やめてと言って離れようとしました。ブライアンが私の腕をつかんで背後で固定したので、私は岩の方を向いて身体を前に折り曲げるような状態になりました。ブライアンは片手で私の手を押さえ、もう片方の手で私のズボンを脱がせました。私は助けを求めてデイヴィッドの名前を叫びながら、ブライアンにやめるよう懇願しました。

ブライアンはやめなかった。そしてすぐに射精した。メリッサはズボンを上げて車に戻った。デイヴィッドとデート相手が戻り、4人は車で帰路についた。メリッサは何も話さなかった。次の日、デイヴィッドがメリッサの家を訪ねた。

デイヴィッドは、ブライアンが私と「やった」と自慢していたと言いました。そしてどうして私が「ヤらせた」のかを知りたがりました。私はブライアンに許可などしていないこと、助けてほしくてデイヴィッドを大声で呼んだこと、ブライアンが岩にどのように私を押さえつけたかを話しました。

デイヴィッドは叫び声は聞こえなかったと言いました。それから、私が別の人ともセックスをしたのだから、もう前のような関係ではいられないと言いました。

両親には話せませんでした。デイヴィッドとセックスをしていたことがバレてしまいますし、両親はレイプされたことよりも私が処女ではないことの方を問題と捉えると思ったからです。同じ理由から警察にも話しませんでした。私が知り合いを一人刑務所送りにしたとなると、友人からも縁を切られると思いました。私自身が起きたことを信じられないのに、他の誰が私の話を信じるでしょう。

隠されたレイプ：ティーンエイジャーの現実

ティーンエイジャーの間で起きる顔見知りによるレイプは、時折メディアで話題に上る。

1985年の終わり頃、マサチューセッツ州サウスボローにある全寮制の私立名門校で聖公会準備校でもあるセント・マークス・スクールから、7名の男子生徒が放校処分となった。15歳で10年生の女子生徒が寮でレイプされていると地元の警察に連絡が入ったのだ。事件を知っていたほかの8名の生徒にも軽度の罰則が与えられた。

しかしティーンエイジャーの間で発生する顔見知りによるレイプの大多数は、隠されたままとなる。大人の間で発生するものと同様に、地域、経済レベル、民族の垣根なしに事件は起きている。ティーンエイジャーの少女はクラスメイトや恋人、気軽な間柄の友人、そしてアルバイトをするようになると同僚から、レイプされている。

〈『Ms.』誌の調査結果〉

・レイプされたことのある女性の38%が、被害当時14～17歳だった。

カリフォルニア在住のジェニーは自身の経験をこう振り返る。

16歳のときに職場の知り合いの男性が開いたパーティーで、その男性にレイプされました。車で私を家まで送ることになっていたんです。私は飲み過ぎて意識を失い、気がついたら私たちはまだ彼の車の中にいて、彼が私に挿入していました。私はやめてと叫びましたが、彼は最後まで続けました。

その後、彼がそのことをパーティーにいた皆に自慢していることを知りました。（中略）彼もパーティーのゲストの大半も同じ大型ディスカウントストアで働いていたので、惨めさから私は仕事を辞めました。

イマーニは17歳のとき、フィラデルフィアにある兄と義姉の家で甥の世話を任されている間に、デート相手だった大学生にレイプされた。

その晩彼がやってきて、甥っこ2人と遊びました。一緒に甥たちをベッドに連れていって、本を読んでやりました。

2人で一階のリビングに下り、テレビを観ました。彼にキスしましたが、ちょっとした挨拶のキスでした。2人で喋っていると、彼が私を触りはじめました。

「やめて」と伝えるといったんやめてくれましたが、少し後で再び触りはじめました。私たちは床に座っていたので、彼が私の上に覆い被さって（中略）私は床に押さえつけられ、ズボンを脱がされました。抵抗したのですが、あまり大きな音を立てて甥たちを怖がらせたくないと考えていました。

彼は身長190cmもあるアメフト選手のような体格でした。私は息ができなくなりました。こんな人が家にいて何でもやりかねないと思うと、自分と甥たちが心配で恐怖を感じました。

イマーニは抵抗を試みたが、加害者の勝ちだった。イマーニをレイプした後、彼は悪かったと謝った。「申し訳なさそうな言い方でしたが、時折男性がするような、心からの謝罪ではないとわかるものでした。謝罪のなかで私を責めてもいましたから」と、当時を思い出しながらイマーニが語った。

「もう行って」と言うと、彼は去ることに対して何か不満を言った気がします。出て行くとき、彼は私にキスしました。私は彼を押し返すと、彼は笑いました。

それ以来、一度たりとも彼とは会っていません。私はただただショックでした。

トリシアが17歳のとき、パーティー後に、ミッドウエストの高校の友人が車で家まで送ると申し出た。車内では学校や共通の友人について会話した。

最後に彼が車を道の脇に寄せて「これから何をすると思う?」と言いました。私は「冗談だよね。家まで送ってくれるって言ったじゃない」と返しました。

2人とも飲んでいましたが、判断能力を失うほどではありませんでした。私は怒って、もう歩いて帰ると言いました。そう言って脅そうと思ったんです。夜遅かったので両親が待っているだろうと思いました。

彼は乱暴な言葉を使い、こちらに手を伸ばして私に触ろうとしました。（中略）彼が本気だと気づいて私は怖くなりました。すると彼はもうこれ以上言い争う気はないと言って、私のシャツとショートパンツを引きちぎりました。私は彼を叩いて蹴りましたが、彼の気は変わりませんでした。「酷い！　どうして私なの？」と思って泣きました。

永遠に続くかのように思えましたが、やっと彼が離れました。2人で服を着ました。そして車で家まで送ってもらいました。長い沈黙のドライブでした。彼が憎かったです！　人生を台無しにする何かをしてやりたい（中略）でも何をすればいいんだろう。もう二度と顔も見たくありませんでした。生きていたくないし、誰の顔も見たくありませんでした。

このことを誰にも打ち明けたことはありません。ただ自分の中に閉じ込めました。

コロラド州ボルダーにあるBehavioral Research Institute（行動学研究機関）のスザンヌ・S・エイジトンは、青年期の性的暴行への遭いやすさを長期的に研究している。ここから、ティーンエイジャーの女性被害者のほとんどが、性的暴行の加害者と知り合いであることがわかっている。

・56％がデート相手にレイプされた
・30％が友人にレイプされた
・11％が恋人にレイプされた

エイジトンの研究によると、被害者の71％が1人以上の同年代の友人に事件について打ち明けているが、78％が両親には話していない。警察に届け出たのはわずか6％だった。届け出なかった被害者のほとんどは、加害者と顔見知り、または目に見える怪我がないという理由からその判断をした。ティーンエイジャーではない女性と同様、見知らぬ人による犯行ではなく、傷つけられたことを証明する傷も残っていないことを理由に、自分の身に起きたことを犯罪と認識しなかった。言い換えれば、このようなレイプが隠された現象でありつづけている理由となっている通説を、被害者は皆信じていた。

レイプに対するティーンエイジャーの理解度

ニューハンプシャー在住のサンディーは、顔見知りにレイプされた当時17歳だった。処女だったと言う。被害に対して当時サンディーが抱いた考えは、現代の多くのティーンエイジャーが持つものと同じだ。「私の中のどこかで、『それ』はこういうものなんだと思いました。男性が襲いかかって、女性が反抗して、それからすべてを忘れて」とサンディーは言う。

17歳だった頃（中略）頭の中は、服のこと、髪のこと、男の子に良い印象を残すこと、恋人をつくって付き合いを続けること、あとは何かしらのドラッグのことでいっぱいでした。レイプされたとは誰にも話していません。あれがそうだとは思ってもいませんでした。望まないセックスと捉えていました。単に私がしたくなくて、でも彼はしたという。

29歳になった今なら、あれはレイプだったとわかります。

適当にどこかの中学校や高校を訪ねれば、かつてのサンディーと同じ考えを持つ若者にたくさん出会えるだろう。なぜならティーンエイジャーは、過度の男らしさと女性の性的社会化の教えを頑なに守ろうとしがちだからだ。ロサンゼルスにあるカリフォルニア大学の研究者チームが、14～18歳の男女432人が男女交際についてどう理解しているかを研究した。ジャクリーン・D・グッドチャイルド、ゲイル・ゼルマン、パウラ・D・ジョンソン、ロズアン・ジャルッソはこう締めくくった。「私たちの研究により、かなり深刻な兆候が明らかになった。今の若い世代は、大人の社会に、とりわけ男女間の性的に親密な関係に足を踏み入れるとき、手には衝撃的なほど流行遅れのかばんを握っている」。

ティーンエイジャーが手にしているかばんとは、どのようなものなのだろう。研究者チームがアンケート調査で尋ねたのは、いくつかの特定の状況下で、男性が女性に強制的に性行為をしていいと思うかだった。類似の研究と同様に、「レイプ」という言葉は設問に用いなかった。結果を一部紹介する。（表6）

研究者チームが嘆いたのも無理はない。半数を超える少年と半数近くの少女が、男性が女性のせいで性的に興奮した場合、その女性に強制的に性行為をして（つまりレイプ）いいと思っている。

ロサンゼルスの研究者チームも、若者を対象にデートのちょっとした場面を27通り提示し、やりとりの結末に責任があるのは男女どちらと思うかを回答させた。どの場面でも、少年はセックスをしたい、少女はしたくないと思っている状況で、少年が強制的にセックスをする。2人の関係性（知り合って間もない、知り合い、デート相手）と少年の行動（少女に関する噂を広めると脅す、身体的な危害を加えると脅す、力を用いてセックスを強制する）によってさまざまな場面を用意した。明らかに暴力である場合も含むすべての場面に対して、回答者は少女が受けた被害の責任が男女どちらにどの程度あるかを配分する。

たとえば、男女が知り合ったばかりで、少年が少女に関する噂を広めると脅してセックスした場面に対し、ティーンエイジャーの回答は、少年が78％、少女が34％悪いとした（使用した評価方法の関係で、この比率は合計100％にはならない）。男女がデートをする間柄で、少年が力を

表6

状況	少年のうち強制的に性行為をしていいと答えた割合	少女のうち強制的に性行為をしていいと答えた割合
女性は男性と性行為をするつもりであったが、気が変わったとき	54%	31%
女性が男性を「じらし」たとき	54%	26%
女性が男性を性的に興奮させたとき	51%	42%
長い間デートをしてきた間柄であるとき	43%	32%
男性が女性のウエストより上に触れるのを、女性が許したとき	39%	28%

用いてセックスをした場面に対しては、少年が86％、少女が23％悪いとした。まとめると、全27の場面に対して回答者は、少年が84％悪い、少女が27％悪いとした。研究者は結果についてこう述べた。「かなり驚きだった。我々としては、１００対０（少年が１００％、少女が０％悪い）の配分を予想し、そう願ってもいた」。

ティーンエイジャーの世界に存在するほかの社会的な力も、顔見知りによるレイプの発生しやすさに拍車をかける。高校生の文化は大学生のものと似て、アルコールやドラッグが中心にある。国立アルコール乱用依存症研究所によると、最近のアルコール飲料を初めて飲む平均年齢は12歳だと言う。そしてティーンエイジャーは酔うまで飲む。現在、14～17歳のアメリカ人３３００万人が、飲酒に関する問題を抱えていると見なされている。顔見知りによるレイプの加害者も被害者も事件発生時に酔っていたことが多いため、少年も少女も飲酒時に危険は高まる。

顔見知りによるレイプがティーンエイジャーに与える影響

青年期を生きるのは難しい。精神的に親から離れ、個人として、または男性や女性としてのアイデンティティを確立し、学術知識を蓄え、将来の方向性と目標を考える時期だ。自分の能力を発達させる重要なときだからこそ、性被害、特に信頼していた友人や顔見知りによるレイプは、甚大な影響を及ぼす。自分の世界が根本から揺るがされたように思える。自分の価値が消えてしまった感覚に襲われ、自殺を考えるに至ることすらある。

キャシー・ヴォンダーハールは活発な15歳の少女で、水泳、乗馬、スキーが好きだった。しかしキャシーの住んでいたセントポール郊外ではアイスホッケーが最も盛んだった。というわけで、キャシーがティーンエイジャーのホッケー大会に参加するために友人家族に混じって遠出したのも、不思議なことではなかった。出場者の中にはキャシーの幼なじみの少年も数人いた。

少年数名がキャシーと友人が泊まっていたモーテルの部屋に押し入った。うち3名（2人が15歳、1人が14歳）がキャシーと友人が身体の前に抱きかかえていた枕を剥ぎ取り、キャシーのシャツをたくし上げてズボンを下ろし、他のチームメンバーが見ている前で胸と膣を触った。そして少年たちは出て行った。数分後、暴行を加えた3人が戻ってきて、謝りたいと言った。1人は謝ったが、もう2人は同じようにもう一度キャシーに同様の暴行を加えた。

キャシーと友人は誰にも言わないと決めたが、少年たちがキャシーと「ヤった」と周りに自慢するのを見て考えを変えた。キャシーの家族は告発を選択し、結果、少年たちはホッケーチームから1試合の出場停止を命じられた。友人や隣人、赤の他人までもがキャシーの家に電話をかけ、告訴を取り下げるよう言った。少年ホッケー協会の大人の支援者が最もしつこく言い立てた。「男の子らしく振る舞っただけ」とも言われた。学校では嫌がらせに遭い、卑猥な悪口を言われ、のけ者にされた。事件の審理の4日後、キャシーの母親が、キャシーがタイレノールを10錠飲んだと助けを求めた。キャシーは2週間入院した。

その年の9月、キャシーと少年たちは高校生になった。それから数週間後、少年裁判所で少年2人が性的暴行の罪を認めた。もう1人も後に有罪となった。3名は19歳までの保護観察期間と、社会奉仕活動への参加、キャシーの医療費全額の支払いを命じられた。

しかしキャシーの苦悩は終わらなかった。加害した少年のうち2人が高校のホッケーチームで瞬く間にスター選手になり、賞賛されるようになった。キャシーからは友人の多くが離れていき、ある日キャシーのロッカーには「ビッチを殺せ。我らの友人を法廷に引きずり出した奴」と書かれていた。『Minneapolis Star and Tribune』紙の記者ダグ・グロウは１９８７年7月の記事にこう書いた。「学校では加害者がヒーローで被害者がのけ者になるという皮肉な現実が、日々彼女に突きつけられた」。

キャシーは何とか前向きに生きようとしたが、常に何かが事件を思い出させた。学校と地元の出版物は、キャシーに暴行した生徒の氷上の活躍を絶賛し、大きく取り上げた。１９８７年5月には、加害した少年の1人が保護観察の解除を要請した。キャシーは判事に手紙を書き、その要求の拒否を要請した。

次の月にキャシーは誕生日パーティーを行った。その後、友人宛てに丁寧なお礼の手紙を何通か書いた。手紙をひとまとめにして部屋に置いたまま、数日後キャシーは家のガレージに車を入れ、ドアを閉めてエンジンをかけつづけた。遺体で見つかったキャシーの傍らには、テディベア1つとティッシュ数枚、そしてキャシーが愛した人たちの写真があった。

ティーンエイジャーの性被害すべてがこのような悲劇的な結末を迎えるわけではもちろんないが、暴行が顔見知りによるものだった場合は特にこの危険性をはらんでいる。キャシーは身体的な暴行を受け、そして事件を届け出ることで学校社会の「ルール」(そして地域の大人のルールでもあったようだ)を破ったところから、さらに過酷な精神的な暴行に自身を晒すことになった。大人でもこのような一斉射撃にはそう耐えられないだろう。

性的暴行がティーンエイジャーに残す影響は他にもある。顔見知りによるレイプの若き被害者は、被害当時処女である場合が多い。事件は被害者の性行為に対する認知をゆがめる可能性があり、その後出会う男性との関係に大きな影響を及ぼす。性の探求と自認を行う年齢であるため、後遺症は何年も残る可能性がある。

異性との恋愛に興味のないティーンエイジャーが被害を受けることもある。16歳だったグローリアはレズビアンのパートナーと親密な関係にあったが、「普通」の関係も試してみようと思い、知り合いの少年のデートの誘いに応じた。2人で映画を観た後、彼は彼の自宅で両親と会うことを提案した。行かない方がいいという気がしたが、グローリアは従うことにした。

彼が家に入り、当然の成り行きですが、家の中は真っ暗でした。彼は「夕飯を食べに行ったんだろう。きっとすぐに帰ってくるよ」と言いました。私はそれを信じました。座ってテレビを観ていると、彼が私にキスを始めました。あっという間に私をソファーに押し倒して彼が上に飛び乗るところまでいきました。「いや、いや、ありえない」と私はすぐに言いましたが、彼は私の服を引き裂きはじめていました。

最終的にグローリアは、彼が体勢を変えねばならなかった隙をついて、何とか逃げることができた。彼はソファーと食器棚の間に入り込んで行為をしようとしたのだ。「彼が身体を浮かせたときに押しのけることができ、彼が食器棚で頭を打ちました」とグローリアは話す。グローリアは走って外に出て自分の車で走り去った。この出来事は自分に落ち度があると思いながら。

異性愛者の人たちのやること［性的な行為］についてぼんやりとしたイメージしかありませんでした。あれ［レイプ］が普通のやり方だ、私が普通の女性だったらきっとあれを望むのだと自分に言い聞かせました。

ティーンエイジャーの被害者にとってもうひとつ問題となるのは、学校や近所で日常的に加害者と遭遇することが多い点だ。多くの場合、加害者は性的な征服の功績として事件のことを得意げに語り、被害者は行為に「参加」したために周囲からのけ者にされる。仮に加害者が起訴されたとしても、学校や職場、近所に戻ってこない保証はない。最近まさにこのケースがワシントンDCで起きた。16歳の男子生徒がクラスメイトをレイプした罪で起訴された後、高校に戻ることを許可された。学校理事会の決定に対する抗議が起こり、加害者を学校に留まらせることは道義に反するとして、校長の退任が要求された。

ティーンエイジャーの被害者は起きたことを大人には一切話さない傾向にあり、多くの被害者は一人きりで精神的な後遺症に耐える。「青少年が感情や経験を周りから隠す場合、自分が持つ力のみを使って傷を癒やし、出来事を受け止めなければならないという難題にぶつかります」。ティーンエイジャーが受ける被害の専門家であるペンシルベニア大学看護学部のアン・ウォルバート・バージェスはそう話す。そしてその力は往々にして弱いために、対処しきれなくなる。

顔見知りに対するレイプやその他性的暴行を犯す少年は、その罪の露見しにくさから、同じ行為を繰り返す傾向がある。「有害な行為ではなかったと決めつける者がほとんどで（中略）レイプしようとしたとは認めません」と、シアトル在住のソーシャルワーカーとして青少年の性的暴行者と関わるナンシー・ニッセンは述べる。初めて性的暴行をする平均年齢は10歳だそうだ。

ティーンエイジャーが顔見知りによるレイプの被害を隠す理由

愛情深く思いやりのある親にとって、我が子がレイプ被害のような恐ろしいことを隠していると想像するのは難しい。しかしティーンエイジャーにとっては、それは大して不思議なことではない。エイジトンの研究では、ティーンエイジャーの被害者のうち両親に被害を打ち明けたのは、わずか5人に1人だった。

ティーンエイジャーの少女は、レイプに結びついた事柄（飲酒やドラッグの使用、禁止されていた場所へ行ったこと、許可なくデートしたこと）、または直接関係のない事柄（過去に性的な行為を経験していたこと）を非難されるのを恐れ、事件に対して親は支援や愛情を差し伸べるのではなく自分を責めるだろうと考える。顔見知りによるレイプの被害者の多くがそうであるように、ティーンエイジャーの被害者もすでに自分自身を責めているため、これ以上の非難を受けたくないと思うのも仕方がないだろう。親と衝突を繰り返してきた子どもからすれば、「だから言ったのに」のお説教が始まるだけとも予測できる。被害者は、友人や同級生が味方になってくれない現実にすでに直面している可能性もある。そこでどうしてそれ以上の理解を大人に期待できるだろう。実は、ティーンエイジャーの予測はだいたい正しい。多くの親は、顔見知りによるレイプに関しては被害者となった娘をとがめる。

加えて、被害者は出来事が「本当のレイプ」ではない、つまり見知らぬ人が茂みから飛び出してきて喉にナイフを突きつけるような事件ではないと理解しているために、自分が「屈した」ことに対して親がどう思うかを恐れることもある。また、同級生への忠誠心または恐れから加害者を告発したくないと考え、そのために親から隠す被害者もいる。怒った親が自らの報復欲から加害者を告発することもあるが、それは被害者が希望する、または必要とする形ではない可能性もある。

ペンシルベニア大学の研究者であるA・W・バージェスとL・L・ホルムストロームは、1979年の研究で、青少年の被害者がレイプのことを家族に話さない主な理由5つを明らかにした。

・家族を守るため：自分はレイプの事実に対処できるが、家族は受けとめられないだろうと考える。

・価値観の衝突：家族のレイプに対する考え、宗教理念、被害者の生活態度への非難から、家族は理解してくれないだろうと考える。

・自立の維持を希望するため：家族に話すと被害者の自由が制限される可能性がある。ティーンエイジャーにありがちな闘争。

・心理的な距離：精神的に家族と距離を感じている被害者は、家族には話さない。

・地理的な距離：全寮制の学校に入っていたり、別の家に暮らしていたりして、距離があるために家族に話さない。

あまりにも多くのティーンエイジャーが、被害のことを家族にもレイプ専門のカウンセラーにも警察にも報告できない、またはしたがらないというのは、悲しいことだ。この点では大人の被害者と何ら変わりはない。そして次の章で詳しく述べるが、顔見知りによるレイプを報告することが必ずしもレイプ犯の処罰に繋がるわけでもない。

9. 顔見知りによるレイプへの警察・法廷・大学の対応

「真実を語れば社会は真実のために動くと、誰もが知っているのに」

31歳のときにレイプされ、相手を告発したマギー

2人の女性、2件の顔見知りによるレイプ、2件の告発、2つの評決。

マギーはアラスカ州で、ホリーはオレゴン州でレイプ被害に遭ったが、2人の事例は顔見知りによるレイプの刑事告発が全国的に難しいことを示す良い例となった。アルバカーキにあるニューメキシコ大学の社会学者で犯罪学研究者のゲイリー・D・ラフリーによると、有罪判決が最も出やすいのは、社会が持つレイプのステレオタイプに合致する事件、つまり凶器を持った他人によるレイプである場合だ。そして女性と加害者が知り合いだった場合、とりわけ2人がデートをしていたり過去に性的な接触があったりした場合には、有罪判決は出にくくなる。ステレオタイプがあるために、警察と検察官は顔見知りによるレイプの罪で加害者を起訴することを渋り、陪審は有罪を出したがらない。法制度のあらゆる段階でこの偏向はあまりに強力で、最近のレイプ相談カウンセラーには被害者に対して刑事訴訟は絶対にしない方がいいと助言する人もいるほどだ。

マギーのレイプ事件：評決―無罪

マギーがブルースとバーで出会ったのは、アラスカ州に数か月間滞在しているときだった。バー

で長時間話し込み、マギーはブルースに興味を抱いたものの、ブルースの押しの強すぎるところを不快に感じていた。そしてブルースはとてもしつこかった。マギーの電話番号を同じテーブルにいた別の女性から聞き出し、何回か電話をかけてきた。当時31歳だったマギーはブルースを警戒した。

何年もデートなどをしていなかったので、ブルースからの電話に少し嬉しくなってしまったのもあります。ディナーに行こう、あれをしよう、これをしようとブルースは言い、でも私はやっぱりあの不快さを感じていたので、「行かないわ」と断りつづけました。

結局、2人はデートをした。2回目もあった。3回目のデートでマギーはブルースを家に泊めた。マギーが言うには「その夜は問題なかった」のだが、ブルースに対しては相変わらず複雑な感情を抱いていたそうだ。そして数週間会わない日が続いた。マギーはもうブルースとは二度と寝たくないしデートもしたくないと決めた。

当時、マギーは留守番を頼まれている家に一人で住んでいた。その町では普通のことだが、マギーもいつも玄関の鍵をかけていなかった。レイプされたその晩も例外ではなかった。タオル一枚を羽織ってバスルームから出て、2階から階下を見ると、ブルースが玄関ホールに立っていた。

ブルースは「ただ君と話がしたい」と言いました。酔っ払っているのがわかりました。「今までで最高の女性なんだ」とブルースは繰り返し、私は「出て行って」と言いました。

注目してもらって嬉しかったこととと、ブルースの振る舞いが好きではなかったことがあり、はじめは迷っていました。でも最初の［デートを重ねる］段階を終えると（中略）自分の気持ちがはっきりとして、彼にもそれは伝わっていました。

ブルースが出て行かなかったため、マギーはバスルームに戻って服を着た。もう一度バスルームを出ると、ブルースは2階に上がり、寝室に入っていた。マギーはもう一度出て行くように伝えた。外に送り出すために、マギーは階段を下りはじめた。

ブルースは私を掴んで寝室に引き入れようとしました。私が階段の一番上に座り込んで引っ張られないようにすると、ブルースは私の背中にのしかかるような体勢になりました。（中略）ブルースの上半身の重さすべてが私の首の後ろにかかり、首がボキボキと鳴って、しばらくの間顔をあげることができなくなりました。ブルースが私を床に押し倒し、しばらく階段の上で争いました。

喧嘩をすれば私が怪我をするだろう（中略）ブルースは私を押さえつけるかお腹を殴るだろうと思いました。

その家は裏に大きな崖がある孤立した場所にあった。最も近い隣家は崖の下だった。「この状況から抜け出せるかは自分にかかっていると、ただ思いました」と、マギーは思い出す。それは簡単なことではなかった。相手は身長188cm、体重98kgもある屈強な体つきをしていた。争っている間、ブルースの目をえぐりでもしないと、と自分に言い聞かせたが、目玉が自分の上に落ちてくる想像しかできなかった。また、ブルースがマギーの頭を寄木張りの床に繰り返し打ち付けたので、頭蓋骨がぱっくり割れるような気がした。しかしマギーが最も恐れたのは、階下へと投げ落とされることだった。

「大怪我させるつもりね」と私が言うと、ブルースは「殺しはしないよ」と言いました。ただ私とベッドに行きたいのだと。どんな手を使ってでも私とセックスをしたい、それがレイプだと言うならレイプでいい、というようなことをブルースは言いました。

マギーの腕を酷くねじりあげて、ブルースはマギーを寝室に連れて行った。そして服を脱ぐよう指示した。マギーが拒否すると、マギーをベッドに押さえつけ、顔を殴りつけた。服を脱がし、もう一度殴り、そして拳をマギーの顔に突きつけてこう言った。「何かしようとしたら殴って気絶させるからな」。その時点でマギーはショックと怒り、痛みに圧倒されていた。自分の身体から抜け出て、宙に浮かんで暴行を見ている感覚だった。

ブルースはマギーの膣に挿入し、射精するまでに何度か勃起が萎えた。やっとマギーの上から転がり下りると、自分が去った後に誰にも電話しないようマギーに約束させた。そして、ベッドに横たわりおびえているマギーを残して、階段を下りて行った。


玄関のドアが開いて、閉まる音が聞こえました。そして何も聞こえなくなりました。私はただ横たわって車が発進するのを待ちました。

するとたばこを点ける音が聞こえました。ブルースはドアをいったん開け閉めしましたが、家の中に留まって私が動くか待っていたんです。そして一階から大声で叫びました。「誰かに言おうとしているのはわかってるぞ。下りてこい」。


ブルースはソファーに座ってマギーを隣に座らせ、何があったかを誰にも言うなと、くどくどと話した。飲酒したうえにドラッグも使用していたため、話しながらうとうとしては、はっと目を覚ましていた。ブルースがうとうとするたびにマギーは外へ逃げようとしたが、安全に逃げられるほど寝入ったかどうかがわからなかった。ただ誰にも言わないと約束し、帰ってもらえるよう頼みつづけた。やっとブルースは出て行った。

ブルースが車で走り去る音が聞こえるまで、マギーはソファーの上でじっとしていた。そして窓の高さよりも低く身をかがめ、玄関まで這って行って鍵をかけた。姉と義兄に電話をかけた。姉たちが警察と地域の女性センターのスタッフを呼んでくれた。

はじめから、警察はマギーには十分な証拠があると考えていた。病院のレイプ検査でマギーの身体から採取した検体を回収し、ブルース逮捕後にはブルースの身体と衣服から、マギーの血液の検体と家の敷物の繊維を発見した。ブルースは学生時代に暴行歴があり、幾度かは警察沙汰にもなっていた。ブルースは地元で影響力を持つ家庭の出身だったが、警察はやっと逮捕することができて嬉しそうだった。ブルースは第1級の強姦罪と暴行罪、犯行を目的とした不法侵入罪で告発された。

しかしこの事件の問題がすぐに浮かび上がった。レイプ直後に撮影されたマギーの写真があったのだ。身体にそこまで酷いあざは見られず、マギーは「トラックにはねられたかのようだった」と言っていたものの、写真ではどこにあざがあるのか明確にわからなかった。

地方検事は年配の男性で、レイプ事件の追及に熱意のあるタイプではなかった。マギーに何度も「これは一般的なレイプ事件ではない」と言った。レイプのすぐ後の聞き込みの際に地方検事は中絶経験の有無を尋ね、マギーはないと答えた。しかし後日、宣誓証言の際にマギーは二度中絶経験があったことを認めた。宗教的に中絶に反対する立場だった地方検事は激怒した。事務所でマギーにこう言った。「これが嘘だったなら、他にはどれが嘘なんだ?」。毎週の調査で面会するたびに、地方検事は冷淡な態度になっていった。

マギーが地方検事に提出した個人情報の中に、マギーの日記があった。ホメオパシー療法と占星術のサイクルに興味があってつけていたものだ。マギーの身体と精神の状態を書き綴ったとてもプライベートな日記で、生理がきた日、頭痛や憂鬱が見られた日、天気、そして性行為の記録が細かく記されていた。

弁護側はこの日記の公開を希望した。証拠審問で裁判官は日記を通読し、レイプの発生時刻を伴う図の部分のみを証拠として認めた。これはマギーに不利にはたらいた。被害者だと主張している者の「セックス日記」があるという情報はすぐに町に知れ渡った。

事前審理の苦難は続いた。逮捕後にブルースの身体と衣服から採取した血液検体に試験所内でカビがはえ、適切な評価を行えなかった。被告側弁護士は、たった一日で45件もの申し立て事項を提出した。同時に、外ではブルースからの嫌がらせもあった。マギーをののしり、訴えてやると脅し、単に車であとをつけることもあった。裁判が数日後に迫ったとき、地方検事がマギーに起訴側としての計画を伝えた。ブルースがどのようにしてマギーの背後から息を出来なくしたかをブルースにその場で実演させようと言った。『あの男にもう二度と触られたくありません』と私は泣き出しました」とマギーは思い起こす。計画は採用されなかった。

ついに裁判が始まった。マギーは8時間証言を行った。裁判の途中で、マギーは地方検事の事務所に呼ばれた。レイプされた夜にマギーが使用していたタンポンから採取した血液から、コカイン代謝物が検出されたと地方検事は言った（マギーに挿入する前にブルースがタンポンを引き出した）。マギーはドラッグは使用しないと地方検事に伝えており、事実使用していなかったのだが、地方検事はまた嘘をつかれたと思っていた。そして事件から手を引くことを考えていると言った。「これで私に対する信用がなくなったのでしょう。もともと低かった信用が」とマギーは言う。実際には警察の話によれば、コカインはブルースの手から付着した可能性が高いとのことだった。

ブルースの弁護士は、ブルースがマギーをレイプしなかったことを証明する必要などなかった。ただ別の見方を十分に提示して、告発内容に疑いを投げかけさえすればよかった。証言台で弁護側は、マギーの性生活についてこう尋ねた。一般的にレイプされた後はセックスをしたがらない傾向があるが、日記を見るとレイプから数週間後にセックスをしているのは不自然ではないか、と。続く質問もすべて同様に、マギーの話に対する疑いを陪審の印象に残すものだった。「セックス日記」があること、それから若い男性が好きなのではないかという質問（ブルースも現在の恋人もマギーの年下だった）。さらには、レイプについて覚えているかぎりのことを書き出すよう警察から指示された際に、マギーが用紙12枚分の両面にびっしりと記述したことについて、マギーは本を書くために訴訟を進めているのではないかと提議した。マギーの前の職場である家庭内暴力シェルターについても質問を投げた。「つまり私は変わっていて男性嫌いだと、それから性欲が強くて、本を書いていると、そう言ったんです」とマギーは話す。「すべて推測の話でした」。

証言には3週間を要した。あるときに警察の捜査長官が、被害者との「個人的な関係」について質問された。マギーと関係を持っている疑いを示すものだった。そのような関係にはなかった。

毎日スリーピースのスーツに身を包んで現れたブルースは、自分の口では一度も証言しなかった。
陪審は審議に1日半を要した。ブルースはレイプ罪に関しては無罪、暴行罪に関しても無罪、不法侵入罪に関してのみ有罪となった。ところが犯行を目的とした不法侵入であるが、陪審の判決によれば犯罪は行われなかったという理由で、不法侵入罪も棄却された。ブルースは告発をすべて退けたのだ。再び、マギーはトラックにはねられたかのように感じた。「自分が何を求めていたのかはわかりませんが、真実は勝つという信念体系を持っていました」とマギーは語る。「真実を語れば社会は真実のために動くと、誰もが知っているのに」。
裁判の副産物もあった。地方検事は別の管轄区へと異動になった。裁判官はその後の性暴力事件の審理からは除外された。後日、警察の調査長官が陪審員に無罪判決を下した理由を尋ね、後にマギーにもその内容が伝えられた。

調査長官の話では、陪審員はこう答えたそうです。「たしかに何かがあったとは思いましたが、何が起きたのかはよくわからなかった」と。もっと写真が必要だったと言ったそうです。それもものすごく残虐で具体的な、「うわあ！　これ以上の説明はいらない！」と思える写真が。レイプが起きたことは否定しないものの、証拠があるように思えなかったようです。

その後マギーは同じ町に15か月間暮らした。ブルースからの嫌がらせは続いた。ついにマギーはアラスカを離れる決意をした。今、裁判から5年が経ち、マギーは初めて母親になる準備を幸せな気持ちで進めている。以前住んでいた町では、職員が変わったことにより顔見知りによるレイプ事件がより丁寧に扱われるようになっていた。マギーはこれを喜ばしく思いつつも、そのために誰が犠牲になったかを理解している。

「貧乏くじを引かされたような気分です。結局私が、いけにえの子羊でした」。

ホリーのレイプ事件：評決―有罪

ホリーが数人の女友達とクラブで席についていると、テッドと名乗るにこやかな男性が話しかけに来た。パートナーと別れたばかりだったホリーは、久しぶりの夜の外出を楽しんでいた。25歳で2人の幼い子どもを抱え、うち1人にはまだ授乳していた。何の仕事をしているのかとテッドに聞かれ、当時のホリーの日常は子どもたちを中心としていたため、「母親よ」とためらいなく答えた。テッドはテーブルの女性全員と話した後、ホリーをダンスに誘った。

深夜になり、ホリーは帰ることにした。ベビーシッターを解放してやるために、ルームメイトが少し前にクラブを出ていた。テッドも帰ると言い、ホリーと一緒に歩きはじめた。クラブの玄関で、急に降りはじめた強い雨を前にホリーはいったん立ち止まって考え、コートを頭の上からかぶって駐車場の一番奥にある自分の車まで寒さの中を濡れながら走ることにした。玄関の近くに車を停めていたテッドは、ホリーの車まで乗せて送ると申し出た。ホリーはそれを受け入れた。

2人は車に乗り、すぐにテッドのローカルラジオ局での仕事について、またその夜にできた共通の友達について会話した。何か少し食べに行かないかとテッドから提案され、ホリーは家に帰って子どもの様子を見なくてはいけないともう一度伝えた。テッドは、まずホリーの家に寄って子どもが大丈夫かを確認したら、ルームメイトに世話を頼んで出かければいいと提案を返した。「私は『うーん、どうかしら』と返しました」とホリーは会話を思い出しながら語る。「私はすごく優柔不断で、本当に馬鹿でした」。

2人はホリーの家に着き、子どもたちに問題はなかったものの、ホリーはもう外出したくないと強く思った。長い夜を終えて疲れていた。しかしホリーの車はまだクラブにあり、テッドに送ってもらって取りに戻る必要があった。家のテーブルの上に財布を置き、鍵だけを持って外に出た。テッドの車でクラブに戻る途中、テッドは自宅に寄って犬を出してやってもいいかと尋ねた。ホリーはぐったりしながらいいと答えたが、急がなくてはならないと念を押した。テッドが住んでいたトレーラーに着くと、テッドはホリーを中に招き入れた。


家に帰りたかったです。最後に授乳してから多分5時間くらい経っていました。(中略)でも『ここで嫌な空気にはしないでおこう。犬を出させればいい』と考えました。

なかなかうまい考えだったと思います。2人で中に入り、私が座り、テッドが犬を放して、それからテッドが私にキスしようとしているのがわかりました。まあ、これは別によかったので、私も2回キスを返しました。割とすぐにテッドはものすごくしつこくなってきたので、私はテッドの胸を押し戻しました。

トレーラーの中は狭く、2人が座っているベッドと家具がいくつかしかなかった。テッドはいっそう強引さを増し、ホリーをベッドに押し倒した。それでもホリーは大きな問題にはならないだろうと思っていた。過去のデートの経験では、しつこい男性に「いや」と伝えると相手は毎回その意思に従ってくれた。しかし今回のテッドはそうではなかった。

テッドに押さえつけられて、私は少し怖くなりました。(中略)「これから友達でいられるんだから、また別の晩にしよう」と言いました。テッドと出かけることは二度とないと思っていましたが。テッドは私の方を見て「別に友達じゃなくていい」と言いました。このあたりから恐怖を感じはじめました。

何とかテッドの胸を押し上げて、「ねえ、落ち着いてくれないと叫ぶよ。だから離して」と言いました。すると突然テッドが私の首元に腕をかけてベッドから引きずりおろし、腕を私の首に巻き付けたまま私をベッドに押しつけました。(中略)つまり私の頭が逆さまの状態で、息ができなくなりました。(中略)意識が遠のきはじめて力が抜けたようになりました。

とうとう私が意識を失いはじめたので、テッドは少し力を弱めた方がいいと思ったのでしょう。私が「ただ子どもたちにもう一度会いたい」と言うと、「俺の言うとおりにしろ、俺の言うことさえ聞けばまた子どもに会える」とテッドが言いました。本当に冷徹で本当に怒っていました。

ホリーが身につけていた二連のネックレスをギリギリと締めながら、テッドはホリーに口腔性交を強要した。肛門性交をすると脅して、性交にも及んだ。ホリーがタンポンを付けていることに気づくと、引き抜いて床に投げ捨てた。「ただ目を閉じて『もう何が起きているかは考えないようにしよう』と自分に言い聞かせたのを覚えています」とホリーは話す。レイプされている間中、ホリーは泣きつづけた。行為が終わると、テッドにホリーの経血が大量についていた。それに気付いたテッドが再び怒ることを恐れ、ホリーは「大丈夫、大丈夫よ。家に帰らなくちゃ」と言った。ここでテッドが泣き出し、何てことをしたんだろうかと後悔しはじめた。「大丈夫」とホリーは嘘をついた。「あなたはいい人だってわかってるから」。

テッドはようやくホリーを車まで送った。ワンピースは引き裂かれて染みがつき、首と手首と脚にはあざがついた状態で、ホリーは車で家に帰った。ルームメイトを起こし、起きたことを話した。翌日にヘルプラインに電話をすると、レイプ相談センターを紹介された。病院にも行った。起訴はしたくなかったが、レイプセンターを通して事件の匿名報告を提出した。提出すると加害者の名前が警察に報告されるが、刑事告訴にはならない。それからの4週間でレイプ相談カウンセラーと何度か面会した。自分の日常を取り戻したかった。そしてある日、カウンセラーがホリーに電話をかけてこう伝えた。「泣き寝入りするつもり？　彼がまたやったよ」。

テッドがオレゴン州の別の町で女性に口腔性交または肛門性交を強要したのだった。女性は時速64㎞で走る車から裸の状態で飛び降り、逃げようとした。命は助かったが、大怪我を負った。ホリーのときと同様、テッドは女性に自分の名を伝えていた。警察はカリフォルニア州まで捜査の手を広げ、あるショッピングモールで車から双眼鏡でティーンエイジャーの少女を眺めていたテッドと、車内の大量のポルノ雑誌を発見した。テッドの逮捕後に州警察がホリーの事件の匿名報告を見つけ、レイプセンターに連絡したのだった。

この知らせを聞いて、ホリーは自分のレイプ被害を正式に届け出ることに決めた。「テッドが暴行をやめなかったこと、あの晩はすごく後悔していたのにちょうど4週間後にまたやったことが決め手でした」とホリーは言う。当時自分が警察に行かなかったせいで別の女性が傷つけられたのかもしれないと、申し訳なさも感じていた。

テッドはホリーとの件で第1級の強姦罪と第1級のソドミー法違反（口腔性交をさせたため）を問われた。ホリーはテッドが罪を認めて裁判は必要とならないだろうと予想していたが、テッドは罪を認めなかった。しかし多くの被害者とは異なり、ホリーには裁判前の「ウォーミングアップ」が用意されていた。テッドがレイプしたもう一人の女性の証人として法廷に呼ばれたのだった。「私が入ってくるのを見て、テッドは明らかに衝撃を受けていました」。自宅から何百㎞も離れた法廷にホリーが出廷したときのテッドの様子だ。「これに私は味をしめました」。しかしその後に大きな一撃をくらった。怪我をした女性との件で、暴行、誘拐、ソドミー、レイプ未遂の罪で告発されたテッドは、暴行罪以外に関してはすべて無罪となったのだ。ホリーは呆然とした。

すっかり意気消沈してしまいました。酷い怪我をしてあれだけの身体的な証拠があるのに、それでも無罪になるなんてありえない、って。それから「私たちにはここまで希望がないのか」と思うと本当に心配になってきました。

大陪審はホリーの件の起訴を3月に行った。そして11月末まで裁判は始まらなかった。数か月待つ間、ホリーは地方検事の事務所を定期的に訪問して、また地域の被害者支援協会との会議の場で、事件について繰り返し語らねばならなかった。レイプのわずか数日後に始めた仕事を、幾度も休まなければならなかった。上司が理解を示してくれたことが幸いだった。ラジオでホリーの事件が報じられるのを聞いたときには名前が公表されると思い恐ろしくなったが、公表はされなかった。

やっと裁判の日が来た。「私が予想していたものとは全然違っていました」とホリーは言う。「被害者が証言台に立たされて『毎晩何人の男性と寝るんですか?』などと聞かれるような、怖い法廷ドラマしか観たことがなかったんです。全然そんなことはありませんでした。プライベートな質問はほんの少ししか聞かれませんでした」。

警察から冒頭尋問を受けているとき、ホリーは生理について、またテッドがどのようにタンポンを引き抜いて投げ捨てたかについては、「あまりに恥ずかしい」ので話せなかった。しかし、裁判前にすでに地方検事には話しており、これが裁判中にホリーに有利にはたらいた。弁護側がテッドとホリーの間に起きたことは単なる同意に基づくセックスだと主張したのに対し、検察側は、生理中の女性が出会ったばかりの男性と気軽にセックスを行うとは思いがたいと強く主張した。

当時を振り返りながら、ホリーは裁判を待っている期間の方が、実際に法廷に立っている時間よりも辛かったと離す。証言していた時間はホリーには「永遠のように感じられた」が、裁判はわずか1日半で終わった。ホリーは証言をするときと最終弁論を聞くときのみ、法廷に通された。


テッドの答弁はあまりにつじつまの合わないものでした。テッドは、はい、家に入りました、はい、窒息させそうになりました、と言いました。私の身体に残った証拠があったので、そこは言い逃れできなかったんです。それから、はい、セックスはしましたが、それは窒息させそうになった後のことで、私が落ち着きを取り戻して誘惑してきたからです、と言ったんです。

本当に馬鹿馬鹿しい言い訳でした。ひとつだけ、私が予想していなかったために驚いたのは、弁護側は私のワンピースから見つかったのは血液のみだったと述べたことです。つまり精液は付着していなかったと。私が完全に協力的な態度で、自らワンピースを脱いだというのが弁護側の説明でした。

陪審は半分が男性、半分が女性だった。審議にかかった時間はわずか1時間だった。陪審が法廷に戻ってきたとき、ホリーはレイプ相談カウンセラーに身体を支えられていた。

私は「無罪」と言われるだろうと覚悟していました。（中略）でもただ「有罪」であってくれさえすればと願いました。カウンセラーが私に腕を回してくれて、「有罪」［強姦罪に関して］と聞こえたとき、もうソドミー罪の判決は耳に入ってきませんでした。

「これで少しは気持ちが晴れた？」とカウンセラーに尋ねられ、私はただ泣き出して「いいえ」と本当のことを答えました。有罪判決が出てもまったく気分は良くならないというのは、多くの人が気付かない事実だと思います。それを機に私が完全に普段どおりに戻れると周りは思ったのではないでしょうか。

陪審はレイプ罪に関しては有罪判決を出したが、ソドミー罪に関しては無罪とした。ホリーはこれを、強要された口腔性交について自分が詳細を語りたがらなかったせいだと思っている。

その次の3月にホリーは量刑のために再度出廷した。

こちらは懲役7年以上を求刑しました。するとテッドは口答えしようとして立ち上がり、自分の要求を言いました。

テッドが黙っていたならもう少し刑は軽くなったでしょう。20年を上限とする懲役10年以上が確定しました。求刑よりも3年長くなったのです。

これについては、気分が良かったです。

量刑から1年が経った今、ホリーは自分の家のリビングで子どもの玩具に囲まれて座り、自分の人生に起きた変化を振り返っていた。テッドがホリーをレイプした罪で服役を始めてすぐ、ホリーは地元の新聞社による事件についてのインタビューに応じた。記事での実名公表にも同意した。

私たちがこの酷い事実に対して黙っていたら、犯罪者はただやりつづけます。私がそれを証明しました。私が黙っていたから、彼を野放しにしてしまった。当時の私は「彼は本当はそんな気はなかったの」と言って、彼の謝罪の言葉と、過去にレイプをしたことがないし今後も絶対にしないという言葉をすべて信じてしまいました。

今は声をあげてよかったと思っています。私には何も隠すものはありません。

刑事裁判での立証

なぜホリーをレイプした犯人は有罪となり、マギーの場合は無罪放免となったのだろうか。いずれの事件にも、身体的な暴力、女性の拘束、女性の意思に反する性交があった。またいずれの事件でも、被害者にも過ちがあった。マギーの場合は玄関の鍵を閉めていなかったこと、ホリーの場合はテッドのトレーラーについて入ったことだ。

しかし2つの事件には相違点もある。いずれの女性も加害者と知り合いだったが、ホリーは相手と出会ったばかりだったのに対し、マギーは相手と自発的に幾度かデートをしたうえにセックスもしていた。事件以前のブルースとの関係性が理由となって、地方検事も陪審もマギーの件は「レイプ」にはならないだろうと判断した。実際はレイプなのだが。

それほど遠くない昔なら、ホリーの事件も有罪判決にはならなかったかもしれない。しかし近年、レイプ関連の法律は、顔見知りによるレイプの事件がより適切に起訴されやすくなる方向に修正された。1970年代後半から1980年代前半には、多くの州がレイプ関連法律を改正し、レイプの定義を広げた。男女両方を対象としたさまざまな形での性的暴行（膣性交に限らない）が含まれるようになり、女性の性経験歴は弁護側の証拠としてのみ使用が許され、被害者が強制的に性交させられたことを「証明」するための抵抗の基準が撤廃された。さらに、いくつかの州では、被害者がレイプによる外傷症候群を発症しているという専門家の証言を、レイプがあった証拠として使用できるようになった。しかしこのような改正があったとはいえ、相変わらず顔見知りによるレイプの事件は、見知らぬ人によるレイプの事件と比べて有罪判決が非常に少ない。その原因は、レイプの立証に対する考え方にある。

レイプと立証しやすい典型例はこうだ。両親と暮らす処女の女性が、重病の祖母を見舞うため白昼に病院へと歩いていると、一度も会ったことのない男性により背後からつかみかかられた。男性はナイフ、拳銃、メリケンサックを所持していた。女性は殴られてあごが砕けたために叫ぶことができず、1か所を刺された後に力尽くで茂みに押し込まれ、レイプされた。それでもなお身体的な抵抗をしたために、もみ合いが男性警官の目に留まり、警官は男性を被害者から引き離した。公式な検査の結果、女性の膣から男性の精液が検出され、男性の身体からは女性の血液と皮膚の痕跡が確認された。女性の顔につけられた傷の形は、男性のメリケンサックの形状と一致した。

レイプはこの「説得力ある」標準型にどの程度当てはまるかに応じて起訴されるため、顔見知りによるレイプが裁判までたどり着くケースが稀なのも不思議ではない。顔見知りによるレイプでは、たいてい女性は加害者となる男性と自発的に関与している。男性は多くの場合凶器を使用せず、女性を殴りもしない。女性は身体的に不可能だったためではなく、恐怖心から叫ばないことが多い。そして後に残る深刻な傷やあざは少ない。女性の体内や皮膚から検出された精液は、単に2人が性行為をしたことを示し、強制的だったかは示せない。レイプの目撃者は基本的にはいない。女性が長い間その出来事をレイプと認識しないことが多いため、警察に迅速に届け出ない。

告発するかどうか

レイプ事件の告訴の「起訴相当」（妥当であり起訴に相当する）または「不起訴相当」（何らかの理由で不起訴に相当する）の判断は、女性の意思に反した性交があったかどうかとは関係のない要因が鍵となることが多い。何よりもまず、法の門番（まずは警察、次に地方検事）が被害者を受け入れ、レイプの状況が「説得力ある」事例と十分に類似していると判断するかが関係してくる。

警察が「不起訴相当」と判断したレイプの件数は、自治体によって大幅に異なる（最近のある年の「不起訴相当」となったレイプの件数は、デトロイトでは告訴された件数の1・3％、シカゴでは54・1％だった）。「不起訴相当」の事件が存在するという事実に対して、女性がレイプされたと嘘をつくことを物語っているという見方と、警察がレイプ被害者を不当に疑っているという見方の二種類がある。

「不起訴相当」とされる事件の大半が、デートレイプまたは顔見知りによるレイプだ。ニューヨークの警察の記録を分析した研究によると、告訴された顔見知りによるレイプの24％が「不起訴相当」と判定されている一方、見知らぬ人によるレイプの場合はわずか5％だった。事件が「不起訴相当」になった理由には、何らかの理由で、または正当な理由なく警察が被害者の話を信用しなかった、事件が発生した場所が管轄外だった、被害者が考え直して告発しないことに決めた、などが挙げられる。顔見知りによるレイプでは、レイプに関する思い込み、もしくは関係のもつれや関心を得たいことを理由に女性が男性を「ひどい目に遭わせ」ようと嘘をついたなど昔からある考え方が、警察の「不起訴相当」の判断に繋がる。レイプに関する教育が広まるにつれてこの考え方は変わりつつあるものの、根付いた感覚はなかなかなくならない。

中西部のある大都市で、905件の性的暴行の告訴を対象としたゲイリー・ラフリーの研究によると、警察が強姦罪で容疑者を起訴するかどうかには、法の域を超えた決定要因が影響していた。顔見知りによるレイプの事例で起訴に至らなかったケースには、次の要素が頻繁に見られた。

・被害者の「誘因となる行為」——例：ヒッチハイク、飲酒、バーで一人きりになる、婚外交渉、自発的に容疑者の車、家、アパートに入る
・被害者の報告書提出の遅れ
・被害者と容疑者の以前からの親密な関係
・凶器の不所持

研究によると、被害者が加害者を認識しているか、告発の意思があるかなどの法的な決定要因

が容疑者を逮捕するかどうかに大きく関わる一方で、法の域を超えた要因は逮捕に踏み切るかの警察の決断に大きな影響を及ぼす。たとえばラフリーの研究対象のうち、被害者が男性のアパートに行く、飲酒するなど「誘因となる行為」があったと警察が判断した事例では、容疑者が逮捕された ケースはなかった。「警察は被害者の誘因となる行為を被害者の不注意や共謀に結びつけることが、警察への聞き取り調査からわかった」とラフリーは語る。

さらにこの調査で明らかとなったのは、ティーンエイジャーが関与する顔見知りによるレイプや顔見知りの集団レイプを、警察はその他のレイプ事件ほど深刻に受け取らないことだ。「刑事は加害者が複数いる性的暴行の話を疑ってかかる。被害者も複数いた場合や、被害者と加害者が事件前から知り合いである場合、被害者と加害者が若い場合は特にそうだ。このような事件を『パーティーレイプ』の特徴があるものとして扱い、他の申し立てほどの注目には値しないとほのめかす刑事すらいた」とラフリーは述べる。

この態度を鑑みると、最近のシアトルでの研究で判明した、女性がレイプを警察に届け出ない一番の理由は暴行者と以前から関係があったことという事実も、驚くにはあたらない。

顔見知りによるレイプを告訴しない理由は、他にもある。たとえば、恐怖心だ。多くの女性が加害者の近くに住んでいたり、近くで働いていたりするため、恐怖心は大きな理由となる。加害者の服役により被害者が保護される結果になる前に警察が事件を公表するかもしれないと思うと、なおさらだ。警察が顔見知りによるレイプの事件を立証可能だと判断したとしても、被害者の安全は保証されない。1987年にフィラデルフィアで、デートしていた20歳の女性に振られた後にその女性をレイプした男性は、警察にレイプを届け出られたことを知って女性を撃ち大怪我をさせた。被害者の親戚によると、男性はレイプ直後、警察に通報したら撃つと女性を脅していたという。

顔見知りによるレイプを立証する難しさ

レイプの刑事告訴に対する被告側の弁護はたいてい次の4種類に分かれる。容疑者の特定誤り、心神喪失により容疑者に責任能力なし、性行為について被害者の同意があった、性行為はなかった。見知らぬ人によるレイプ事件では、1つ目の主張（特定誤り）で弁護を進める傾向が強い。一方で顔見知りによるレイプ事件では、容疑者は特定できているため、一般的には3つ目または4つ目、つまり同意があったまたは「何も起こらなかった」という主張が用いられる。同意に関しては、たとえばミネソタ州の州刑法では「特定の性的な行為をすることについて合意があることを、強制されることなく自発的に明示する」ことと定義されている。では同意があったことをどう証明するのだろう。たいてい被告側は、被害者の振る舞いや生活スタイル、抵抗の欠如から同意がほのめかされていたと主張しようとする。

警察と検察側からすれば、事件が立証可能かどうかは容疑者の特定とレイプの証拠の提示のみで決定される。同意があったという主張を相手どることは少なからず話をややこしくするため、多くの検察官は顔見知りによるレイプの案件を担当したがらない。レイプとレイプ被害者に対する検察官自身の無知と偏見、そして陪審員も同様に被害者に厳しい視点を持っているはずだという思い込みも、告発を渋る理由のひとつとなっている。

この思い込みはたいてい真実である。被害者に「誘因となる行為」が少しでも見られると陪審員はレイプ犯を有罪にしたがらないことが、複数の調査で明かされている。加えて陪審員は、レイプ犯が凶器を使用した場合に有罪判決を下しやすく、用いた暴力の程度が低いと有罪判決を下しにくい。そして被告が高い社会的地位を有していると無罪判決を下しやすい傾向にある。社会的評価のある男性がデートレイプや顔見知りによるレイプで告発された場合がとりわけそうだ。

女性陪審員は、顔見知りによるレイプの被害者をひときわ厳しい目で見る傾向がある。その理由は、女性陪審員が自分自身を被害者の経験から解離する必要性と大いに関係があるのではないだろうか。「あらゆる女性がレイプに遭う危険性を抱えているのみならず、顔見知りの男性からのレイプが多いと知って生活するのは、辛いこと」と研究者のポーリーン・B・バートは話す。「仮に、素行の悪い女性のみがレイプ対象となり、見知らぬ異常な男性のみがレイプ犯となると信じられたなら、安心感を持てるのでしょう」。

レイプ事件の裁判に立ち会った360人の陪審員を対象とした研究を、1985年にニューメキシコ大学のゲイリー・ラフリー、ミシガン大学のバーバラ・F・レスキン、全米研究評議会／

米国科学アカデミーのクリスティ・A・ヴィッシャーが実施した。その結果、女性が同意したうえで性行為をした、または性行為はなかったと男性が主張するケースにおいて、女性が婚外性交を行った、または飲酒やドラッグの摂取をしていた、または事件の少しでも前から加害者を知っていた場合、陪審員は男性側の主張を信じる傾向が見られた［以前から顔見知りだった事実は陪審員の判断に大きな影響を与える。それが買い物客（被害者）と食料品店の店員（加害者）、または客と銀行窓口の係員という関係だったとしてもだ］。この問題は「被害者の信用性に正当性のある懸念があること、もしくは被害者の素行や性格に正当性のない懸念があることの現れだろう」と、研究者チームは記している。なお、多くの場合は後者だ。

法執行機関の職員も、陪審員が抱く偏見を考えると「説得力のある」レイプにかぎりなく近い形の事件のみが追及されるのも仕方がないと感じている。しかしこの状態を永続させることは倫理的にも法的にも悪でしかない。「陪審員が被害者と被告人の以前の関係、暴力の有無、抵抗の有無を基準にレイプ事件を判断していることが、警察や検察官もこれらの要因を重視する大きな根拠になっている」とスーザン・エストリッチは著書『リアル・レイプ』（JICC出版局、1990年）に書いている。「しかし、もしこうした要因を正当なものと認められないなら、こうした要因は必ずしも決定的な判断材料とはならないはずである。すなわち、陪審員が人権や階級を考慮しているからといって、それは検察官が人種や階級を重視することを正当化する根拠にはならないのと同じである」。

ときに陪審は、顔見知りによるレイプの加害者、特に身体的な暴力をあまり振るわなかった加害者には、顔見知りでないレイプ犯と比べて罪が軽いという考えから、有罪判決を下したがらない。レイプ被害者支援団体からは、デートレイプと顔見知りによるレイプに別の刑事分類を作成する考えが支持されている。警察がより多くの件を「起訴相当」に処すよう推奨し、検察がより徹底的に事件を追及する理由となり、陪審がより有罪判決を下すことに繋がる刑事分類をだ。しかしながら、新たに分類を作成したとしても、見知らぬ人によるレイプと比べて軽い刑罰に終わることが予想されるため、顔見知りによるレイプは深刻な犯罪ではないという見方は続くのだろう。

正義を通す別の道：民事裁判所

ロサンゼルスのある公園で、アイオワ州から移住してきたばかりの若い女性が、アルバイトで俳優をしている親切な男性と待ち合わせた。2人でしばらく喋った後、男性がハリウッドヒルズの景色を楽しむドライブを提案した。向かう途中、男性は自宅に寄ってシャツを着替えたいと言った。家の中に入った途端に男性はドアの鍵を閉め、女性をレイプし、口腔性交を強制した。恐ろしいレイプ体験談の一例にすぎないだろうか？　そうではあるが、この件は通常とは異なる結末を迎えた。レイプから8年後、陪審は女性に500万ドル（訳注：当時のレートで

6億2500万円）の賠償金を認めた。なお、男性は刑事裁判でも有罪判決を受けた。ただ、被害者が検察を説得して起訴に至るまでになんと1年を要した。

顔見知りによるレイプの民事裁判への告訴は、多くの被害者にとって、刑法の道を進むよりも効果的に闘える手段だ。「誰かが被害に遭ったとき、お金が解決してくれるわけではありません」と、顔見知りをレイプした犯人に対する訴訟でいくつも勝利を重ねてきたシアトルの弁護士、ロバート・K・ドーソンは話す。「しかし民事訴訟は被害者を救う可能性を持ち、犯罪抑止の役割も担っています」。

刑事裁判では、顔見知りによるレイプの被害者に決まって不利にはたらく要素が3つある。被告が証言する必要がないこと（そして多くがしない）、法律から重い立証責任を要求されること（立証可能なレベルを超えた要求が多い）、有罪判決は陪審の全員一致を要すること（陪審は被害者にはじめから反感を抱いていることが多い）だ。しかし民事裁判では被告の証言が求められるケースもあり、立証責任はやや軽め（「合理的な疑い」ではなく「証拠の優勢」が用いられる）なうえ、陪審の全員一致未満の賛成で被害者に有利な評決を得られる。「公正な闘いです」とドーソンは言う。

より大勢の女性がこの闘い方を選ぶようになってきている。

実例を挙げると、ドーソンは、パーティーで深酒し4人の男性から集団レイプされた女性の弁護を行ったことがある。この件の刑事訴追は行われなかった。レイプから3年半後に民事訴訟が始まった。ドーソンは、レイプが女性の残りの人生を害したと主張した。女性はひどくおびえるようになり、夜の外出が一切できなくなったのだ。陪審は女性に30万ドル（訳注：当時のレートで3750万円）の賠償金を認めた。

民事訴訟では、被害者が加害者の行為（レイプ）により損害を被ったことを示す必要がある。刑事訴訟の場合と同様、明確な証拠（医者の報告書、傷跡の写真、目撃者の答弁）は主張を支持するが、必須ではない。必ず要求されるのは被害者の証言だ。

刑事訴訟とは異なり、訴訟を起こすと決めた被害者が訴訟にかかる費用を支払う義務を持つ。これは数千ドルからかなりの額にのぼることもあり、事件の複雑さによって決まる。多くの民事訴訟では、レイプのような事件を扱う弁護士は成功報酬制をとる。これはつまり、弁護士が訴訟と代理人の費用を前払いし、賠償金を得た後に報酬を得るということだ。成功報酬はたいてい賠償金の3分の1の金額とされる。加害者は最長10年間かけて支払う。

注目すべきは、実際に裁判に至るケースが非常に少ないことだ。大半は示談となり、被害者と加害者が合意した金額が示談金となる。片方または両方が、裁判の費用やリスク、公表される可能性を避けたい場合に示談の手段が取られる。一般的には民事訴訟が裁判に至るまでには、刑事訴訟の場合よりも長い時間を要する。

レイプ犯を訴える際の興味深い付加物は、レイプが発生した環境に対する責任をいくらか有するとして第三者機関をも訴えられることだ。第三者機関は故意にレイプに関与してはいないものの、発生を予想して対策を講じるべきだったとして責任を問われることがある。職場、大学、フラタニティなど第三者機関を訴える被害者は、たいてい同様の事件の再発防止を目的としている。さらに第三者機関は通常、加害者よりも豊富な財源を有しているため、賠償金を全額回収できる可能性が上がる。たとえばインディアナ州の陪審は、同僚にレイプされたとして勤めていた大手レンタカー会社を訴えた女性に80万ドル（訳注：当時のレートで1億円）を認めた。同じ男性にレイプされたもう一人の従業員女性は、示談金として30万ドル（訳注：当時のレートで3750万円）を受け取った。最近ではサンディエゴ州立大学のフラタニティのメンバー4人からレイプされた18歳の女性が、州、大学、フラタニティ、そして当時見習い入会中だったソロリティを訴え、2500万ドル（訳注：当時のレートで31億2500万円）を要求した。

顔見知りによるレイプの事件で第三者機関を訴えるケースはまだ稀だと、ホノルル在住の弁護士エレン・ゴドビー・カーソンは述べる。カーソンは、レイプ被害に遭ったクライアントに第三者機関を相手取った勝訴を幾度ももたらし、同様の事件に関する全国規模の法的トレンドを追究している。多くのレイプ事件で、部外者の敷地内侵入を阻止する責任を第三者機関に問うことができる。顔見知りによるレイプは、「同意の問題」があるために訴訟に至りづらいとカーソンは述べる。

それでも組織は訴訟の標的とされることを大いに恐れ、顔見知りによるレイプの教育プログラムを始めている。「総合的なリスクマネジメントプログラムの一環としていています」とSigma Phi

Epsilonフラタニティの全米卒業生団体代表ジョー・ランジェラは述べる。ランジェラは、このプログラムは「責任訴訟や、デートレイプや顔見知りによるレイプなどを引き起こす類の活動を、最小限に抑える方法をフラタニティの各支部に指導する目的で作られたもの」と説明する。経済的損失を最小化する目的でフラタニティの男子学生に顔見知りによるレイプに注意を払わせるというのは、女性が望む動機とは確実に異なるが、それでも何の動機もないよりはましだ。

しかし、民事裁判所に救いを求めるのは被害者のみではない。1987年の中頃に起こされた訴訟では、ミシガン大学のフラタニティのメンバーが、フラタニティのパーティー後にある女子学生が出したレイプの申し立てが原因で逮捕されたと、その女子学生を訴えた。「このような策略を誰も聞いたことがありませんでした」と、同大学の性的暴行予防・意識向上センターの代表者ジュリー・シュタイナーは述べる。被害者を支援するシュタイナーたち職員は、このような訴訟の狙いは、女性をおびえさせて告訴を取り下げさせることだと考えている。女性が男性を中傷したと主張する訴訟の判決はまだ出ていない。しかしその起訴から数か月後、男子学生は刑事罪において無罪となった。この無罪判決は、キャンパス内で自発的な抗議活動を引き起こした。300人以上の学生がろうそくを灯して、暴行が起きた場所と申し立てられていたフラタニティハウスの外で夜通し抗議を行った。

加害者が起こす訴訟がレイプ被害者に与える影響について、シュタイナーは厳しい表情でこう語る。「萎縮効果がありました。あの裁判によってクライアント［レイプ被害者］が受けた影響は甚大です。レイプ被害を届け出ないことに決めた被害者は、自分の選択は正しかったという確信をいっそう強めています。警察でさえ、報道に与える影響の大きさを考えて狼狽しています」。

シアトルのドーソン弁護士が担当した女性クライアントの中には、レイプ犯に対して民事訴訟を起こした後に悪質な逆告訴を受けた被害者が何人かいる。しかしどの逆告訴も取り下げられた。「ワシントン州では、性的暴行被害者に対する悪質な訴訟がうまくいった例はありません」とドーソンは述べる。

大学生の選択肢：大学司法委員会

同級生からキャンパスの外でレイプされたドンナは、加害者を刑事告発しないことに決めた。代わりに、イリノイ大学の司法委員会に事件を持ち込むことにした。

このように、行動規範を強化して処罰を与えるための委員会が、多くの学校や大学に存在する。委員会は主に学生と教職員で構成されるが、大学が保護者のような役割を果たしていた頃の最後のなごりとも言えるかもしれない。通常は盗作、破壊行為、アルコール乱用などの事件に携わっているため、複雑さを伴う顔見知りによるレイプの件に対処する準備はできていないことが多い。

事実、本書のためにインタビューした女性の中には、大学司法委員会に事件を持ち込んでその結果に満足した人はひとりとしていなかった。ドンナのキャンパスの行動規範では、レイプ1件で停学、2件犯すと除籍と定められているにもかかわらず、ドンナに暴行し、性行為を強制したと委員会の前で自認さえした加害者は、保護観察と性的暴行に関するレポート執筆を命じられたのみだった。「レポートの写しを渡されました」とドンナは話す。「本を丸写ししたものに思えました。彼は何ひとつ学んでいないと思います」。大学の決定に怒りを感じたことから、ドンナは刑事告発する決意をした。しかし州の検察官は、立証を成功させるには事件から時間が経ちすぎていると助言した。

現在ミシガン州の大学3年生であるジョスリンは、2年生の最初の学期に、ある授業の講師をしていた男子学生にレイプされた。「私は大学の仕組みを通して訴訟を起こしました。自分で自分を責める状態から抜け出すためというのが大きな理由です」とジョスリンは話す。「彼に罰を与える努力をしなければ、自分で自分を一生許せないと思ったんです。だから大学のやり方に従ってみましたが、悲惨な結果となりました。声明書（大学司法委員会が発行）には、目撃者がいなかったので『証拠の提出なし』などと書かれていました。それから『大学は所属学生の性的な活動に介入すべきでない』とも書かれ、まるで学生が性の自由を求めているのだからその結果起きたことはどんなことでも受け入れる必要があると述べたいかのようでした」。さらにはこの声明書は、男子学生に「起こりうるトラウマや不都合」に対する詫びまで入れていた。

この結果にめげることなく、夏休み明けにジョスリンはキャンパスに戻った。「私がどれほどの力を持っているかを証明するために学校に戻ったとも言えます」と言う。「そして大学側の恐ろしく不当な行為に責任を負わせつづけるために。もし私がただキャンパスから消えていたら、大学側は好きにこのやり方を続けたでしょう。すでに女性への対応が改善されつつあるのは良いことです」。

大学の委員会が事件の報告を聞くことすら拒否するケースもある。ベスはキャンパスのフラタニティハウスで後にベスをレイプする男性と出会った。フラタニティの友人が住んでいるという近くのアパートメントへ、男性と2人で向かった。ベスは飲酒してはいたが、男性の性行為の誘いを拒否できる程度だったと言う。男性はベスの拒否を無視し、ベスを押し倒してレイプした。当時のベスは1年生、男性はベスと同じニューヨーク校を卒業したばかりだった。「大学の管理部にレイプを報告しました」とベスは語る。「告発して、私がキャンパスにいる間は彼がキャンパスに戻れないようにしてほしかったんです」。大学側は、男性はすでに卒業しているためできることはないと主張して、ベスの要求を却下した。「話を信じてもらえないのではないかと思い、警察には届けませんでした。顔見知りによるレイプは私たちの大学ではよくあることでした。でも大学の管理部はそれを信じたがらず、女子学生は怖くて報告できずにいました」。

大学の委員会は、社会がキャンパスに抱くイメージをも懸念している。顔見知りによるレイプの申し立てが取り調べ対象となり、大学からレイプ犯に処罰を与える必要が出てきた場合、結果として暴行が発生したと認めざるを得なくなり、その悪評は大学の名声（と入学者数）を傷つけかねない。司法委員会の職員が、レイプほどの不名誉とならない程度のより軽い罪で終わらせようと尽力することもありうる。

　刑事処分を科され、広く有名になった事件すら、大学司法委員会の行動を促すには至らないこともある。シラキュース大学のアメリカンフットボール選手は、1年生の女子学生に対して相手の意思に反する性交を行ったと1986年7月の刑事裁判で罪状を認め、3年間の保護観察と社会奉仕活動を命じられた。しかしそれから2週間後、大学の審問委員会は、その選手は大学の規則をひとつも犯していないという決定を下した。選手は大学に留まること、奨学金を受けつづけること、アメリカンフットボール選手を続けることを許された。

　被害者はレイプの3日後にシラキュース大学を去り、別の大学に移った。司法委員会の判決が出た直後、シラキュースの『Post-Standard』紙のインタビューに女子学生はこう答えている。「彼が自認した罪に対して、大学側がどのような処罰を与えるかを決めることが［大学の］審問委員会の目的だと思って出向きました。ところが陪審は私の告発を審理した結果、彼は無罪と判断したのです。信じられませんでした。審問委員会の判決によって私は嘘つき呼ばわりされ、名指しで中傷されました」。

　大学の司法委員会は与えられた状況のなかでできるかぎりのことをしている、と感じている人もいる。「デートレイプと顔見知りによるレイプは、法廷でもまったく同じであるように、懲戒委員会での扱いが最も難しい事件です」と、ロードアイランド大学の学生生活局長、トーマス・R・ドーガンは述べる。「被害者の言い分対加害者の言い分という構図ですから」。ドーガンの大学では、「明確かつ現在進行形の危険性」を持つと見なされた男性は学生寮から追い出され、暫定的に大学の取り調べ待ちの状態となるそうだ。被害者は告発なしに事件を届け出ることもできる。

大学司法委員会は、顔見知りによるレイプを撲滅するための有用な組織として機能しているだろうか？　ドーガンによれば、審問委員会の前に引き出されることは、告発された男子学生には良い薬となる。

「彼らが深刻に捉えるかって？　大丈夫」とドーガンは請け合う。「効果があるかって？　言うまでもない」。

それから考えにふけるような間を置いて、付け加えた。「彼らは同じことを繰り返すだろうか？　それはわからない」。

10・女性へ：顔見知りによるレイプを防ぐには

「あのひどく辛い晩から学んだのは、自分の直感を信じることです」

1回目のデートでレイプされたメリル

毎日誰かが顔見知りの男性にレイプされている。多くの場合、そのレイプは事前に予想がつかず、逃げられない。しかし多くは遭遇する前に予防できる。

普通の女性は、知り合いの男性がレイプに向かって行動をエスカレートする際、疑いようもなく不利な状況に置かれる。見知らぬ人が相手ならばレイプの危険性をすぐに感じ取ることができても、友人が相手ではそうはいかない。また、見知らぬ人から暴行されれば取るであろう行動、たとえば助けを求めて叫ぶ、相手を叩く、そして逃げることすら、相手が顔見知りだと考えつかないこともある。

デートレイプと顔見知りによるレイプを撲滅するには、女性は現状を理解し、レイプの可能性をはらむ状況や人を回避し、レイプに遭遇したときの対処法を学ぶ必要がある。このような知識で武装すれば、被害の回避や阻止が可能になるだろう。

避けるべき男性のタイプ

顔見知りによるレイプを予防するということは、顔見知りのレイプ犯を避けることだ。しかしその男性を見極めるのは簡単ではない。魅力的で好ましく思えるレイプ犯すらいるからだ。しかし、レイプ犯となりうる男性の多くが兆候を発しており、女性はその危険信号を読み取れるよう学ぶ必要がある。

レイプカウンセラーと被害経験者は、次の特徴を持つ男性からはとにかく急いで逃げることを勧めている。

・精神的に虐待する（侮辱、言葉でけなす、意見を無視する、女性が主体で行動したり提案したりすると不機嫌になったり怒ったりする）
・女性の友人関係や服装に指示を出したり、生活や人間関係の一部を支配しようとしたりする（観る映画、行くレストランなどを自分が選ぶと言ってきかない）
・女性全般に対して否定的
・理由なく嫉妬する
・酒を飲み過ぎたり、ドラッグを濫用したり、女性を酔わせたりしようとする
・飲酒やドラッグの使用、セックスすること、自分と孤立した場所やプライベートな場所（男性の家、あなたのアパートメントなど）に行くことを嫌がる女性を、ひどく非難する
・デートにかかる費用を少しも共有したがらず、女性が支払いを申し出ると怒る
・女性をつかんだり、行きたい方向へ行くために押しのけたりする「だけ」だとしても、女性や

他人に対して暴力的な一面を持つ
・女性を脅すような振る舞いをする（異常に近距離に座る、身体で行く手を塞ぐ、女性本人よりも女性のことを理解しているかのような口ぶりで話す、嫌がる女性に触れる）
・性的または感情的な欲求不満を、怒りを伴わずに表せない
・女性より年上だから、または自分が女性より賢い、もしくは社会的に優位であると思っているため、女性を対等に扱わない
・武器に魅了されている
・動物、子ども、いじめの対象となる人に対して残酷な対応をして楽しむ

避けるべき場所

一緒に過ごす相手と同じくらい重要なのが、場所だ。女性をレイプする男性は、暴行に適したチャンスが必要だと理解している。最も多く暴行が行われるのは孤立した場所だ。停車した車内、夜のビーチ、フラタニティハウスの個室などは、いずれも周りに人がおらず、おそらく数時間邪魔が入らない、顔見知りのレイプ犯が被害者を連れて行くには絶好の場所である。加害者が被害者を車に乗せてレイプする場所へと連れて行くケースが多く、被害者がまず要求をのまなければ家に帰ることができない状況に陥らせる。

孤立した場所は、大都市の中心にも人里離れた田舎にもある。シェリルは友人主催のパーティーで出会った男性に車の中でレイプされた。「治安の悪い地域だったので、車の外に逃げるのは怖くてできませんでした」と話す。「私が抵抗を続ける間、彼は殴ると言って何度も私を脅しました。外に出るのも［近隣の人から］注目を浴びるのも、あまりに怖くてできませんでした」。一方でビビアンは、家族ぐるみの友人に森の中の小屋に連れ込まれ、レイプされた。

私たちは車道を塞いでいるチェーンに行き当たり、そこに長いこと車を停めていました。私はその先に入りたくなく、攻撃的にではなく静かにそう伝えました。

これまでに聞いたことのあるレイプにはまったく当てはまらないと思いました。知っている男性と車内に2人きりでいる。私に選択肢があったでしょうか？　パンプスとスカートで森の中へ入り、大通りに出てやっと通りがかったトラックを停め、そのトラックに乗っている見知らぬ男性が私を安全に送り届けてくれるでしょうか？　試したくもありませんでした。

特に知り合ったばかりの男性と出かける場合、レストランや映画館など公共の場所に行くことを強く主張すべきである。

お膳立てをしないために

顔見知りによるレイプの原因は女性にはない。レイプ犯に原因がある。しかしながら、被害者となるリスクを減らすために女性にできることはある。レイプ予防カウンセラーと専門家から収集した、女性が取り入れるべき考え方と行動の指針を紹介する。

①あなたには、性的な行為のボーダーラインを引く権利と、それを伝える権利がある。性的な行為をする前に自分のボーダーラインを認識し、パートナーに明確に伝える。男性は超能力者ではないため、あなたの意思を伝えて理解してもらうことは必須だ。何を望むかを相手に推測させると、あなたが傷つくことになるかもしれない。

いかなる性的な行為も2人で決めるものだという考えを定着させるために、パートナーとセックスについて話をする。セックスへの関心を表に出すことは女性らしくないなどということはないし、関心がないと伝えることも格好悪いことではない。単にキスのみをしたい、キスをして胸を触るまでならいいなど、性行為なしの触れ合いにも何ひとつ問題はない。

②気持ちをはっきりと伝える。遠慮がちであれという古き教えは忘れよう。女性らしくいることと受け身であることとは違う。あなたが何を望んでいるか、本当はどう感じているかを明確に言葉にする。「ノー」と言うときには本当に「ノー」を意味するように。「イエス」と言うときには、

何に対して同意するのかを必ず自分で理解するように。

性的な行為のボーダーラインを設定したうえで男性がそれを無視したら、すぐに行動に出る。何が不服かを正確に伝えよう。強く言うのではなく、友好的に話すといい。それでも男性があなたの希望を無視したら、怒る。礼儀正しくないと心配する必要はない。助けを求めたり逃げたりするために、叫んだり相手に攻撃したりする必要があるなら、そうする。「いい子」でいることはやめる。男性がどう感じるかも考えなくていい。声を上げて騒ぐ。

これは、新しく大学に入る義理の娘にマイラが伝えたアドバイスだ。アドバイスはマイラ自身の経験から学んだものだった。18歳のときに大学生の友人を訪ねたときのことだった。マイラの友人は、「ビーチでたき火とビールを楽しむいかにも大学生らしいパーティー」のためにマイラにデート相手を用意していた。その男性は愛想が良くハンサムだった。「甘い空想が広がりました。彼が私を好きになるかもしれない、なんて」とマイラは話す。一度キスをした後、男性がビーチに下りて空を見ないかと提案した。マイラは同意した。

パーティーから遠ざかるとすぐに彼は私を押し倒し、私が止めようとしたら「中に出して」妊娠させると言われました。私は従う気はなかったのでどうにかして逃げようとしました。彼を叩く棒が落ちていないか探そうとしたくらいです。

でも私の中の一番大きな感情は、恥ずかしさでした。私が大声で叫んだり彼に怪我をさせたりしたら、みんなはどう思うだろう？　私が騒いだらみんなの楽しい時間を台無しにしてしまう、と。

問題を起こしたくありませんでした。他人を優先して考えるよう育てられたことも、根付いていたと思います。（中略）当時の私が、この今の私だったらいいのにと思います。そうすれば［レイプは］絶対に起きなかったのに。

③酔わない。自分をできるだけしっかりと管理しつづけるには、身の周りで起きていることを常に把握することだ。アルコールやドラッグで酔った状態の女性が顔見知りによるレイプの被害に遭うケースは非常に多い。

お酒が好きなら、節度を保って飲む。知り合いの女性をレイプしようと企む男性は、（「誘惑」されたと説明するだろうが）ターゲットとする女性の認知力を鈍らせ、抵抗する力を弱らせるためにビール、リキュール、ドラッグを与えることが多い。だから自ら酔うことはレイプ犯の手助けをしていることになる。男性はそのような女性をターゲットに選ぶのだ。

「飲酒の経験があまりなかったので、シンガポールスリング（ジン、チェリーブランデー、ライムジュース）を飲んでどんな影響があるのかわかっていませんでした。初めて意識をなくしました」と、18歳のときにニューイヤーズイブのブラインドデートの相手にレイプされたアイリーンは話す。「意識が戻ると、シカゴ市内のどこかの寝室でその男性［デート相手］に挿入されていました。自分がどこにいたのか、［一緒にいた］友人女性はどうなったのか、いったい何時だったのかすら、今でもわかりません」。

パムは事件当時24歳で、アイリーンよりも飲酒経験があったものの、同じ運命を辿った。

私は酔っていて、家まで送ってほしいと何回も頼みました。じゃがいもの袋みたいに担がれて2階へと運ばれました。私は何回も「やめて」と言いましたが、無視されました。レイプされたということ以外、詳細はあまり覚えていません。

ドラッグは違法であり、節度を持って使用するのが難しい。ハイになるために使うものだからだ。さらには、違法な製造過程では薬物を刻んで混ぜるため、ドラッグがもたらす効果は毎回大きく変わる。一種類のドラッグを使用した経験があっても、ドラッグの種類が変われば初めて使用するのと同じと思った方がいい。

エマをレイプした男性は、寮の同じ階に住んでいた。「彼はアヘン製のハシーシを持ってきました」とエマは語る。「私は2、3回マリファナを吸った経験がありました。ハイになったことはなかったので自分にドラッグは効かないと思っており、特に心配はしませんでした」。だが心配すべきだった。男性はエマが酔ったのを利用して、力を使ってねじ伏せた。

④新しいデート相手について知る。 相手男性について安全な方法でよく知るために、最初の何回かは友人を交えてダブルデートをする。デートの詳しい計画を事前に話し合う。よく知らない相手と一緒にパーティーやバーなどから抜け出さないこと。相手男性とデートをしたことのある女性に、どんな人かを聞いてみる。

⑤自分のことは自分でする。 デートでは自分の分の料金を払う（もしくは、相手に映画のチケットを買ってもらったらピザは自分が買うなど）と、そのデートが、あなたが男性に「借り」を作った取引とは見なされない。最初のデートには自分の車で向かい、目的地で相手と落ち合うことも考える。

必要であれば、たとえ深夜でも電話をして迎えに来てもらえる友人や親戚を見つけておく。テレフォンカードを持ち歩いて、小銭を持ち合わせていなくても電話をかけられるようにする。タクシーで家に帰れるだけの現金を常に持っておく。出会ったばかりの男性の車で送ってもらわないようにする。

⑥自分で身を守る。 他の人が世話をしてくれる、または危害から守ってくれることを想定しない。必要となる前に護身術の講座を受けておく。危険な状況を察知し、はっきりとした態度をとり、暴行をかわして力強く闘う術を教えてくれるプログラムが多くのコミュニティに用意されている。

⑦自分の感覚を信じる。 ある男性との初めてのデートで、メリルは相手の行動に好きになれない部分があることに気がついた。強引な「男らしさ」があり、メリルのことを自分の所有物のように扱うのだった。しかしメリルはこれを受け流した。デートを終えてメリルの家に2人で戻った後、男性は暴力を振るうと脅してメリルをレイプした。「あのひどく辛い晩から学んだのは、自分の直感を信じることです」と、メリルは振り返る。「デートする相手を慎重に選ぶようになり、もし相手に何か怪しいところがあれば全力で逃げるべきだと学びました」。

相手に対して「悪い予感」を感じたとき、自分がおかしいのだろうなどとは思わないことだ。相手や状況に対して嫌な予感がしたら、その内なる警告を信じる。近づいてはいけない。「その小さな声を信じなければいけません」とパウラは言う。「大目に見ようとせずに、もうとにかくその状況から逃げるんです。内なる警告は、本当に危険な状況になることを教えようとしています。直感を信じることを私は学びました。ときどき用心深すぎることもあるかもしれませんが、もう一度危険に身をさらすよりもずっといいので」。

⑧学生は特別な予防措置をとる必要がある。 大学1年生の女子学生にとってのレッドゾーン（危険区域）は、入居日から最初の長期休暇までの期間だ。この間にキャンパスで出会った男性にレイプされる事件が毎年相次ぐ。なぜだろう？　新入生が絶好のターゲットであるのは、キャンパ

スの慣例や地理がわからず、不安と孤独を感じているから。それでいながら、大量に飲酒したり熱狂的にパーティーで騒いだりするという社会的認知を勝ち取るための行動を通して、保護者のいない社会の限度を試してみたがるからだ。このレッドゾーンでは、フラタニティとソロリティが新入会員を募集する「ラッシュ」の時期とも重なり、毎週末（ときには週の半ばにも）のようにパーティーが開かれる。パーティーでは新入生の女子学生を、無知な新入りから「得点」を得て喜ぶ上級生の男子学生と引き合わせることもある。

加えて、アメリカ出身の交換留学生（と女性の旅行者）が、外国で出会った男性にレイプされるケースも多い。単に慣れない土地で右も左もわからないため、もしくはアメリカ人女性は性に開放的だというイメージを持たれているために、狙われやすい標的となっているようだ。

顔見知りによるレイプに直面したら

『Ms.』誌の調査から得られたデータは、顔見知りによるレイプを効果的に撃退する方法を示してくれる。アンケートへの回答からわかったのは、レイプ被害を回避した女性は最初に受けた暴行に対する感情的な反応が小さかったことだ。最初に何かをされたときに感じた恐怖、自己非難、無力感、ショックが、その後レイプ被害にまで至った女性に比べて小さかった。また、その場から逃げたり助けを呼ぼうと叫んだりした人が多かった。

顔見知りによるレイプの暴行に効果がない抵抗方法とは何だろうか。レイプ犯と言い争っても レイプ完遂の結末に終わることが多いが、相手によっては泣いたり説得したりすることが効果を発揮することもある。ただし泣いたり説得したりは、叫んだり逃げたりなどの活動的な戦略と比べると大きく劣る（泣く、説得する、嘆願する、素っ気ない態度をとるなどの行為は、見知らぬ人によるレイプの場合は効果的ではないと、ある研究が示している）。

レイプの危険性を感じる状況はそれぞれ異なるが、レイプ事件の専門家は女性に対して、レイプを中断させる可能性のある抵抗手段として、次を提案している。

①落ち着きを保つ。とにかく冷静さを失わないことが重要であるため、恐怖心に屈しないようにする。はっきりと自己主張することに集中する。

②状況をよく見て、素早く行動する。自分がどの程度危険な状況にいるかを推し量る。もし走って逃げたら、他の人がいる場所に出られそうか？　もし叫んだら、誰かの耳に入って助けに来てもらえそうか？　あなたに危害を加えている男性はどの程度暴力的だろうか？　言葉で脅してくるだろうか、それとも物理的な暴力や凶器を使ってくるだろうか？

取るべき最善の行為が決まったら、すぐに行動する。レイプ犯はあなたが次の行動を決めるのをただ突っ立って待っていてはくれない。

③逃げる。逃げることで相手の不意をつけるかもしれない。明かりや建物、道がある方へ、誰か人がいそうな方へ走る。たくさんの人がいるレストランや映画館に駆け込んだら恥ずかしいなどという考えは不要だ。あなたは助けを今すぐ必要としているのだから。

車にいるなら、降りる。降りるのが難しいなら、クラクションを鳴らす。

④叫んで助けを呼ぶ。走って逃げても仕方がない状況もあるが、叫ぶことで、困った事態にあると近くにいる人に即座に伝えられる。「助けて、駐車場で暴行されています！」や、「助けて、警察を！」、もしくは「火事だ！」が、効果的なフレーズだ。

可能ならば、叫んだ後に走り出す。加害者があなたの大声に驚いている間に、安全な場所へ逃げられるかもしれない。

⑤必要であれば、力で攻撃する。殴り合いの決闘では勝算がないと思われるため、闘うと決めたならずるい手を使って決定打を与える。目的は、あなたが逃げられるだけの時間、相手の攻撃能力を奪うことだ。相手を怪我させることを心配する必要はない。たいていの女性にとって物理的な攻撃を行うのがより難しいのは、見知らぬ人よりも顔見知りにレイプされるときだということを覚えておく。具体的にどのように攻撃するかをしっかりと考え、相手に痛みを与えるという事

実に対し心の準備をする。あなたの反撃が原因となって男性が暴力的になる可能性もあることも認識しておく。護身術の本を読んだり講座を受けたりするといい。

⑥喋って時間を稼ぐ。逃げられない状況なら、話してみる。レイプしないように説き伏せようとはせず、単にお喋りで時間を稼ぐ。相手を魅力的だと褒め、相手自身のことをいろいろと聞く手段に出た女性もいる。男性は、力を行使する必要がもうないとわかったら油断する可能性がある。その隙をついてドアを開けるといい。

または、本当に彼のことを魅力的に感じているがまずはトイレに行きたいと言う。トイレに入ってしまえば窓から逃げ出せるかもしれない。それが無理でも、トイレのドアには鍵がついているだろう。それを利用する。そして窓から外に向かって叫ぶ。

⑦相手の性的な気分をぶち壊す。トーニャは20歳のときに見知らぬ人にレイプされ、そのときに相手からにじみ出ていた力や支配、「卑劣さ」の気配を覚えていた。そのため、23歳のときに1回目のデートの相手に一晩中けなされ、トーニャのワイングラスを常にいっぱいにされ、そして人通りのない駐車場で「ノー」を答えとして受け取ってもらえなかったとき、これから何が起きるかをトーニャは他の女性よりもよく理解していた。トーニャは、ヒステリーの発作が起きたふりを装い、近くの木々が自分を捕まえに襲ってくるという事実無根の幻覚が見えるふりまでして、彼

のレイプの企てを頓挫させた。15分間ほど演技を続けたところで、男性は車を発進させてトーニャを家まで送り届けた。「あの晩の成り行きに、彼は明らかにげんなりしていました」とトーニャは言う。「これ以上はないというくらい素早く、私を車から降ろしました」。

企てを頓挫させる手段はほかにもある。性病を持っていると相手に伝えてみる。もし生理中ならばそれを伝えると、相手のやる気を削げるかもしれない。妊娠していると伝えるのもいいかもしれない。何か身体を使った行為でげんなりさせるのもいいだろう。床に放尿する、鼻をほじる、げっぷをする、放屁する、もしくは吐いてもいい。「誘惑」されているという相手の気分を壊す何かしらを行う。ただし、うまくいかないかもしれない可能性があることも認識しておく。

屈服は同意ではない

顔見知りのレイプ犯に屈服したことは、何も恥ずかしく思うことではない。相手が脅迫したかもしれない。暴力を振るったかもしれない。効果ある返答をできなくなるほど、あなたに怖い思いをさせたのかもしれない。ただ身を任せることが一番賢い選択だった場合も多々ある。

屈服は生き残るための戦略だ。相手の行動があなたに無理矢理同意をさせたのなら、それは同意ではない。セックスへの同意とは互いが合意していることであり、ほのめかしや力や強要なしに自由に行うものである。

あなたが相手にレイプ「させた」のだと自分を非難してはいけない。レイプの危険を感じる状況は、命の危険を感じる状況でもある。被害者が負っている唯一の責任は、自分を守ることだ。傷を負ったり死に至ったりすることがレイプ被害の「証明」ではない。ただ、生き残ってほしい。

11・男性へ：変わることで得られるもの

「レイプするのも男性、そしてレイプを終わらせる大きな力を持つのも男性」

著者ティモシー・ベネキ

顔見知りによるレイプの問題には男性も関わるべきだ。なぜなら娘、姉妹、妻、母、ガールフレンドなど愛する人にその事件が降りかかるかもしれないのだから。そう主張する人は少なからずいる。しかし真実はこうだ。娘や恋人が被害者となった男性のみならず、すべての男性が顔見知りによるレイプによって深く傷ついている。数多くの女性に破滅的な影響を残し、「普通の男性」を性的、社会的、モラル的な不良へと貶める行為のせいで、社会全体も男性全般も傷を受けている。

変わるための手引き

顔見知りによるレイプ、いやどんなレイプに関しても、男性も自分たちの問題として理解する必要がある。ティモシー・ベネキは著書『Men on Rape（レイプする男）』に、「レイプするのも男性、そしてレイプを終わらせる大きな力を持つのも男性」と書いている。

男性がその力を役立てるためには、女性やセックスに関する思い込みを改め、行動を変える必要があるだろう。これから述べる11の項目は、レイプ意識喚起活動家が提案する、男性がレイプを阻止するためのアドバイスだ。

①決して女性にセックスを強制しない。仮に女性が「誘った」としても、あなたの友人と寝ていたとしても、最初は「イエス」と言ったがセックス直前に気が変わったとしても、以前あなたとセックスしたことがあったとしてもだ。これには、女性が望んでいない性的な接触すべてが含まれる。キス、勝手に触ること、女性の意思に反した交流を強制することなど、すべてだ。

性的な行為にボーダーラインを設定する権利が女性にはある。あなたにもあるように。パートナーとして、あなたは相手のボーダーラインを理解し、尊重しなければならない。パートナーとの希望が食い違ったら、より多くの行為や進んだ行為を求める方（男女に関係なく）が、もう一方に合わせる。

②女性に圧力をかけてセックスに持ち込まない。言葉で圧力をかけることを男性は女性よりも軽く捉えがちだ。相手を脅す言葉を使わなくても、女性は身の危険を感じることがある。あなたが男性だという事実だけで、威嚇になりかねないのだ。セックスしようと圧力をかけられた女性にとっては、男性の体格、力、社会的な役割、年齢はどれも自分の弱い立場を実感する一因となる。また、女性を騙してセックスに同意させようと嘘をついてもいけない。

③**酔わない。**そう、先ほど女性にしたアドバイスとまったく同じだ。顔見知りによるレイプの加害者の多く、そして集団での加害者のほぼ全員が事件当時に酒類、ドラッグ、もしくは両方を摂取しており、多くのケースで酔った状態だった。過度の飲酒やドラッグ使用の目立つ社交グループは、メンバーの顔見知りによるレイプ犯行を大目に見ることが多い。

酔っていたりドラッグでハイになっていたりすると、意思決定能力が損なわれ、攻撃性が増し、自分の衝動を管理する能力が失われる可能性がある。酔ったときやドラッグを使用したときはセックスしないことを自分のルールにする。酔いが回った状態では、乗り気な女性を誘っているつもりでも、実際は女性の意思に反するセックスを強要しているかもしれない。

酔っていることは、レイプやその他性的暴行の法的防御にはなりえない。血中アルコール濃度がどうであれ、レイプの罪には問われる。酔いの覚める話ではないか。

④**酔った女性はレイプされても「仕方がない」という考えを信じない。**当然、仕方がないわけがない。しかし、女性が酒やドラッグで泥酔していて状況を把握できていない、または意識を失っている場合には、レイプしても構わないと思っている男性がいる。酔った女性は性的な行為に対して理性的な同意ができない。そのため、実は起きたことがレイプと見なされる可能性も高まるのだ。

⑤友人に誘われても性的な行為に「参加」しない。複数人の男性と性交中の女性、特にお酒やドラッグで酔った状態の女性と、性交したり性的接触をしたりしない。それは集団レイプだ。集団レイプではないと言える可能性は、成人映画や成人雑誌の空想の世界にしか存在しないに等しい。男性グループに暴行を受けている酔ったまたはおびえた女性は、空想の世界の実現を楽しんではいない。その暴行に加わるのではなく、暴行をやめさせるか警察に通報するべきだ。

⑥「得点」することと価値ある社交的な出会いを混同しない。セックスは、楽しい夜に求める見返りではない。100人の女性と性交しても、良いセックスや愛や、「真の」男とは何かがわかるわけではない。射精することが大切ではない。互いの合意のある長く続く関係を築くことが大切だ。

もし性交の回数を重ねることが重要だと思っている友人がいるなら、同意できないと伝えよう。それでも友人があなたに「やった回数」を求め、自分の性的な「勝利」を自慢しつづけるようなら、別の友人を探そう。

⑦女性の希望を理解できていると思わない。相手が自分の希望を理解できているとも思わない。相手の希望を尋ねる。女性が答えやすい、プレッシャーを与えない空気をつくる。もし相手が、あなたとどの程度の性的な行為をしたいかわからないようであれば、いったん引く。

女性が愛情表現（ハグ、キス、密着して座る）や性的な行為（性的な愛撫）を望んでいるからといって、性交したいとは限らない。もう一度相手に尋ねる。明確ではっきりとした答えを得る権利があなたにはある。もし答えがないなら、性交してもいいとは受け取らない。

⑧「ノー」と言ったら「ノー」を意味する。女性が「ノー」と言うときは「イエス」を意味している、という友人からのアドバイスはきっぱり忘れる。それは間違っている。

女性が「ノー」と言うなら、「ノー」を意味している。そこでやめよう。相手はそれ以上を望んでいない。そこで相手を丸め込んだり、説得しようとしたりしない。そして相手の言葉を無視しない。自分の「良い評判」を守るためにあえて「ノー」と言っているように思えたとして（本当にセックスしたがっていると確信できるとしても）、それが何だというのか。あなたとセックスしたい気持ちが相手にあるとしても、今するかどうかは相手に決めさせればいい。

もし女性が口では「ノー」と言いながら、「イエス。でも私をどうにか説得してよ」と思っているならば、どの道その人との今後はないだろう。その女性はゲームをしていて、そのゲームで勝者は生まれない。「チャンスを失った」ことは忘れて、ただその場を去ろう。

⑨女性が二重のメッセージを発信していると感じたら、よく話し合う。どうしたいのかを単刀直入に相手に尋ねる。繰り返しになるが、もし相手が答えられないならセックスはしないでおこう。

⑩女性と交流する。デート相手やデートしたい相手に限らず、たくさんの女性と話をする。女性の日常や感情について話すことで、今後の人間関係構築に有益となる理解力を身につけられる。

⑪他の男性と交流する。セックスやデート、顔見知りによるレイプの問題について、男性の友人と話してみる。敵意や侮辱を含む、またはレイプを匂わせる行動や会話を女性に対して行うことは嫌いだと、友人に伝える。友人が性欲と性的暴行の間の一線を越えそうになっていると感じたら、介入する。

寮に住んでいる、フラタニティに属している、またはスポーツチームに入っているならば、そのコミュニティで実施できそうな顔見知りによるレイプの意識喚起プログラムを探す。そのようなプログラムを支持し、参加しよう。

男性が男性を変える

顔見知りによるレイプは、男性をほぼ間違いなく身構えさせる話題である。それが最もあからさまに現れるのは、デートする年代の人々（男女両方、または全員男性）の前に女性が立って、顔見知りによるレイプの教育ワークショップを実施しようとするときだ。嬉しいことに、今はアメリカ各地で男性もその年代の人々の前に立ちはじめている。受講者と同年代の男性（同じ学校の学生、フラタニティの先輩、同僚）が講師となることもあれば、心理学者、宗教団体やコミュニティのリーダー、学校の管理部門、法執行機関の専門家が務めることもある。男性がこのようなプログラムを実施することで、デートレイプと顔見知りによるレイプの知識を女性から教わることに抵抗のある男性も、情報を受け取り理解しやすくなる。

これは特に驚くにはあたらない。男性としては、女性よりも男性の方が男性の本心をよく理解していると当然感じているからだ。ニュージャージー州マディソンにあるドリュー大学の学生寮・住生活の管理役であるロン・キャンベルは、その課題について述べたある新聞記事を読んで、男性同士で学び合う場の必要性を感じたという。「［記事には］男性は自分の人生に責任を持つようになるべきだと書かれていました」とキャンベルは述べる。「社会通念やその他男性にまつわるいろいろなことをより理解しているのは、そしてより男性に働きかけやすいのは、いったい男女どちらでしょう？　初めて顔見知りによるレイプのワークショップに参加したとき、とにかく男性に対する否定ばかりで何一つ肯定的な情報がなく、私は怒りを感じました。参加していた他の男性と話しましたが、彼も同じ感想でした」。

そこでキャンベルは状況を変えるべく、そしてワークショップを男性が受容できるものにするべく、取り組みを始めた。しかし最初は「偏った見方をしていた」そうだ。

後に気付いたことを、キャンベルは公にこう語っている。「自分自身も、顔見知りのレイプ犯であったことがわかりました。誰かを殴り倒したり、『言うとおりにしないと腕をねじり上げるぞ』と言ったりしたことはありません。（中略）しかし言葉で言い負かして相手を完全にねじ伏せるという、私たち［男性］がやりがちなことをした経験ならあります。自分が上にいるのだからお前（女性）は動けない、と。どんな筋書きも自分が用意して創り上げ、同意あるセックスの必要性を感じたことはありませんでした。翌日関係がどうなるかだとか、起きたことに対して相手が嫌な思いをしたり不安になったりしないかなど、考えていませんでしたね」。

現在キャンベルはこの経験をさまざまな大学キャンパスの男子学生に伝えている。ワークショップでは男性の性的社会化について話し、それが引き起こす顔見知りによるレイプを促進する風潮に異議を唱えている。しかし、男子大学生の認識は相変わらず低いとキャンベルは認める。「［顔見知りによるレイプに対する男性の認識が］いまだに、『どうすればより良いセックスパートナーになれるだろうか』ではなく『どうすれば牢屋行きを免れられるか』であるように思います」。

男性向けプログラム成功例

1985年10月の『Ms.』誌に顔見知りによるレイプに関する記事が掲載されると、全国各地のキャンパスの男性から編集者のもとに、顔見知りによるレイプの意識喚起プログラムを始めたいと伝える電話があった。プログラムは現在広まりつつある。モンタナ州グレートフォールズにあるグレートフォールズ大学では、キャリアカウンセラーのマーク・ウィルマースが男性向けにワークショップを開催し、管理部門や教員、男性グループが参加してきた。ウィルマースは、男性限定の環境で男性から男性に伝えるという教育方法を支持している。「最近、バスケットボール選手を相手にワークショップを開催したら、皆本音を話してくれました」とウィルマースは話す。「その後に男女両方を対象として開いたワークショップは、散々な結果でした。男性参加者が一人もいなかったんです」。ロサンゼルスにある南カリフォルニア大学のカウンセラー、マーク・スティーブンスは、男性限定のプログラム「I Know She Said, 'No,' But Thought She Said, 'Maybe.'」(「ノー」と言われたとわかっているけど「いいかも」だと思ってた)」を開設した。スティーブンスは全国でワークショップ開催を続けている。

ニューヨーク州イサカにあるコーネル大学では、大人のカウンセラーではなく男子学生がメッセージを伝える役目を果たしている。顔見知りによるレイプのプログラムで学生講師を務め、ほかの男子学生に手本にすべき男性の役割を見せている。「How to Be a Better Lover(もっといい恋人になるために)」と題されたプログラムは、コーネル大学の保健教育部門が後援している。

男性による男性向けのアプローチはほかの形でも行われている。たとえばアリゾナ大学では、Interfraternity Council(全フラタニティ協議会)が、フラタニティメンバーと未公認メンバー(新入生)に対し性的暴行について教育する。代表的なフラタニティであるPi Kappa Phiの連絡担当者はこう話す。「アニマルハウス(訳注:同タイトルのアメリカのコメディ映画より、素行の悪いフラタニティハウスを指す言葉）のメンバーになりたいと思う学生はもう多くはありません」。これはさすがに楽観的すぎるかもしれないが、実際にいくつかのフラタニティではメンバーが指導役となり、顔見知りによるレイプへの理解を促進する活動をフラタニティ内で実施している。たとえばゲインズビルにあるフロリダ大学では、SAGA（Sexual Awareness Greek Association、性的意識喚起グリーク協会）と名付けられた団体が、フラタニティハウスとソロリティハウス向けに男女の役割とレイプに関する教育プログラムを実施している（ほとんどのフラタニティとソロリティの名称にギリシャ文字が含まれているため、グリークという通称を用いている）。このプログラムもフラタニティとソロリティのメンバーが主催している。

「参加者の前に立っていつも最初に、『グリークのメンバーから、グリークのメンバーに告ぐ』と伝えます」と、大学3年生のBeta Theta Piフラタニティのメンバーで、有志としてSAGAに貢献しているポール・カーランドは話す。「それからこう言います。『皆さんがこれから通る道を、僕らはすべてわかっています。親睦パーティーで何が起きるかをここに座ったままでも話せるのは、僕もあの騒がしいイベントの経験者だからです。どこで過ちが起きうるかも予測できます』」。カーランドは、SAGAプログラムがフラタニティ・ロウ（訳注：フラタニティハウスの集まるエリア）に与えている良い影響を実感している。「難しいテーマですし、【フラタニティの】なかにはプログラムに理解がなかったり必要ないもしくは時間の無駄だと思っていたりする人もまだたくさんいます。（中略）でも僕のフラタニティ内では、明らかに考え方が変わってきています」。

顔見知りによるレイプの問題に関して国内で最も意欲的な関与と反応が見られるのは、フラタニティなど伝統的な男性組織には属さない男性による活動だ。ウィスコンシン州マディソンのMen Stopping Rape（レイプを阻止する男性たち）は、レイプに関する教育プログラムをコミュニティに提供する、学生と学生以外の両方から成る組織だ。ウィスコンシン大学のキャンパスで数年間活動してきたが、いまは高校や中学校にもプログラムを提供している。「より若い年齢層の男性にはたらきかける必要性があると思っています」と、メンバーのジョージ・マルクスは語る。

フィラデルフィア近郊のハバフォード大学では、Dialogue About Men（男についての対話）という男性組織に属する学生が、女子学生とともに、Awareness（気づき）という顔見知りによるレイプに関するプログラムを開催する組織を創設した。Awarenessのメンバーは、多くの男性が居心地悪さを感じるテーマのプログラムを自由参加で実施するのには限界があると感じている。ハバフォード大学卒業生のエリック・ジョンキーは、すでに改心した相手に説教を続け、本当に教育が必要な層を逃しているように感じるときがあると述べる。「もともとフェミニストに理解のある男性には、効果を発揮しています」とジョンキーは言う。「ラグビー部員にこそ「プログラムに」来てほしいといつもジョークを言っていて、一人は来てくれたんです。恐れる気持ちがあるのか、その層にディスカッションに参加してもらうのは難しいです」。

時折、ワークショップに参加した男性が自分自身の行動を省みて気付きを得た後、顔見知りによるレイプ阻止団体の活動に加わるようになる。南カリフォルニア大学3年生のある男子学生もまさにその一例だ。「このようなことが発生すること、それが想像を遥かに超える頻度で起きていることを、他の人にも認識してほしいです」と、彼は『ニューズウィーク』誌に語った。「とにかく阻止すべき問題です」。

12・誰の責任なのか？　親、学校、議員にできること

「学生に品行について教える義務を持つ」

ロードアイランド大学、ランドルフ・チュー神父

顔見知りによるレイプを引き起こす主要因は、無知だ。男性が顔見知りの女性をレイプする行為を社会的に受容する力に対する、根深い無知だ。これへの対策として、デートをする年齢に達する前に少年少女に教育を施し、レイプに遭う危険性が最も高い14～24歳に同じ教育を強化して再度施すことが挙げられる。

しかしこの教育を施す責任は誰にあるのだろう？　最有力候補である家庭と学校は、この問題を幾度も避けて通ってきた。

デートレイプ、顔見知りによるレイプ、集団でのパーティーレイプが起きたと聞かされた保護者は、決まって次のように言う。

・「うちには息子しかいなくてよかった！」
・「うちの子の友人は絶対にそんなことはしない」
・「うちの娘は頭がいいからレイプされるわけがない」

娘を持つ親のみならず、レイプを犯す側である息子を持つ親の中にも、顔見知りによるレイプ

を重要な問題と認識している人は少ない（さらに言えば、顔見知りによるレイプに関与した男子学生の親は、民事訴訟を通して部分的に責任を問われる可能性がある）。ありがちな保護者の反応に対して言いたいのは、どのような経済的、文化的な背景を持つかに関係なく、顔見知りによるレイプの加害者にも被害者にもなりうること。そしてどれほど頭が良くても、顔見知りにレイプされる危険性を持たない女性などは存在しない。

教育者にも同様の無知が見られ、決まって次のように言う。

・「当校には関係のない問題だ」
・「PR活動にマイナスとなるからそれについては議論しない」
・「保護者が取り組むべきテーマだ」

顔見知りによるレイプが全国の中学、高校、大学で発生している事実を、教育者はあえて見て見ぬふりをしている。さらに、一部の学校管理部門は、知識不足の保護者に問題への対応をあえて委ねる方が、教育機関に潜んでいるかもしれない悪環境に注目を集めるリスクを冒すよりも楽だと考えている（保護者同様、学校や大学も、顔見知りによるレイプ事件で訴訟を起こされる対象となりうる［第9章参照］）。

親にできること

親は、性的な権利と責任について、子どもがまだ幼いうちから話をする必要がある。その際には年齢に適した教材で内容を補強するべきだ。さらには、レイプを助長する風潮に対抗する姿を親が見せることが、子どもが顔見知りによるレイプへの関与を回避することに繋がるだろうと、ニューヨーク州イサカにあるコーネル大学の研究者、アンドレア・パロットは述べる。パロットは、母親がはっきりと意見を言い父親がその姿勢を支持するという様子を見せることで、子どもの自尊心が高まり、性に関するオープンな意見交換ができるようになると、推奨している。親が伝統的な慣習にとらわれずに家事・育児を共同で行うことで、男女問わず一人ひとりが等しく大切で価値があることを子どもに教えられる。

子どもが思春期にさしかかる頃、親は中学校や高校に性教育授業の設置を要求するべきだ。デートの問題に触れ、より健全なジェンダーロールを推奨し、性暴力に関する情報を提供し、デートレイプと顔見知りによるレイプについて教育する内容の授業である。ティーンエイジャーの子を持つ親は、顔見知りによるレイプについて具体的な言葉で子どもに話をする必要があると、レイプ専門の教育者も認めている。本書に掲載した情報と実体験、第10章と第11章で述べたレイプ予防策を子どもと共有するのもひとつの良い手段となるだろう。シングルマザーは、この問題について息子と話をする際には大人の男性の助けを（そしてシングルファザーは大人の女性の助けを）

必要とするかもしれない。子どもと話をする前に、両親で予行をしてもいいだろう。顔見知りによるレイプの被害経験のある親は、子どもと話をする前にカウンセラーと話をするといい。

大学生になる年齢の子を持つ親は必ず、子どもが直面するであろう数多くの社会的選択や圧力について話をしておく必要がある。飲酒、ドラッグ、性的暴行、レイプはいずれも若者が遭遇する可能性のある問題だ。問題への対策や、実際に事件が発生した場合の対応をキャンパス側がどの程度用意しているかを、親子で必ず確認する。

進学する大学を検討中の親子は、各大学が行っているレイプに関する教育やキャンパス内での安全対策について調べてみるのもいいだろう。1986年にリーハイ大学に通う娘ジーン・アンが同じ大学の学生に寮の部屋でレイプされ殺害された際、ブリンマー在住のホワードとコンスタンス・クレリー夫妻は大学のキャンパスで犯される犯罪に対する保護者の意識を高める運動を始めた。夫妻は、子どもが進学を考えている大学の管理部門に親が送ることのできる、子どもの安全に関する質問票を作成した。

結局、顔見知りによるレイプから若者を守るには性に関する新たな認識を親が推進するほかに策はないと、シアトルの顔見知りによるレイプ専門家、パイ・ベイトマンは語る。新たな認識とは、男女双方が平等かつ自由に、互いを尊重しあいながら関わり合うという考え方の上に成り立つものだ。「欲求や切望を互いに交わすことができたら、大きな喜びを得られると思いませんか?」そうベイトマンは言う。「この向き合い方を、性交の段階に限らず手を握る段階でも推進できたら、

［顔見知りによるレイプの］前提条件を崩すことができそうに思えませんか？　そうすれば、性的な接触や性的な行動を強制されることが、あまりにも理解しがたいものへと変わるのではないでしょうか」。

大学の管理部門が顔見知りによるレイプの教育に反対する理由

コミュニティの学校当局が、中学校への顔見知りによるレイプの意識喚起プログラム導入に神経質になるというなら、まだ理解できる。しかしなぜ大学への導入を大学管理部門がこれほどまでに拒絶するのか、極めて不可解だ。

そもそもたいていの大学の管理部門は、キャンパスライフのそこら中でレイプが発生している事実を認識している。その証明として、ＦＢＩ統一犯罪統計報告書には、全国の大学１１８校で発生し警察に通報があった犯罪について記された部分がある。１９８６年のものだと、当該１１８校で年間合計２４６件のレイプが発生したとされている。控えめに見積もって全体の75％が顔見知りによるレイプだとすると、１年間で１８５件もの顔見知りによるレイプが前述のキャンパスで報告されていることになる。

ところが、『Ms.』誌の大学を対象とした調査では、顔見知りによるレイプのうち届け出が出されるのはわずか5％だと明らかになった。これは１８５件のレイプは本当に発生した件数のわずか5％ということを意味する。要するに、1986年に大学118校で3700件の顔見知りによるレイプが実際に発生したのだ。1校あたり平均31件の計算となる。

大学管理部門はキャンパス内レイプを阻止する任務を負うことを受け入れねばならない、と考える人は多い。「すべての大学が、性の責任について学生に教える義務を有していると思います。学生に品行について教える義務を持つのですから」と、ロードアイランド大学カトリックセンター長のランドルフ・チュー神父は話す。カリフォルニア大学バークレー校の心理学教授、スーザン・アービントリップもこれに同意し、「大学は、人間関係、共生、競争、公正な振る舞いについて若い男女を教育する、最後の砦です」と述べている。

数多くの大学役員がキャンパス内の問題を評価されることにすらどれほど反対しているかが、『Ms.』誌の全国アンケートがあぶりだした問題のひとつだ。全国各地から選ばれた60校を超える大学が、教育機関と学生の匿名性が保たれると保証されたにもかかわらず、学校でのアンケート調査実施の依頼を拒否した。親や納税者、「信仰を持つ」学生から反対を受けることへの懸念から、男子学生が非常に聡明であるため知名度の低い大学の能力の低い学生と比べると顔見知りによるレイプを犯す可能性は低いに決まっているという主張まで、アンケート調査拒否の理由は多岐にわたった。しかし大学管理部門のさまざまな懸念の裏には、単純に問題が世に知れ渡ることへの大きな恐怖心があった。

注目を浴びることを恐れる大学はたいてい、キャンパス内での顔見知りによるレイプのワークショップ開催を許可しないか、教育プログラムに割り振る資金と人材を制限し、開催頻度を減らして小規模で威力の弱い談話会にしようとしている。「性的暴行について議論するということは、入学を検討している若者に対し、安全性の低いキャンパスなので学校側がどうにか対策しようとしていると伝えているようなもの」と、アナーバーにあるミシガン大学の学生サービス部門副代表のヘンリー・ジョンソンが記者のヘレン・ジアに語り、1985年1月の『Metropolitan Detroit』誌に掲載された。「レイプという言葉は危険信号です。多くの人々の頭の中に危険で注意を要するものをイメージさせ、劣悪な環境だという印象を与えます」。

学校にできること

「当キャンパスが抱える問題は、暗闇で起きるレイプではありません。寮やフラタニティパーティーでレイプが起きています」と、ダーラムにあるニューハンプシャー大学の女性の地位委員会の統括、ジャン・ハローは言う。「この小さな片田舎の大学で、私たちは自己満足に浸ってきました」。1987年に集団レイプが発生し、男子学生2人が性的暴行の罪状を認めて60日間服役する結果となったことで、大学は自己満足の状態から揺り起こされた。

怒った学生と教職員からの抗議を受けて、ニューハンプシャー大学はレイプに対する対策を始めた。ハローによると、管理部門による性的暴行とレイプの諮問委員会が設立され、レイプ防止に携わる職員とフラタニティ／ソロリティの組織業務統括役が雇われ、犯罪となりうる事件に対する大学司法委員会の対応を監視する特別委員会が設置された。また、大学総長が公に女性に対する暴力を糾弾し、男性組織は男子学生を対象としたレイプへの意識喚起プログラムを開催するようになった。「最悪の転機を経て、私たちは回復に向かっています」。そうハローは語る。

各大学の管理部門は、自校のキャンパスにも「最悪の転機」が訪れるのを待つのではなく顔見知りによるレイプに対する包括的な対策を施した方がいいと、ニューハンプシャー大学の経験から学べるだろう。レイプ意識喚起の教育者が提案する、学校がとるべき対策のチェックリストを紹介する。

①中学校、高校にもプログラムを導入する。 レイプ相談センター、プランド・ペアレントフッドの各支部、思春期専門のカウンセラーに、導入可能なプログラムを問い合わせる。たとえば、カリフォルニア州サンタバーバラ郡の中学校と高校には、性的暴行からの防衛／回避法を教えるワークショップがサンタバーバラのレイプ相談センターから提供されている。特にデートレイプと顔見知りによるレイプに主眼を置いた内容で、男女スタッフがチームで指導にあたる。カリフォルニアの刑事裁判所からの出資を得ており、わずか3年間のうちに4000人以上のティーンエイジャーが参加した。最近は同様のプログラムがクリーブランドのレイプ相談センターでも実施されている。性発達、コミュニケーション、意思表示の演習も含んだ内容とされている。

②大学のプログラムを改善する。顔見知りによるレイプの意識喚起プログラムを時折実施して、それで任務完了とは到底言えない。毎年9月には、セックスとレイプの思い込みを背負った新入生、つまり被害者と加害者という役割を担う新たな候補生の集団がどっと押し寄せる。また、1年生のときにレイプに関する教育を受けた学生に、毎年追加の教育を受けさせる必要もあるだろう。

新入生のオリエンテーションワークショップの一環として教育プログラムを実施し、加えて全学生に、在学中、特に最も危険度が高まる入学初日から感謝祭の休暇までの期間に、追加講義を受けさせるべきだ。

③キャンパス常駐のレイプ相談・教育組織を開設し、惜しみなく資金を投入する。その組織がワークショップを開催する際には、職員に加えて男女の学生もスタッフに起用するよう奨励する。フラタニティ、ソロリティ、スポーツチームのメンバーを、ワークショップの講師として組織が訓練する。プログラムを効果的に継続させるには「力のある女性センターと、教職員が必要」だと心理学者のマーク・スティーブンスは話す。スティーブンスは、オハイオ州立大学での顔見知りによるレイプの男性向けプログラム開設を支援し、現在は南カリフォルニア大学などをはじめとした各地でワークショップを開催している。

顔見知りによるレイプに関連性のあるプログラムにもあわせて投資する。たとえば、ロードアイランド大学相談センター所属のロレイン・ハッケルは、キャンパス内での未成年の飲酒やアルコール濫用を減らす目的のワークショップも、顔見知りによるレイプの防止に役立つ可能性が高いと提案している。

④レイプ、レイプ事件への対応、加害者に対する大学側の処置に関する情報を発信する。フィラデルフィアのペンシルベニア大学が発行した全44ページにわたる「Safer Living Guide（安全な生活の手引き）」は、顔見知りによるレイプについて触れ、キャンパス内外で身を守るためのヒントを提示し、被害者が援助を得る方法を説明している。ヴァンダービルト大学は、ナッシュビルキャンパスで学生に全20ページの小冊子「Rape and Sexual Abuse: Prevention, Intervention, Resolution（レイプと性的暴行：防止、介入、解決方法）」を配布している。また、テキサス州ウェイコにあるベイラー大学では、顔見知りによるレイプの原因、注意すべき状況、回避テクニック、仮に性的暴行に遭遇した際にできることを詳細に記したビラを配っている。

⑤顔見知りによるレイプに関するプログラムの受講を、社交クラブとスポーツチームに義務づける。フラタニティ、ソロリティ、その他キャンパス内で運営される組織は、レイプ意識喚起トレーニングを受講した後にのみ、キャンパス内でのパーティー開催許可を得られるようにするべきだ。

⑥フラタニティとソロリティに対する大学側の支配力を強める。参加者が性被害を受ける危険性

が非常に高い、フラタニティの「リトル・シスター」制度を廃止する。フラタニティハウスとソロリティハウスに常駐の「ハウス・ペアレント（寮長、寮母）」の職を再び設置することを検討する。大学管理部門から、フラタニティとソロリティの監視役を指名する。

⑦寮の安全性を見直す。デートレイプと顔見知りによるレイプの多くが、男女共同寮で発生してきた。キャンパスは少なくとも男女別の寮に住む選択肢を学生に与えるべきだ。男女共同寮では各階とホールを男女別に分け、男女の部屋が隣り合わないようにすることが望ましい（ニューハンプシャー大学の集団レイプに関与した男性グループと被害者女性は皆、寮の同じ階に住んでいた）。すべての寮に住み込みの監視役を配置し、学生寮の職員には学期ごとに顔見知りによるレイプのセミナーを受講させ、入居者には同様のトレーニングを入学後早いうちに受講させるべきだ。迅速な対策で、性的加害者に対抗する。

⑧顔見知りによるレイプ、性的暴行、セクシュアルハラスメントに対する学校側の強い態度を示す。管理部門は、顔見知りによるレイプに対する見解を広く力強く周知する必要がある。「こうした問題に関して、大学は、単に訴訟を避けるための最低限の対策を講じるだけではいけない」と、カリフォルニア大学バークレー校のアービントリップは述べる。「問題に効果的に対処するためにも、大学管理部門はキャンパス内の倫理環境に注意を払っていること、学生の行動を管理する規

則が存在すること、その規則が厳重に施行されていることを明確に示さなければなりません」。

⑨**大学司法委員会と警察の連携手順を精査し、再検討する。**大学司法委員会が顔見知りによるレイプの事件にどの程度的確に対応できるかを調査し、必要であれば次の事件が報告される前に改善を行う。キャンパス安全対策の担当者に顔見知りによるレイプ意識喚起トレーニングを受講させる。キャンパスで犯罪が発生した際に、現地警察にどのような関与を望むかを明確にしておく。

⑩**学期ごとにキャンパス内で自己防衛と自己主張のトレーニングを受講できるようにする。**大学のレイプ相談・教育組織と協業して、見知らぬ人によるレイプと顔見知りによるレイプの両方から身を守る方法を教える講義を見つける。

大学内プログラム成功例

ニュージャージー州のローワン大学では、デート中のやりとりを題材にした劇を、新入生を観客に迎えて学生が演じる。モンタナ州立大学グレートフォールズカレッジでは、バスケットボールチームの男子学生がレイプとセックスに関する思い込みについて議論する。顔見知りによるレイプを減らす目的を持つこのようなプログラムが、全国で始められている。まだ十分とは言えないが、取り組みを開始する学校や機関は年々増加している。

多くの学校は、ペンシルベニア大学での活動で用いられている次のような基本原則に則って取り組みを行っている。機密性（ワークショップで聞いたことはワークショップ内にとどめる）と攻撃されない環境（どの意見も尊重し、口を挟まない）だ。この大学では、グループリーダーの1人（学生生活事務局、相談センター、女性センターなどの職員）が文章を1つ読み上げるたびに、参加者が自分の感想に従って「賛成」「反対」「わからない」と線で区切られたエリアに移動する。文章とは、「セックスをするチャンスを逃す男性は、馬鹿か弱虫だ」というものから、「女性が自らアルコールやドラッグでハイになったり、『遊び人』と2人で出かけたりした場合、自分が蒔いた種であるため何をされても仕方がない」というものまで、多岐にわたる。その後、なぜそのエリアに移動したかを学生同士で話し合う。小グループに分かれて議論をした後、学生スタッフが作成した顔見知りによるレイプに関する映画を観る。

アメリカで最も包括的なプログラムは、ゲインズビルにあるフロリダ大学にて開発された。そこでは、Campus Organized Against Rape（COAR、レイプと闘うキャンパス）という組織が授業中や放課後にプログラムを実施している。COARの主な成功要因は、男女両方の学生がリーダーを務める点だ。リーダーには「本格的な訓練が必要」と、フロリダ大学のCOAR監視役を務めるSexual Assault Recovery Service（性的暴行回復サービス）のプログラム代表者、クレア・ウォルシュは説明する。有志の学生が20時間のトレーニングを経ると、ワークショップのリーダーを務められるようになる。さらに「ワークショップ参加者の中には被害者も何人かいる」ため、必ずプロのカウンセラーも同席するそうだ。新入生を対象としたワークショップでは、学生スタッフが作成した「Casting Shadows（暗い影を落として）」という、普通の大学生活で発生しかねない顔見知りによるレイプの状況を描いた映画を上映する。その後に映画が提起した問題について話し合う時間を持つ。ほかにもレイプの思い込みクイズや、性の固定観念を生む一因となっているメディアの画像のスライドショー、デート中のボディランゲージや意思表示についての議論などを導入したプログラムもある。

コーネル大学では、顔見知りによるレイプの専門家のアンドレア・パロットと男性同僚が、夕食後に食堂近くの大部屋で立ち見が出るほど話題の活動を、男女学生向けに実施している。「マーケティングをうまくやっているんです」とパロットは話す。「顔見知りによるレイプのプログラムとは呼んでいません。『7時のセックス――想定の範囲を越えずに欲しいものを手に入れるには』というプログラムです」。

このプログラムの特徴は、学生が「メアリー」役と「デイブ」役を演じ、このカップルが高級レストランで食事をした後にデイブのフラタニティハウスに戻り、そこでデイブがメアリーをレイプするという物語を見せる。その後役者はステージから去り、起きたことについて観客が議論する。役者は再びステージに戻り、役のまま観客からの質問を受けたり、レイプを防ぐために何ができたかを提案させたりする（「観客が保守的なときはメアリーに、自由主義寄りのときはデイブに多く提案が寄せられます」とパロットは言う）。その後、役者は観客からの提案を取り入れたうえで、もう一度同じシナリオを演じる。「メアリー」と「デイブ」は最終的には仲良く、互いに好意を持った状態となって劇が終わる。「観客が実際にとれる行動を表現しています」とパロットは言う。

ペンシルベニア州のスワースモア大学の学生は、顔見知りによるレイプの危険性をはらむ2種類の状況を映画にして、トレーニングを受けた3年生と4年生が進行役を務める活動内で上映している。1年生全員にこのワークショップへの参加を義務づけ、年度の最初の3週間に開講する。ミシガン大学では、男女混合の学生チームが寮や授業内のワークショップを主催し、ここでもスワースモア大学が制作した映画を上映している。ワークショップの進行役を担う学生は、事前に40時間のトレーニングを受けている。

ワシントン州プルマンにあるワシントン州立大学の大学警察は、「When Sex Becomes a Crime（セックスが犯罪に変わるとき）」と題されたプログラムを7年間続け、効果を生んでいる。プログラムは賞賛を受けており、アメリカンフットボールチームのコーチが選手に参加を義務づけているほどだ。

コネチカット州ミドルタウンにあるウェズリアン大学には、1年生が参加必須とされているデートレイプ意識喚起プログラムがあり、内容はロールプレイが中心とされている。このワークショップは大学のSexual Assault Education Project（性的暴行教育プロジェクト）が運営するもので、フラタニティやその他団体に向けても実施されている。キャンパス内の別の組織であるWes*Safeは、訓練を受けた学生カウンセラーを教育プロジェクトに派遣し、また学生スタッフによるカウンセリングの場も設けている。

コロンバスにあるオハイオ州立大学のRape Education and Prevention Program（ＲＥＰＰ、レイプ教育・防止プログラム）では、レイプの危険性のあるデートやパーティーで活用できる反撃方法などの自己防衛術を5週間のプログラムとして教えている。ＲＥＰＰは、年間１６０ものレイプ防止ワークショップを主に寮のホールで開催している。ＲＥＰＰの男性メンバーから成る特別委員会は、男性の社会化、期待されること、レイプにつながる行動を考察する男性向けプログラムを開発した。また、ＲＥＰＰは黒人女性のレイプ被害経験に的を絞ったプログラムの開発も進めている。

事件が発生してやっとギアを入れる学校もある。ニューハンプシャー州ハノーバーにあるダートマス大学では、１９８６年に2年生の男子学生が、キャンパスの寮の女友達を訪問していた学外の女性をレイプして起訴された。これを受けて９００人以上の学生が、大学のWomen's Issues League（女性の問題連盟）やthe Sexual Assault Coordinating Committee（性的暴行統括委員会）主催のレイプ意識喚起討論会に集まった。翌年には、顔見知りによるレイプ関連のワークショップが30件以上実施された。関心の高さは続いている。「ついに女性よりも男性が多く参加するワークショップも出てきました。とても珍しいことです」と、ダートマス大学の性暴力意識喚起プログラムの取りまとめ役を務めるダイアン・ファーレイは話す。「ワークショップ終了後に被害者が話をしに来ることはよくありましたが、最近はレイプ犯の情報提供をしに来る人の方が多くなりました」。

ミネアポリスにあるミネソタ大学でも、申し立てのあった顔見知りによるレイプ事件が、意識喚起教育が広まるきっかけとなった。ミネソタ大学のバスケットボール選手が関与して非常に有名になった事件（第7章参照）以降、大学は、新入生オリエンテーション中に1時間の必須講義を導入するSexual Violence Program（性暴力プログラム）を設置した。設置後1年目には、6200人を超える学生がワークショップに参加した。

議員にできること

立法を担う議員が顔見知りによるレイプに関心を持つことも、意識喚起を後押しする。カリフォルニア州下院議員トム・ヘイデンの手本に倣うといいかもしれない。ヘイデンは最近、生徒と教職員によるレイプとその他の性的暴行を禁じる明文化された学則制定を大学に求める州法を提案した。ヘイデンの法案は、レイプ犯への罰則の設定、学生のレイプ意識喚起ワークショップ参加の義務化、キャンパス内相談センターの維持、レイプに関するあらゆる情報の公開を要求するものだ。

ヘイデンの補佐役ジュディ・コルベットによると、ヘイデンのレイプ問題への関心の高さに火を点けたのは、1986年カリフォルニア大学バークレー校の顔見知りを対象とした集団レイプであり、さらに拍車をかけたのは『Ms.』誌のアンケート結果だったそうだ。「倫理面でも法の面でも、大学が何かしら行動する必要があるのは明らかでした」と、コルベットは言う。「大学管理部門は何もしてきていません」。ヘイデンの法案は、カリフォルニア大学のキャンパスを地域内に持つ他の議員数人と、共同で提出された。

法案には、「法の適正手続きの基本原則と、被害者の権利への気遣いと尊重を基盤とした」懲戒手続きを大学に構築する提案も含まれていた。被害者の権利は男性と同等のもの、たとえば、審理を傍聴可能とするかを決定する権利、サポート役を伴って出廷する権利、審問すべてに立ち会う権利、過去の性経験について秘密にする権利、被害者と被告が同じ寮に住む場合の審理を急ぎ、互いの住居を迅速に変更する権利が求められた。

さらにこの法案は、仮に被害者が公式な申し立てを大学や警察にしなかったとしても、加害者の懲戒措置を遂行する義務を大学管理部門長に課した。また、レイプを実行した者やその場に一緒に居ながら止めなかった者の奨学金と州基金を剥奪することを約束した。

同様に、ニューヨーク州も立法措置を検討している。上院議員ケネス・P・ラヴァルは、学生へのレイプに関する教育実施、性的暴行についての政策の実行、加害者への懲罰を求める法律を通そうと奮闘している。ペンシルベニア州でも、議員からの関心は高い。下院議員リチャード・

A・マクラッチー・ジュニア（キャンパス犯罪防止運動を始めたホワードとコニー・クレリー夫妻に触発された）は、加害者となる危険性のある学生に、過去3年間のキャンパス内の犯罪統計を掲載した冊子を配布することを州内の大学に求める法律を提案した。

教育機関が責任を持つことによる効果

顔見知りによるレイプは許しがたい行いであり、今こそ保護者、教育者、議員が声を揃えてそのメッセージを伝えるべきだ。

社会に存在する最も強い力をいくつも合わせることで、性と暴力が同類ではないこと、性的暴行は容認できないこと、顔見知りによるレイプの被害者はコミュニティから助けを得られること、加害者が罰せられることを、確実なものにできるだろう。

ちょっとした団結と努力で、顔見知りによるレイプを終わらせる日が来るだろう。

13・顔見知りによるレイプの被害者を支える

「レイプ被害者を救う方法を知っておくことは、窒息しかけている人や溺れている人の助け方を知っておくことと同じくらい重要。基本的な応急手当てです」

レイプカウンセラー、シンディ・カマー

被害者は、あなたのルームメイトや友人、娘、同僚、恋人、もしくは生徒かもしれない。どのような関係であれ、レイプ被害者があなたに助けを求めてきたら、あなたは幸運だと思ってほしい。

レイプされた被害者を元気づけられるものは、良き友人のほかにはあまりないだろう。本書のためにインタビューした女性たちの話でも、友人の存在は際立っていた。友人は、被害者を抱きしめて泣ける場所を与えたり、安心して眠れる場所を提供したり、病院の緊急治療室に連れていって証拠採取の検査の間付き添ったりなど、幅広い行動で被害直後に慰めと安心を与えた。精神的な後遺症に苦しむ被害者にカウンセリングを探すよう勧めた友人もいた。

顔見知りによるレイプの被害者に友人が与えられる最高の援助は、もしかすると、出来事を正しく認識させる力かもしれない。そのおかげで被害者は回復へのはじめの一歩を踏み出せるのかもしれない。

レイプ被害に遭った直後、家族の支えを得られなかったベラは、昔からの友人に電話をかけた。

友人は幼なじみの黒人グループのメンバーでした。スティーブンと私と同じグループの。私は泣き崩れて彼女に何があったかを話しはじめました。スティーブンが私を彼のアパートに連れていって、と私が言うとすぐに友人は「それからレイプしたのね。私が知るかぎりで、スティーブンにレイプされたのはあなたが多分6人目よ。あいつはあそこをちょん切られるべきだわ」と言いました。

その言葉は私の助けにもなりましたし、怒りも湧きました。少なくとも私の記憶がおかしいわけではないことがわかりましたし、あれがレイプとは考えてもいませんでした。友人は、はっきりとわかる思いやりを寄せてくれた最初の人です。

『Ms.』誌の調査が明らかにしたのは、顔見知りの男性にレイプされた女性の半数近くが、事件について友人、親戚、カウンセラーなど誰にも話していなかったことだ。レイプを警察や大学当局に報告したのはわずか5%だった。代わりに女性たちはレイプの後遺症に静かに耐え、生活と心を自力で立て直そうとしていた。その試みは、第5章でも紹介したとおり簡単とは言えず、なかなかうまくもいかない。

だからこそ顔見知りによるレイプを理解し、被害に遭った女性に対応することが非常に大切となる。暴行を受けて間もない時期の周りの人々の対応と支えが、被害者が生き残り、回復するには不可欠だろう。「レイプ被害者を救う方法を知っておくことは、窒息しかけている人や溺れている人の助け方を知っておくことと同じくらい重要」と、ニュージャージー州のローワン大学のレイプカウンセラー、シンディ・カマーは言う。「基本的な応急手当てです」。4人に1人の女性が被害を受ける可能性がある社会で、多くの人は対処する準備をまだ整えていない。

周りにできること

知り合いが顔見知りによるレイプ被害に遭ったとき、立ち直る手助けとしてできることを、カウンセリング専門家からの助言をもとに14項目にまとめた。

①被害者を信じる。 顔見知りによるレイプのサバイバーが最も恐れるのは、信じてもらえないことや、出来事を「たいしたことない」と軽く扱われることだ。本書を読めば、女性は見知らぬ男性よりも顔見知りの男性に4倍も多くレイプされていることがわかるはずだ。たとえ暴行した男性が人気のある好青年だったとしても、女性が混乱していて考えをうまくまとめられなかったとしても、聞いた話を受け入れること。被害者はショックを受けている。穏やかで落ち着いているように見えたり、先ほどレイプされた人とは思えない行動を取ったりするかもしれない。両極端（もしくは普段どおり）の反応が現れる可能性がある。

レイプ未遂もレイプ事件と同様に傷を残す出来事となることが多い。女性が何とかレイプを食い止めて挿入には至らなかったとしても、この経験の後遺症は甚大かもしれない。レイプ未遂の被害者にも、レイプ事件の被害者と同等のケアをすること。

②耳を傾ける。被害者と2人きりになれる場所に移動して、ただ話を聞く。はじめは流暢に言葉が出てこないかもしれないので、辛抱強く。あなたの話を聞くことを今何よりも優先したいのだと被害者に伝える。被害者のペースで話ができるよう配慮する。

③安心感を与える。被害者がもし動揺していたら、否定するのではなくなだめる形で落ち着かせる。泣く間抱きしめてほしいと思っているかもしれないし、触られたくないと思っているかもしれない。お茶、ココア、スープ、ブランケット、ぬいぐるみなどを差し出す。あるデートレイプの被害者は、友人がフランネルのナイトガウンを貸してくれたことを覚えている。いずれも被害者が味わったばかりの出来事とは正反対の、温かさと安心感を与えるものばかりだ。

④レイプは被害者のせいではないと強調する。「なぜ叫ばなかったの?」や「なぜ彼の部屋へ行ったの?」などといった被害者の行動を責めるように感じられる質問を避ける。被害者が望むのであれば、今の感情と自己非難の気持ちを語らせて構わないが、レイプの原因は加害者にあり被害者にはないという考えを持たせるようにする。

⑤保護する。眠ることのできる安全な場所を提供し、被害者が自分の住居に戻った後も連絡を取る。被害者が1人暮らしなら、少なくとも一晩は泊まっていくよう強く勧める。

⑥レイプ相談センターに電話することを提案する。これは、警察に届け出を出さなければいけないという意味ではない。レイプ相談センターの訓練を受けたスタッフが、そこからの重要な数時間の行動について被害者（と友人）に助言してくれる。レイプ相談ホットラインに寄せられた電話はすべて匿名性が保たれる。自分のコミュニティの相談センターについては、電話帳のホワイトページの「レイプ」の欄を確認する。被害者が出来事を「レイプ」と認識していなかったとしても、これは取るべき重要なステップだ。

⑦証拠の保管を勧める。顔見知りによるレイプを届け出るのが早ければ早いほど、起訴できる可能性と加害者に有罪判決が出る可能性は上がる。しかし、あまりにも多くの女性が出来事をレイプと認識するまでに時間を要し、ときには何年もかかることもあるために、生態的な証拠が失われるケースが多い。手や顔、身体を洗ったり、歯を磨いたりする前にレイプ相談ホットラインに電話して、レイプ検査を受けるための情報を手に入れる。病院での正式なレイプ検査では、血液や毛髪、唾液、加害者の精液などの痕跡を発見するために、被害者の身体から検体を採取する。だ

から先に何一つ洗い流してはいけない。被害者は着替えてもいいが、暴行時に着ていた服をすべて紙袋に入れて保管すること（検体が混じり合わないよう、1着ずつ別の袋に入れる）。

⑧医療的な処置を施す。被害者は、あざや切り傷などを負っているかもしれない。見たところ無傷であったとしても、受診を勧める。レイプ犯が性病を持っていて移した可能性や、レイプにより妊娠した可能性もあるため、受診は必要だ。病院、クリニック、診察室に同伴し、被害者が望むのであれば診察中も付き添う。

⑨考えの整理を助けつつ、今後とる手段の決定は被害者にさせる。顔見知りによるレイプのサバイバーは、事態を掌握している感覚を取り戻す必要がある。そうさせよう。レイプされたティーンエイジャーの親は告発を望むかもしれないが、子どもにとってそれが最善策とは限らない。同様に、友人や年上の女性は加害者の逮捕を望むかもしれない。事件について自分がどう感じるかと、被害者の回復にとって何が重要かは切り離して考えること。被害者が届け出ないことを選び、あなたはそれに反対だとしても、それでもなお彼女の決断を支持することを伝える。

⑩被害者の恋人であるならば、被害者の許可のもと、適切な触れ合いや言葉かけで自尊心を取り戻させる。優しく触れることで、あなたと彼女との繋がりが損なわれていないこと、あなたが彼

女を「汚い」と思っていないことを理解してもらえるだろう。性的な行為や性交をいつ再開するかは、彼女に決めさせる。2人の関係のすべてが「普段どおり」であることを証明しなくてはという思い込みから、彼女にプレッシャーを与えないように。再び性的な関係を持てるか懸念するパートナーの恐怖心を鎮めようと、準備ができていない段階でセックスに踏み切ってしまう被害者もいる。

⑪**心理学的、法的な支援を得られるよう援助する。**被害に遭った直後は、被害者は支援を求める先を見つけられないかもしれない。被害者の足になろう。面会の場所まで車で送る、ベビーシッターをする、その他できることをして被害者が検察官や警察、カウンセラーと会えるようにする。

⑫**いつでも対応できるようにする。**レイプ被害後の数週間や数か月間は、被害者が必要とするときに確実にあなたに頼れるようにしておく。頼られたら、時間と心遣いをつぎ込もう。

⑬**強姦外傷症候群について学ぶ。**友人の回復期は長くなるかもしれず、その間の気分や反応は日々ころころと変わるかもしれない。本書の第5章や、レイプからの回復について書かれた書籍を読むと、予習になる。その資料を被害者とも共有する。

⑭自分のケアをする。顔見知りによるレイプの被害者以外の誰かと、事件やその後についてのあなたの感情を話す必要がある。レイプ相談センター、女性センター、大学のカウンセリングセンターなどが、あなたを支える人を紹介できるかもしれない。

14・あなたがもし被害に遭ったら

「あの経験を完全に忘れることは一生ないこともわかっています。あまりにも深く刺さり、私をあまりにも変えてしまいました」

顔見知りによるレイプのサバイバー、ジョルジェット

見知らぬ人からレイプされたらどうすればいいかを、ほとんどの女性が知っている。すぐに助けを求めるのだ。しかし、顔見知りの男性にレイプされると、はっきりとした行動を取れないことが多い。

あなたがデートレイプや顔見知りによるレイプの被害に遭った後にすべきことを、レイプカウンセラーと被害から立ち直った女性が次のように提案している。

①自分を信じる。 あなたの意思に反する強制的な性交は、相手があなたのデート相手、元恋人、長年の友人、ちょっとした知り合い、見知らぬ人、その誰であろうと、間違った行為だ。相手が凶器を使用しなかった、またはあなたに怪我がなかったとしても、それはレイプだ。

自分に非があってレイプされたと、自分のことを責めるかもしれない。あなたに非はない。相手があなたに暴行しようと思ったから、レイプが起きた。後で馬鹿だったと感じる行動（酔っ払う、相手の車に乗る、相手のアパートに行く）をあなたが取ったとしても、その行動があったからレイプされるのも当然だとは言えない。レイプされて当然な人などいない。

②誰かに話す。起きたことすべてを忘れるために、胸の奥深くにしまい込みたいと思うかもしれない。そうしないでほしい。親しい友人、姉妹や親、カウンセラーやアドバイザーなど、信頼できる誰かにすぐに電話をかけ、その人の家に行く。何が起きたかを話そう。服を着替えたり身体を洗ったりする前に、地域のレイプ相談ホットラインや女性センター（電話帳の「レイプ」の欄を参照する）に電話する。あなたの話を聞き、今後の辛い時間を乗り越える助けとなる人を派遣してくれるだろう。着替える必要がある場合は、服を1着ずつ別の紙袋に保管し、後に証拠品として使用できるようにする。

③医療機関の支援を得る。レイプに遭った後はすぐに医師の診察を受けるべきだ。友人や誰か支えてくれる人と一緒に病院、学生保健センター、診察室に行き、診察の間も付き添ってもらおう。妊娠や性病感染の可能性の検査を受け、もし怪我をしていたら手当ても受ける。レイプの証拠のための検査にも同意して受けておくといい。

④警察やその他機関への報告を望むかを決める。どんなレイプだとしても、警察や大学の安全対策担当者に届け出るのは恐ろしい試練だろう。一般的には起きたことを順序立てて述べ、図で詳細に説明する必要があることもしばしばで、それからレイプの証拠（精液、唾液、血液、毛髪）

を探すための医療検査を受ける。これは身体のあらゆる部位、とりわけ性器、肛門、口が検査対象となる。

警察と検察官はレイプについて子細に質問し、あからさまにあなたの言葉を疑う姿勢をとるかもしれない（第9章参照）。彼らがレイプ犯を刑事告発すると決定するまで、法廷も含め、あなたは証言を幾度も繰り返す必要がある。弁護側はおそらくあなたが同意のうえでレイプ犯とセックスをしたと主張するだろう。彼は無罪となるか、答弁取引を行って減刑を図るか、犯罪の深刻さに対して不適当に軽い罰を受けるかもしれない。いずれも可能性がある。もちろん、有罪判決が下されて適切な処罰を言い渡される可能性もある。

これほどの辛いことが起きうるなら、どうして顔見知りによるレイプを届け出られるだろう。これはあなただけが下せる決断だ。ただ、届け出ることで得られる良い面もある。加害者を裁判にかける、処罰する、加害を繰り返させないようにする、などだ。刑事告訴にすることで、それまで無力さを感じていた状況でやっと力を得られたように感じる女性もいる。相手男性の逮捕と有罪判決により、復讐した気分を感じる女性もいる。それだけでなく、レイプ犯の逮捕はあなた（と他の女性）の保護を意味する。顔見知りによるレイプ事件の判例はまだ作られている途中であるため、あなたの起訴が、未来の他の女性の事件を助ける可能性もある。加えて、被害者への損害賠償や補償金を適用する州ではあなたに受け取る資格があるため、刑事告発するべきだ。

告発することなく、顔見知りによるレイプを届け出ることもできる。多くのコミュニティでは、地域のレイプ相談センターを通じて被害届を出すことができる。その情報は、警察の統括情報センターに渡される。被害者は基本的には匿名のまま、レイプ犯は名前を挙げて記録される。もしレイプ犯が後日別の事件を起こしたときに、警察が過去の申し立てを確認でき、それが捜査の助けとなる。多くの大学にも似たようなシステムがあり、女性は正式な告発なしに事件を届け出ることができる。

⑤回復には時間をかける。安全だと感じられる場所に数日間滞在する。会社や学校は数日間休む。「通常どおり」の生活にできるだけ早く戻る方が元気を取り戻せるかもしれないが、これからの何週間や何か月間で恐れや怒り、憂鬱、罪悪感などの幅広い感情が押し寄せることを認識し、慎重に前に進もう。

⑥カウンセリングを受ける。レイプから回復するプロセスには時間がかかり、良いメンタルヘルスサポートがこのプロセスを後押しできる。経験豊かなカウンセラーに、何が起きたか、それが自分の生活にどんな影響を与えたかを話す必要がある。レイプ相談グループ、キャンパスカウンセリングセンター、医者などを通して話をする相手を探す。レイプからの回復を支援してくれたカウンセリングについて、ジョルジェットはこう話している。「罪悪感で占められていた場所が、すべて怒りと憤りに取って代わりました。私に非があったのではなく、彼にあったのだとわかり

ました。あの経験を完全に忘れる日は一生こないこともわかっています。私をあまりにも深く傷つけ、あまりにも変えてしまいました」。

他のレイプ・サバイバーと共に行うグループカウンセリングを受けるのもいいだろう。「私は支援グループに入りました」と、顔見知りによるレイプのサバイバーであるドンナは言う。「私には良い結果となりました。今はとても元気に過ごせるようになりました」。

⑦顔見知りによるレイプについてさらに学ぶ。 緊急性を伴う状況が過ぎ去ったら、本書を読んで、顔見知りによるレイプの事件について理解を深めるといいだろう。デートレイプと顔見知りによるレイプについて知れば知るほど、自分の経験への対処法もわかってくるだろう。

⑧自分を強化する。 第10章で紹介した回避テクニックを学ぶ。地元で実施される自己防衛や意思表示のトレーニングコースに登録してみる。反レイプ組織やYWCA、警察など、幅広い組織がこのような講座を提供している。

⑨他の女性と話す。 顔見知りによるレイプに関する情報を広めるには、友人と1対1で話す、学校や組織活動を対象とするレイプ教育プログラムを支援する、若者に影響を与える立場の女性（母親、教師、コーチ、ソーシャルワーカー、組織の後援者、宗教やコミュニティのリーダー）の意

識喚起に取り組むなどの手段がある。顔見知りによるレイプ被害を経験した他の女性と話すことで、前に進めるかもしれない。何が起きたか、何をすべきか、どのようにして生き延びるかを、その女性にも理解してもらう。

あとがき

キャンパスにおける性的暴行を調査した『Ms.』誌プロジェクトの研究手法

メアリー・P・コス博士

本書で言及した研究は、アメリカ国立精神衛生研究所のCenter for Antisocial and Violent Behavior（反社会的行為・暴力行為センター）から資金提供を受けた、『Ms.』誌の性的暴行に関するキャンパスプロジェクトとして知られるものである。学術調査として計画、実施され、1985年にデータ収集を完了した。

この研究に取り組んだ理由

1976年に研究者の道を歩み出したとき、私は「隠されたレイプ」を研究対象に選んだ。当時は「デートレイプ」という言葉は存在しなかったうえ、レイプやレイプまがいの行為が「普通の」人々の間で起こることを示す説得力のある証拠もなかった。しかしながら多くの司法当局は、隠されたレイプ、とりわけ親密な相手からのレイプが、主要な犯罪のなかでも最も過少に報告されていると確信していた。親しい相手からのレイプ、被害者が犯罪に遭ったと認識していないレイプ、些細な行為だろうが心に大きな傷を残す性的暴行は、公式な犯罪統計には適切に反映されなかった。私が研究対象に大学生を選んだ理由は、「そこにいたから」だ。結果的には大学生を選んだことはある意味幸運だった。大学生は最もレイプ被害のリスクが高い年代と偶然一致したからだ。

１９７８年、私はオハイオ州のケント州立大学の学生４０００人を対象に性的加害と性被害に関する学術調査を行うために、連邦政府からの最初の補助金を得た。このプロジェクトは１９８２年に完成し（Koss and Oros, １９８２; Koss, １９８５参照）、『Ms.』誌の大学生のデートレイプに関する記事で紹介された。全国誌の記事でこの問題を取り扱うのは初めてだった。デートレイプは存在し、深刻な問題であると『Ms.』誌は確信していたのだ。しかしオハイオ州以外の州でも同様のデータが得られることを確認するためには、全国的な調査が必要だった。『Ms.』誌の編集部がこのテーマに興味を抱き、大学キャンパスとの付き合いがあることと変革を望む姿勢から、共同研究を提案してくれた。１９８３年の丸一年近くを費やして、私たちはニューヨーク市の『Ms.』誌オフィスで全国調査の計画を立てた。この計画とアンケート回答校の精査を目的に、アメリカ国立精神衛生研究所の専門家チームが現場視察を行った。専門家チームが重視したのは、アンケートを科学的な方法で行い、政治的または感情的なものにしないこと。そして、回答者は『Ms.』誌と繋がりのある学校（リベラルな学校や優秀な東海岸の学校が多かった）の生徒に限らずに、各地の全生徒から無作為標本をとることだった。

この2点を確実に達成するため、私たちは分業体制をとった。オハイオ州コロンバスの民間企業Clark/Jones, Inc.と契約し、多様性を有する高等教育環境と在籍者から公正に標本を選べるよう、大学選定の計画を練ってもらった。『Ms.』誌の人事部が、大学との連絡、データ収集の許可を得るための説得、データ収集担当のためのキャンパス内での打ち合わせ手配など、管理業務をすべて引き受けてくれた。私はアンケートの設問内容、情報収集の際の手順、結果の解析と解釈などの学術的判断を担当した。この計画に基づき、全国調査実施のために資金26万7500ドル（訳注：当時のレートで約6350万円）を受理した。大金のように思えるが、完成までに3年を要し、技術訓練を受けた職員22名でアメリカ全土を対象に32の地域、6159人の参加者から71ページ分のデータを得た研究と考えれば、格安である。

アプローチ方法

キャンパス内の性的暴行を調査する『Ms.』誌プロジェクトの目的は次のとおりとした。（1）レイプとレイプに至る前段階までの性的加害と性被害が、現代の大学生の間でどの程度発生しているかを理解する。（2）実際に発生した事件の詳細情報を収集する。（3）性的加害行為を犯す男性像を描き出す。（4）被害に遭った女性について調査する。（5）性被害を原因として精神上の問題が発生している場合、それを測定する。本プロジェクトの結果をまとめた論文5編を専門誌にて発表し、今も研究を継続している。

初期の決定項目

本プロジェクトでは、女性を被害者、男性を加害者として扱った。これには複数の理由がある。FBIは「レイプとは女性への性行為」と定めており、レイプ罪の被害者を女性に限定している。届け出が出されたレイプ事件のほぼ100%において、被害者は女性だ。州法に用いられるレイプの定義の多くは、性別を限定しない。たとえばオハイオ州の定義は「レイプとは攻撃者による被害者への挿入行為」(オハイオ州改訂法、1980年)と始まる。ただ、この中立的な表現は、あくまで男性による別の男性への肛門への挿入行為もレイプ事件として起訴可能とするために導入されたものだ。この中立的な定義に従えば、女性が男性をレイプすることも可能ではあるが、これは女性が集団で男性を強引に押さえつけ、にんじんなどで肛門に挿入行為をするなどという状況となる。レイプと言われてこれを思いつく人はそういないだろう。それよりは、女性が男性に「私とセックスしないと、あなたが性的不能だと言いふらす」と脅す行為の方が、まだレイプと捉えられやすいかもしれない。加害者の性別に関係なく、倫理に叶っているとは言えない行為だ。しかしこれだけではまだレイプとみなされないのは、力や身体的危害を匂わせた脅迫を伴っておらず、攻撃者による被害者への挿入行為を含まないからだ。それを含むとなると、被害者が攻撃者に挿入行為をすることになってしまう。

別の決定項目として、アンケートの調査対象とする学生の選定があった。全国の高等教育機関の学生を母集団として、科学的に無作為の標本を多様性に富む形で得るのが理想だった。男性、女性、専門学校、コミュニティカレッジ、アイビーリーグの大学、州立大学などだ。つまり、アメリカの中等後教育機関すべてを調査候補に入れ、学生一人ひとりにアンケート調査を行うことになる。性に関する調査研究にメールで回答してくれる人はおそらく少ない。教室に出向いて直接調査を実施する方が、高い回答提出率を得られるだろう。回答中に取り乱す学生がいたときに対応する専門スタッフを用意することもできる。そして最後に、大学教員が私たちをひいきしたり（または無視したり）、調査結果を偏らせたりするのを防ぐために、サンプル抽出は各教育機関のさまざまな学科から行う必要があった。このような条件から、段階的に調査対象を絞ることとした。初めの段階が大学の選定、次がその大学内の授業の選定となった。

大学の選定方法

アメリカ合衆国教育省（公民権局）は全国３２６９校の高等教育機関の在籍者特性のデータを保持している。１９８０年（当時の最新）のデータを、オハイオ州コロンバスのコンサルタント会社Clark/Jones, Inc.宛てに磁気テープの形で提供してもらった。これを使用して、大学を次の

6通りの観点からグループ分けした。

①ＳＭＳＡ（標準大都市統計地域）の内か外か。大学の所在地により、人口１００万人以上の都市および周辺地域、人口１００万人未満の都市および周辺地域、農村地域の３つに分類した。
②少数派の学生の割合が全国の割合よりも高いか、低いか。
③管理機関は宗教機関ではない民間機関か、民間宗教機関か、または公共機関か。
④総合大学か、その他の４年制大学か、または2年制の教育機関か。
⑤アメリカ合衆国教育省が区分けした10地区のどこに所在するか。
⑥在籍者総数。生徒の人数は１０００〜２４９９名か、２５００〜９９９９名か、または１万名以上か。

この基準に沿って、全国の学校を地区別の小グループに分類した。つまり１つの小グループには、所在地、少数派比率、管理機関、教育レベル、規模が似通った教育機関のみが含まれる。研究への協力を依頼する学校を、この小グループごとに「無作為に」選出した。小グループひとつひとつを、抽選番号の書かれた紙が入った壺だと考えてほしい。「無作為に」選出するとは、目隠しをして壺ひとつひとつから紙を取り出すようなものだ。各小グループから選出する学校数は、全国の在籍者総数のうち同じ種類の学校に所属する生徒数の割合を基に決める。選出された学校が協力を断った場合は、同じ小グループから再選定する。このような科学的な選抜手法と直接交渉を組み合わせ、代役は同種のグループ内からのみとするルールの範囲内で、最終的な参加校を決定した。

ただし、合理性と費用の制約の理由から、標本抽出ルールにいくつかの例外を設けた。まず、軍の士官学校は除いた。回答内容によっては、生徒を軍の規則と対立する状況に陥らせるかもしれないと懸念したためだ。また過去の経験からして、性的な内容と受け取られる研究の許可を軍職員から得るのは、非常に難しいか不可能であると判断した。2つ目に、在籍者数が1000人未満の学校は除外した。国内におよそ1000校存在するが、ほんの少量のアンケート回収のために現地へ足を運ぶほど経費に余裕はなかった。3つ目に、アラスカ州、ハワイ州、プエルトリコに位置する学校も予算の問題で除外した。最後に、大学院生は本プロジェクトで中心となる調査対象ではないため、大学院も除外した。

完成までに3年を要した理由

選定した学校から調査実施の許可を得るために、『Ms.』誌のスタッフはその学校の管理部門の責任者、たいていの場合は学生課の主事を見つけ出すところから始めた。はじめに電話で連絡をとり、その後にメールで詳しい情報を送った。たいていの責任者は、個人の責任で調査への参加を決めたくないようだった。必ずと言っていいほど、本プロジェクトへの参加依頼は学校委員会の会議にかけられた。いい返事をもらうために、主要な宗教組織の教育長や、性暴力の分野で取り組みを行っている女性聖職者からの支援の書状を送った。さらに『Ms.』誌のスタッフがキャンパスを訪問し、可能なときには同誌の顧問委員会のメンバーもじきじきに出向いた。キャンパスで女性学のプログラムがある際には、責任者が支援を行った。そして学校の管理部門から許可をもらってやっと、署名入りの「入校許可証」用紙を受け取ることができた。

その次に各学校の被験者検討委員会宛てに資料を送付した。被験者を必要とする学術研究は、被験者が自由意志で参加するかどうか、不要な苦痛や害から被験者を守るために考えられる予防措置をすべて講じたかなどを徹底的に審査してやっと開始できるのだ。ほぼすべての学校が本プロジェクトを議論の対象と見なし、徹底的な審議の必要性を感じていた。委員会内の反対意見をすべて納得させるまでに、複数回会議を重ねた学校が多かった。いくつかの学校にはきっぱりと断られた。過去に大学生を研究対象としたときの資料をどれほど提示してもその意思は固く、アンケートに回答する学生が精神的に傷つくのではないかという思いこみが理由だった。このような問題に加え、大学のカレンダーを見るとわかる休暇の多さにより、いくつかの機関からは最終的な返事を得るまでにおよそ1年半を要した。

依頼した合計93校のうち、32校が参加を承諾してくれた。そのうち19校が最初に選定した学校で、残り13校は二次候補60校の中から何とか承諾を得られた。匿名性を保証するため、参加教育機関の名称を挙げることはできない。ただ地域ごとの参加校の数は次のとおりだった。ニューインググランド2校、中東部5校、五大湖周辺7校、平野部3校、南東部4校、ロッキー山地1校、西部3校。結果的には管理部門が「寛容な」学校のみが標本となったという偏りがあるのではないかと指摘されるかもしれないが、心配には及ばなかった。国内で最も寛容だと称されるいくつかの学校が調査参加を断った一方で、疑いなく保守的だと思われていながら協力してくれた学校もあった。参加を断った61校の管理部門が述べた不参加の理由は、次のとおりだった（括弧内はその理由が使われた回数）。宗教的な理由（11）、匿名性への懸念（3）、結果をセンセーショナルに扱われることへの懸念（3）、参加した生徒が傷つくことへの懸念（10）、調査テーマに興味なし（13）、授業内での研究を許可していない（6）、独自に別の調査を行っている（3）、理由不明（13）。最終決定された標本校は、国内の中等後教育機関のサンプルとして可能なかぎり科学的に抽出された、時間と予算の制限に適い、調査に必要な条件を揃える学校だと言える。

授業の選定

各参加校から時間割の提供を受けた。調査対象として訪問する授業を無作為に選出し、スケジュールを調整できなかった場合や拒否された場合に備えて代替案も用意した。授業の選定における制限は、30人未満の授業と大講堂での授業を除外するという点のみとした。これは調査員がキャンパスで時間を有効に使うため、そしてひとりで対応しきれない状況を避けるためである。実際には、中規模の学校では1校あたり7授業、主要な大学では12授業を訪問した。対象授業の教員に電話で連絡を取り、前もってアンケート調査の情報をメールで渡した。また、指定の日時の授業内で調査を行う許可を求め、生徒には本プロジェクトについて何も説明しないこと、調査実施時には教室から退室することを依頼した。理由は、こちらから派遣するデータ収集員から全参加者に同じ説明をするため、そして、教員が教室内にいると必ず調査に参加しなければならないと生徒が感じかねないためだ。

アンケートの配布方法

本プロジェクトのメンバーである臨床心理士7人（男性2人、女性5人）のうち1人が、会場に定めた教室にてアンケートを実施した。この7人は、1984年11月から1985年3月にかけてアンケート実施のために全国を回った。データ回収担当者は必ず事前に訓練を受け、発生しうる問題や回答中に取り乱す生徒への対応について学んだ。アンケートを生徒に配布する際には、指示があるまで中身を見ないよう指示をした。また、用意された台本を暗記して、全参加者に同様の指示を出せるようにした。

アンケートの最初のページには、参加者が必ず自由意志で参加し、回答することのリスクとメリットを確実に理解するために必要な情報がすべて記載された。たとえば、無理に回答する必要はないこと、設問を飛ばしても構わないこと、露骨な表現があり一部の回答者に不快感を与えかねないこと、設問のテーマは強要されたものも含む個人的な性体験であることについて、全参加者が一読した（もしくはデータ回収担当者が口頭で伝えた）。匿名性を確保するため、アンケートへの記名は不要とした。収集した回答には学校を特定可能なコードを記入せずに、グループごとの箱に保管した。

アンケートへの参加を希望しない生徒は、自分の席に着いたまま別の作業をしているよう指示された。回答したくない生徒が立ち上がって教室を去る際にきまりの悪い思いをするかもしれないと考え、この対策がとられた。実際には、選出された授業をとるほぼ全生徒がアンケートへの参加を希望した。拒否した者は91人（1・5％）であり、参加率98・5％を実現できた。

生徒全員が回答記入を終えたところで、データ回収担当者が調査の目的を説明し、質問を受け付けた。また、実験チームに個人的な相談がある場合の連絡先と、参加者からの質問に答えて支援を行うことを承諾してくれた地方機関の電話番号が書かれた紙を、生徒に配布した。各キャンパスの大学相談センターにはプロジェクトについて通知のうえ、必要であれば性的暴行の専門家の一覧を送付したり、授業に観察員を送ったりできることを伝えた。参加者に問題が起きたケースは非常に少なく、個人的な質問をしに訪れた生徒もほんのわずかだった。

参加した生徒

『Ms.』誌の性的暴行に関するキャンパスプロジェクトは６１５９件の回答を得ることができ、そのうち３１８７件が女性、２９７２件が男性からだった。女性の参加者の特性は次のとおりだった。平均年齢21・４歳。85％が独身、11％が既婚、４％が離婚済み。白人86％、黒人７％、ヒスパニック系３％、アジア系３％、ネイティブ・アメリカン１％。カトリック教徒39％、プロテスタント教徒38％、ユダヤ教徒４％、該当する選択肢なし／信仰なし20％。また、男性の参加者の特性は次のとおりだった。平均年齢21・０歳。87％が独身、９％が既婚、１％が離婚済み。白人86％、黒人６％、ヒスパニック系３％、アジア系４％、ネイティブ・アメリカン１％。カトリック教徒40％、プロテスタント教徒34％、ユダヤ教徒５％、該当する選択肢なし／信仰なし22％。なお、男女全体での代表的な世帯収入は２万５０００～３万５０００ドル（当時のレートで約６００万～８３０万円）だった。

これをアメリカの全学生の典型と言えるだろうか。教育機関の所在地、所属地区、生徒の民族性、生徒の家庭の世帯収入の４つの特性に着目した。標本抽出計画が基づいている仮定と、一部の学校の参加辞退により、標本は完全な典型とは言えない。しかしながら、制約の範囲内で、実際の高等教育の在籍者特性に近いものにできたと言える（Koss, Gidycz & Wisniewski, 1987参照）。アメリカ全体の在籍者データを見てもそうであるように、参加者の大多数が18～24歳の中流階級家庭の白人となった。

教育機関の所属地区は、アメリカ全体の統計との大きな不一致が認められる唯一の変数だった。標本を見ると、北東部と南西部の参加者の割合が不釣り合いに多く、西部の参加者が不釣り合いに少ない。これは、地域によっては参加協力を得ることがあまりにも困難だったためである。たとえば西部では12の教育機関に依頼をして、『Ms.』誌のスタッフによる直接訪問、カリフォルニア州立大学組織のアファーマティブ・アクション責任者による働きかけ、聖職者の著名メンバーから複数の私立学校への電話、主任調査官から対象となる学校の女性学の教員への電話、カリフォルニア州の主要2大学での特別再審議などの働きかけを行った。この尽力もむなしく、データ収集に承諾したのはわずか3校だった。プロジェクト全体の成功を脅かさぬよう、西海岸の学校の完全な典型を得られないままデータ収集を続ける決断を下した。一部地域の不釣り合いは多くの理由からそれほど重大ではなく、西部の標本が十分な量でなかったとしても、参加者個々の標本は民族性と世帯収入の点で全国の在籍者に対する典型として有効である。重み係数が生じたものの、重み付けしたデータと重み付けなしのデータを比較しても、その重み付けの効果は少ないことを確認した（Koss, Gidycz & Wisniewski, 1987参照）。

参加者はアンケートで真実を語ったか

一部の学者は、性行動に関する記述回答の真実性を疑問視している。「夢のような体験の回想」を楽しむために自身の性体験を大げさに語る人はいるかもしれない。自分で間違っていたと認識する行動を否定する人もいるかもしれない。このように、真実を一部の人は大げさに、一部の人は控えめに語る懸念はある。他人の性生活の客観的な情報を得る手段はあまり思い浮かばない。アンケートに代わる情報収集案にはインタビューがあるが、この方法も回答者の正直さに依存してしまう。実際に高校生と大学生の性行動に関する研究でインタビュー形式を用いた際に、深刻な問題が生じたことがある。よくあるのは学生がインタビューを拒否する問題であり、また承諾したところで性行動について話したがらない問題もある。仮に正直で正確なアンケート回答を集められるならば、性の話題においてはインタビューよりもアンケートが適していると言えるだろう。

私は、性行動に関するアンケート回答の真実性を検証する研究をいくつか実施してきた。性的加害と性被害に関するある研究で、強要と暴力を伴う性行動に関する設問10個を尋ねたのち、一週間後に再度機会を設けてもう一度尋ねた。回答はどれも一回目とすべて一致していた。別の研究では、同様の設問をケント州立大学の複数の授業の生徒に尋ねた。その1〜4か月後、同じ設問を同性の調査員による個別インタビューの形で尋ねた。研究対象となったレイプ被害者68人のうち、回答を変えたのは2人のみ（設問を誤解していたことに気付いた可能性もある）だった（Koss & Gidycz, 1985参照）。3つ目の研究では、男性のインタビュー担当者のもとに、全国の人口構成と類似した人口統計的特性に基づき男子生徒15人を集めた。15人はまず性体験に関するアンケートに回答し、その後インタビューに応じた。インタビューは参加者の過去の性生活について14歳未満と以降に分けて尋ねるものだった。意図は、参加者の口頭回答と記述回答の一致を見ることだ。結果として、14人（93％）の14歳以降の性体験についての口頭回答と記述回答が一致した。不一致だった1人は、記述回答で認めた行為を後のインタビューでは否定した。また、14歳未満の性体験に関しても同じ一致率（93％）が得られた。不一致だった1人は前述の回答者とは別の回答者で、記述では14歳以前に性交渉を行ったと記したが、インタビューでは完全に挿入を行ったわけではないと話した。調査対象の正直さは平均で95％を記録し、完全な一致が見られなかった理由としてアンケート回答の時間制約が挙げられた（Risin & Koss, 1987）。ここから、アンケート調査における正確さと真実性は、同じ設問を対面で尋ねた場合の正確性と著しく異なるものではないと考えることができる。

設問の選定方法

『Ms.』誌プロジェクトの5つの目的達成のためには、多岐にわたる大量の設問の精査が必要だった。性的加害の多さを明らかにするための設問、事件の具体的な事実を得るための設問、そして「なぜ」その事件が起きたかを理解するための設問があった。「なぜ」の設問作成の指針には、左に紹介する3種類の要素を検討した。

アンケート作成者は、最も知る必要のあることを尋ねる設問を採用するものだ。たいていのアンケートには時間制限を設けるため、作成者は設問数を絞る必要があり、結果として良い設問を除外せざるをえないこともある。中立的なアンケートの作成は単純に不可能だ。ある設問を重要とみなすかどうかは、ある人々がなぜその行動を取るかに対する研究者の仮説に由来する傾向がある。

性的加害の要因：レイプ加害者に関する研究は近年まで、焦点のばらけたいくつもの推論の影響を受けてきた。たとえば、一部の研究者はレイプは何かしらの精神疾患が要因であると述べ、別の研究者はレイプ加害者は女性に敵意を抱いていると言い、また別の研究者はレイプ加害者は他人が抵抗する様や苦しむ様を見て性的快感を得る異常な性的興奮状態にあると主張する、といった具合だ。この雑多な情報源をまとめる試みが論文に見られはじめている（Malamuth, 1986参照；Koss & Dinero近日発表）。

レイプの統合的モデルは、Finkelhor（1979）の児童虐待の要因に関する考察に刺激を受けている。Finkelhorは男性が性暴力を犯す前段階として次の要素が必要だとした。（1）レイプは加害者の善悪の価値観を侵害しない。（2）女性が「ノー」と言い、反抗や拒否の姿勢を見せているにもかかわらず性的興奮が起きる。（3）必要としていた性欲のはけ口を奪われたと加害者に感じさせる妨害物が存在する。（4）通常は抑制していた振る舞いが飲酒時などに解放された結果何かが起きる。（5）私的な環境下で被害者の抵抗を制圧する。この5つの性的加害の通説を基に、私たちは男性向けの設問を検討した。

レイプの危険因子：レイプ被害に遭いやすい女性の特性（Amir, 1971; Selkin, 1978; Myers, Templer, & Brown, 1984など）や、女性の拒否能力の効果を弱める特性（Russell, 1984など）が存在する可能性について、数々の研究者が多かれ少なかれ言及している。このような研究、それも特に前者は、科学的根拠に乏しいうえ、被害者側を責める従来の風潮をさらに強める危険性をはらむことに無神経であると、非難を集めている（Wieder, 1985など）。時間を多く割いてこの考え方に反論したいところだが、一番の反撃は実証してみせることだろう。

　レイプ被害に遭う可能性を高めうる危険因子に関しては、レイプ被害者について書かれた論文に見られる3つのポイントを指針に、設問を作った。1つ目は心理的な脆弱性（Meyers, Templer, & Brown, 1984など）と呼ばれるもので、レイプ被害者が持つ消極性などの特定の性格的特性により、レイプ被害者が自覚してまたは無自覚で、標的に選ばれる可能性を高めたり、効果的に拒否する可能性を下げたりすることがあるとした。伝統的な女性らしさの概念に必要以上に応える女性や、レイプに関する俗説を受け入れる女性が、圧倒的に被害に遭いやすい（Weis & Borges, 1973など）。このような女性は男性に対して受け身の行動を取り、男性に支配的で力強くあることを期待し、行為がレイプの方向へ向かっていると気付くのが遅いと予想できる。2つ目は心理的外傷の脆弱性と呼ばれ、過去にレイプ被害に遭った経験を持つ女性は再度レイプ被害に遭うリスクが高まるとするものだ。そして3つ目が危険な状況と呼ばれる特定の環境で、これもレイプの発生しやすさを高めるとみなされている。これらの考え方がレイプの危険因子に関する設問選定の参考となった。

レイプが残す影響：レイプ被害者への後遺症に関する発表済みの研究では、不安／恐怖、憂鬱、社会適応、性的機能の4種類の外傷後症状について調査をした（詳細はHolmes & St. Lawrence, 1983; Ellis, 1983参照）。性的な行為の性質などの犯行の特徴、武器の使用の有無、被害者と加害者の関係性など、数々の要素がレイプ被害の後遺症を強めたり弱めたりする。友人や家族の支えと支援の量や、レイプ発生前の被害者の精神衛生状態も、レイプ後に残る影響の深刻さを左右する。そのため、各症状とそこからの回復に関する設問と一般的な心理検査を今回のアンケート調査に含めた。

アンケート調査の内容

アンケートは「男女関係に関する全国調査」と題された。中立的な表現を用い、「性行為」という単語を避けることで、参加者が説明を受ける前に内容を早まって判断しないよう配慮した。アンケートは全71ページとなり、8つのセクションにわたり合計300以上の設問が記載された。だが、全員が全セクションに回答するわけではない。性的加害や性被害を一切経験したことのない回答者は、該当セクションを飛ばすことができる。アンケートの具体的な内容は次のとおりだ。

セクションA：年齢、民族グループ、世帯収入、信仰など参加者の人口統計的特性に関する設問を掲載した。

セクションB：参加者の育ち、現在の価値観と習慣に関する設問を掲載した。具体的には、幼児期の家庭の安定性、両親の厳格さ、家庭内暴力、非行への関与、自殺未遂や精神療法的治療で測る精神障害歴、飲酒の習慣とドラッグ常用癖、ポルノ雑誌を含む愛読雑誌、女性についての性的な内容の議論、性に関する価値観、性交渉をする相手の数、性関係のさまざまな形に対する現在の満足度、参加者が人間関係の質をどう感じているかなど。

セクションC：大学生を対象とする調査研究で過去に用いたことのある、Sexual Experiences Survey（性体験に関するアンケート）10問を掲載した（Koss & Oros, 1982; Koss & Gidycz, 1985; Koss, Gidycz, & Wisniewski, 1987参照）。加害者が被害者の同意を得ることなく、強要や身体的危害の脅迫、または実際の暴力を用いて行われた、さまざまな度合いの性的加害と性被害について問う。

セクションD：各参加者が報告した最も深刻な性的加害・被害を掘り下げる設問を掲載した。2件以上に関与した場合は、最もよく覚えているものについて回答するよう指示をした。具体的な内容は、加害者の人数、被害者と加害者の関係、親しさの程度、事前の親交、暴行が起きた場所、飲酒やドラッグ使用の有無、暴行時の周囲の社会的状況、当時抱いた感情、男性が使用した力の種類、女性が示した抵抗の種類、事件後に何をして誰に話したか、話した相手の反応、話した相手が事件を何と呼んだか、もう一度起こりうると思うか、など。

セクションE：男女別に異なる心理測定尺度に関する設問を掲載した。男性向けの設問は、心理測定尺度を性的加害の予測に応用することが主な目的である。したがって、男性参加者に対しMMPIの精神病質的逸脱尺度28項目を実施した（Graham, 1977 P.247）。加えて、男性参加者にHostility Toward Woman Scale（女性に対する敵意の尺度）30項目への回答も依頼した（Check, 1984; Check & Malamuth, 1983）。

女性向けの心理検査は、性被害の影響度を調べることを主な目的とした。憂鬱とレイプ関連の不安が性被害の二大後遺症であるためだ（Ellis, 1983）。女性参加者にはベックうつ病質問票（Beck, Ward, Mendelson, Mock, & Erbaugh, 1961）と特性不安検査（Spielberger, Gorsuch, & Luschene,

1970）への回答を依頼した。ベックうつ病質問票は、うつ病の症状や心境に関する21項目から成る。特性不安検査は20項目から成り、不安に繋がる症状の程度の相対的な個人差を見る。

セクションF：14歳になる前に性的虐待を受けた経験についての設問を掲載した。Finkelhor（1979）の大学生を対象とした調査の設問に少し変更を加えた。「14歳になる前に次のうちいずれかを経験しましたか？」「他人の性器をその人の依頼に応じて触ったりなでたりしましたか？」などが代表的な質問で、残りは子ども時代の性体験についてより詳細に尋ねるものだ。2件以上の経験を持つ場合は、最も深刻なものについて回答するよう指示をした。具体的な質問内容は、被害当時の年齢、加害者の年齢、被害者と加害者の関係、行われた性行為の回数、被害者が行為に加わった理由、誰に話したか、話した相手の反応、当時抱いた感情、被害を受けたとどの程度感じていたか、など。

セクションG：Butt（1980）が開発した、性暴力の可能性を高めうる思い込みの程度を測定する36項目を掲載した。性暴力の発生に繋がる思い込みや、誘惑されたとして行為を正当化する考えなど、レイプに関する誤った思考を指す。

セクションH：2つの標準的な心理測定尺度を掲載した。1つ目はExtended Personal Attributes

Scale（拡張個人属性尺度）（Spence, Helmreich, & Holahan, 1979）。伝統的な男性らしさ、女性らしさの概念にどの程度従って行動するかが、男性がレイプを犯し、女性が被害に遭う理由の理解に重要であることは、本あとがきの序盤ですでに述べている。

2つ目は葛藤戦術尺度（Strauss, 1979）。怒りを表現し、口論を解決するためにとることのできるさまざまな戦術を表す設問が含まれる。たとえば、言語行動（穏やかに話し合う、叫ぶ、侮辱する）、撤退、非接触の身体攻撃、身体攻撃など。

アンケートのスコア計算方法

統計解析は確率に基づいている。たとえば、5段階で示した性的攻撃性を持つ男性の飲酒癖を比較し、攻撃性のない男性10人は一日平均1杯、攻撃性を持つ男性10人は一日平均2杯飲んでいたとしよう。この差は重要だろうか？　重要と思えるかもしれないが、ここで測るべきは、この差が対象とした20人の間で偶然出たものである可能性だ。差がもし偶然ならば、メンバーを変えずにもう一度同じ質問をしたとしても同じ結果は出ないだろう。私は基本的には、100回中6回以上が単なる偶然である場合の差異は重要とみなさないことにしている。各回答者のスコアがグループ平均値とどの程度異なるかと、回答者の総数とを考慮に含めた偶然の確率の計算により、尤度を決定する。

ここで、300を超える設問の解析が問題となる。これほど大量の設問があると、統計的な有意性を得ながらも実は単なる偶然である差が15個程度は発生するだろう。理想としては、できるかぎり分割せずにまとめたデータで比較を行うよう注意する。分割すればするほど、単なる偶然を本当に重要なものと誤ってみなすリスクは大きくなる。

大規模なアンケートにおける別の問題は、差の真の規模である。6000人以上の回答を解析すると、単純に人数があまりに多く、その一人ひとりがほんの少しずつ異なるがために、統計的有意性を得る比較対象も出てくる。これを統合すると統計的有意性を得る差となるのだが、実質的な重要性はほぼない。こうした理由から、統計的有意性を得た差が本当に重要で真の差と言えるかを判断するために、「効果の大きさ」の計算を用いている。私はCohen（1977）の検定力についての著書で説明されている計算手順と、ωをカイ二乗、fを分散分析とする効果の大きさの解釈指針に従った。

管理可能な特性数を得る

統計的な差に対立する偶然の差を可能なかぎり減らすために、解析する特性数を制限した。特性数を管理可能な数まで減らすことを、専門用語では「データの縮約」と言う。記述的な目的を除き、私は総計した変数である男性16、女性13を使用した。この変数は手順を踏んで作られたもので、本章の範疇からは逸れるが、私の論文で説明している（Koss & Dinero, 1987およびKoss & Dinero近日発表）。

性的加害と性被害の程度を定める

データ解析のほぼすべてに「要因実験」を活用した。要因とは、2つ以上の異なる特性を同時に研究することを指す。たとえば性的加害の程度が異なる男性の飲酒癖の比較が、要因実験である。性的加害と性被害の程度を、性的加害・被害なし、性的接触、性的な行為の強要、レイプ未遂、レイプの5段階に分けた。「レイプ」と「レイプ未遂」のグループには、法によって定義されるレイプまたはレイプ未遂をした男性と、被害に遭った女性が含められた。レイプの代表的な法の定義は次のとおりである。「男女間の性交または肛門性交、フェラチオ、クンニリングス（中略）、男性器の一部でも挿入すると性交または肛門性交と見なされる。（中略）次のいずれかひとつでも該当する場合（中略）相手への性的な行為の実行は許されない。（1）攻撃者が暴力や暴力を脅迫によって意図して相手に服従を強いた、（2）抵抗を阻止する目的で、ドラッグやアルコール飲料を相手に与えることで相手の判断能力や抑制力を著しく害した（中略）」（オハイオ州改訂法、1980年）。私はこの厳密で狭義のレイプの定義を採用し、法が定める必要条件に常に従うよう努めた。「レイプ」の被害者または加害者に分類された全参加者が、暴力または危害を加える脅迫、被害者の能力無効化により、同意なしの口腔性交、肛門性交、性交、物体を用いての挿入を経験していた。

「性的な行為の強要」グループには、言葉の圧力で被害者を脅したり権力濫用をしたりした後に性交を行った女性と男性が分類された。危害を加える脅迫や、直接的な身体的暴力は伴っていない。「性的接触」グループには、言葉の圧力での脅しや職権濫用、暴力行為の脅迫、または実際の暴力行為の後に、なでたりキスをしたりといった性的な接触を受けた女性と行った男性が分類された。この行為では、攻撃者には被害者に挿入する意図はない。なお、性的な行為の強要と性的接触の事件のうち、犯罪として認められたものは数少ない。10項目の性体験すべてに経験なしと回答した人は「性的加害なし」「性被害なし」に分類された。

結論を導き出すために用いた手法

本プロジェクトの5つの目的それぞれに必要な情報を得るために、種類の異なる統計解析を実施する必要があった。

現代の大学生の間で性的加害と性被害がどの程度発生しているかを測定する：これは数学的には最も単純だ。まず、数種類の性行為について尋ねる設問の1つ以上に「はい」と答えた男女の割合を測定する。次にスコアリング規則を用いて、それぞれを性的加害または性被害の各レベルに当てはめ、その後にレベルごとの割合を測定する。この確率は、地域的な不釣り合いの大きさを見積もるために重み付けあり、なしの二通りで算出する。

最後に、過去12か月の間にレイプまたはレイプ未遂に遭った、または行ったと報告した人数を数える。これを２で割り、６か月当たりの値にする。次に、母数を調査対象６１５９人から１０００人に置き換えて割合を算出する。こうして、政府が発表している犯罪発生率と比較可能な加害・被害率を導き出すことができる（当然、現行標本の一般化が持つ限界は適切に認識している）。

実際の事件内容を記述する：推論統計手順を記述分析的に用いて取り組んだ。もし対象の特性が年齢など連続的なものである場合、分散分析（ＡＮＯＶＡ）と呼ばれるものが適切な統計学的手法となる。また、黒人、白人、ヒスパニック系、アジア系、ネイティブ・アメリカンなどのように不連続なものである場合、カイ二乗（x）が適切となる。記述分析には重み付けは使用しなかった。このような分析法により、２つ以上のグループが特定の特性や対象の点で大きな差を持つかを導き出すことができる。

性的加害を予測する：判別関数分析と呼ばれる統計学的手法を用いた。男性一人ひとりの特性を、トランプの裏面に秘密の印にして記すと考えてほしい。トランプのスペード、ハートやクローバーの絵が描かれたおもて面には、それぞれの性的加害の自白を書き込む。そして、たとえば「クローバー」を性的攻撃性を持つ男性に割り当てるとしよう。判別分析では、トランプ裏面に記した男性の特性を表す秘密の印のみを見て、トランプをハートやクローバーなどのスーツごとに分類してみる。トランプの表を見ると正しく分類できたかを確認できる。ほぼすべてのトランプが秘密の印を使って正しいスーツに分けられていたなら、測定した特性は重要で強力な予測変数だと言える。逆にもしも誤りが多ければ、その特性は性的攻撃性に適した予測変数とは言えない。この分析結果はKoss & Dinero（近日発表）で説明している。

レイプに遭う危険因子を評価する：ここでも前述の判別関数分析を用いて、女子大学生が持つレイプの危険因子の結論を導き出した。分析結果はKoss & Dinero（1987）で説明している。

レイプが残す影響：見知らぬ人によるレイプの被害者と顔見知りによるレイプの被害者との比較から測定する。さらに、顔見知りによるレイプの被害者を、加害者が恋愛関係にない顔見知り、不特定のデート相手、特定のデート相手、配偶者または家族に細分する。分析結果はKoss & Dinero（1987）で説明している。

本プロジェクトが本書になった経緯

ある全国誌に最近掲載されたデートレイプに関する記事は、元恋人からコーラの瓶で数時間内に幾度もレイプされたという事例から始まった。記者のもくろみどおり、この事例は読者を記事に惹きつけた。しかしここまで過激な暴力は頻繁にあることではないうえ、事例の中にはデートレイプに関して誤解を招くような記述もあり、全体的に不安をあおる記事となっていた。

一人称の経験談は、普通とは言えない経験をしたたった一人からの情報という点で「科学的」ではない。その点、事例集は鮮明で効果的な伝え方である。本書の制作にあたっては、『Ms.』誌の調査結果を指針にして紹介する事例を選定したことで、個々の事件が全国調査の回答者の特性に見られる主な傾向を浮かび上がらせた。またアンケート調査結果以外にも、権威ある臨床医学者や研究者によるデータも本書には数多く引用されている。こうした資料なしには、顔見知りによるレイプという題材に対する多様な切り口からの考察を読者に伝えることは叶わなかっただろう。

2019年版エピローグ
メアリー・P・コス博士

1970〜1980年代に自分が実施した研究を基に書かれた書籍が再発行されると聞かされた研究者は、恐ろしいほどの不安に襲われる。もしその古い研究結果が現代のものに比べて情けないほど知識不足で、結論の誤りがすでに証明されていたとしたら? 本書を読み直し、30年前の考察が今もなおどれほど胸に響くかを感じて、私は安心した。このエピローグでは、本書のテーマを最新科学の観点から見てみることにする。

『I Never Called It Rape（レイプとは知らずに——顔見知りによるレイプを認識し、闘い、生き残る）』というタイトル［原書タイトル］が、このエピローグの方向性を示してくれた。「認識する」では、2000年以降、性暴力の偏在性への意識喚起を続けてきた数々のアンケート調査にも言及する。認識には、被害者が自分を被害者と認識することと、望まなかった出来事を知覚的にも言語的にも認識することも含まれる。レイプはわずかな人数の連続犯のみが犯すものという仮説が一時的に話題になったのは、最も多発する類の性暴力の非合法化に影響を与えたからだ。暴力と「闘う」では、女性にレイプへの抵抗・回避方法を教える効果的な取り組みに関する最近の研究と効果に注目する。「生き残る」では、被害者が事件後に安定を取り戻すまでの努力に対する理解の広がりと、助けを求めた被害者のおかげでその理解が形作られてきた経緯を考察する。被害者が正義を求めてとった行動、またその努力が生んだ成果についても論じる。

認識する
アンケート調査がレイプの意識喚起にした貢献

女子大学生のおよそ4人に1人がレイプ被害者という数字は、『Ms.』誌のプロジェクトが生んだ最も有名な遺産かもしれない。長い時を経た今、もう一度この数字の不変性を吟味する前に、ジェンダーに関する見解を述べさせてほしい。『Ms.』誌の調査や同様のアンケート調査はごく最近まで、女性には被害経験についてのみ、男性には加害経験についてのみ尋ねていた。『Ms.』誌プロジェクトに用いられたSES（Sexual Experiences Survey）は、2007年に専門家10人からなる共同チームにより改訂された。そのときまでに私はゲイの息子を育て、情けない話ではあるが身近な問題になってやっと、レイプを取り巻くジェンダーバイアスを取り払う必要があると認識するようになった。性被害に遭う男性は女性よりもずっと少ないと統計データは示すものの、被害者男性のトラウマや立ち直るまでに直面する問題は、以前よりずっと広く知られるようになった。SESの被害に関する設問からはジェンダーロールの固定観念が拭い去られ、今は回答者の性自認に関係なく回答できるようになっている。

並行して、性的暴行の測定にも進歩が見られる。女性加害者のアンケート回答を見ると、加害内容は心理的な威圧が最も多く、男性または女性のパートナーにレイプを試みたり遂行したりした例は非常に少ない。現在のSESには、トランスジェンダーの回答者を想定したさらなる改訂が必要だ。たとえば設問の表現はペニスを持つなら性自認は男性と想定しており、これはあまりに単純化し過ぎている。ほかに人種、民族性、障がい、低収入のインターセクショナリティに関する改訂も必要だ。

2000～2015年に実施された性被害に関する34のアンケート調査を、リサ・フェディーナ率いるチームが2016年に精査したところ、その半数が『Ms.』誌プロジェクトが採用したSESをそのまま使用していた。行為や手段の悪質さを露骨に表現した設問を提示されると回答者は最も正確に出来事を思い出して回答できる、という仮説の基に設問が作られていた。SESをそのまま使用しなかったアンケートでも、3つを除くすべてで、表現に修正を加えながらも露骨な表現は残していた。これは私たちのアンケート調査が、現代の学術的なベストプラクティスに対して先駆的かつ永続性のある貢献をしている強力な証拠である。

『Ms.』誌の調査では、女子大学生の推定4人に1人が14歳の誕生日以降のレイプまたはレイプ未遂の被害を告白した。最近では、1998年にボニー・フィッシャーと共同研究者が実施した国民調査による5人に1人というデータの方が一般的だ。しかしながらこの数字には、大学生に最も多い性的暴行の経緯である飲酒時の被害が含まれていないうえ、高校でのレイプ被害を除いて大学生のみを対象としている。この2つの差を見ただけでも、少し低い数値が出ている説明がつく。

ＣＤＣ（アメリカ疾病管理予防センター）が２０１１年に実施したNational Intimate Partner and Sexual Violence Survey（全国パートナー間性的暴行アンケート調査）でも、推定5人に１人という結果が出た。この調査では、回答者の過去の全期間を対象としている。アメリカ全土に住む全年齢のアメリカ人女性から標本を抽出したということだ。ＣＤＣと『Ms.』誌プロジェクトの結果の差異は、『Ms.』誌が性暴力の危険性が最も高い大学生に対象を絞ったことにより生じたと思われる。

アルコールが性暴力に及ぼしうる影響への認識は、ここ30年間で大きく広まった。ディーン・キルパトリックは、飲酒時のレイプ被害を2種類に分類して明示し、測定した。「アルコールが原因のレイプ」は、加害者がこっそりと過剰量のアルコール飲料を飲ませて、または提供されたアルコール飲料の内容をわざと正しく伝えずに、犯行に及ぶものだ。対照的に「アルコールが助長したレイプ」は、最終的な決定権は飲酒する側にありながらも、過度な飲酒を強要する圧力またはドラッグ濫用を誘導する環境を伴う犯行を言う。飛び抜けて頻発しているのは後者である。当然のことながら、加害者が被害者とともに酔っていたとしてもレイプは決して正当化できない。『Ms.』誌のアンケート調査では、被害者の能力を奪う目的で意図的にアルコール飲料を与えることを指して、「飲酒時のレイプ」として取り扱った。

レイプを認識する

本書のタイトルは、暴力または暴力の脅威、もしくは判断能力を奪われた状態での同意のない性交経験を告白した回答者の73%が、自身の経験が「明らかなレイプ」ではなかったと述べた事実から取っている。私の最初の研究でこのことが明らかとなってから、これは「認識されないレイプ」と名付けられた。『Ms.』誌のアンケートで収集したデータは1984〜1985年のものだが、それ以降も継続的に認識されないレイプの実態が調査されてきた。アレックス・ラザフォード（2017）はこの調査の進化についてフェミニスト史と政治的な観点から分析を行っている。

2015年のローラ・ウィルソンとキャサリン・ミラー作成の総覧は、女性合計7000人を対象とした28の調査の結果を統計的に合併したものだ。合併された全標本のうち、認識されないレイプの被害率は60%だった。ヘザー・リトルトン率いる研究チームも2017年に同じ確率を確認した。これらの統計データは、ここ30年間で有力メディアへの露出やキャンパス内レイプ防止運動を介して世間からの注目を集め、人々に現実を突きつけている。多くのアンケート調査が今も、はい／いいえ（レイプされた／されていない）の選択肢を用いるなか、『Ms.』誌のアンケート調査はいまだに過去最高の研究として君臨し、より多くの選択肢を用意し、女性が性の強要をどのように見ているかを繊細に探り出せるようになっている。無数の被害者がレイプという言葉の代わりに「酷いセックス」「コミュニケーション不足」といった言葉を選ぶ。ほぼすべての女性が何らかの形で性暴力の被害を受けたと感じているにもかかわらずだ。

認識されないレイプが深刻な問題であるのは、レイプと名付けなかったところで、有害な後遺症から身を守ることはできないからだ。レイプは心理的苦痛、頻繁すぎる飲酒、避妊なしの性交、再被害者化が発生する可能性を高めると、最近の研究が示している。今、過去に例を見ないほどの数の女性が、芸能界、ジャーナリズム、スポーツ業界、政界などの著名人男性から受けた性被害を公表する時代となった。被害者は多くの理解ある反応を得ており、レイプへの見方と認識が良い方向に変わりつづけるだろうという希望を与えてくれる。世間の認知がいっそう進むことで、レイプの後遺症を和らげる支援も増えるかもしれない。

『Ms.』誌のアンケート調査が実施された頃、たいていの人がレイプは見知らぬ人から受けるものと思い込んでいた。だからこそ1987年には、顔見知りや恋人によるレイプを題材にした本は革新的だった。現代にはびこる思い込みは、レイプの9割方は「レイプ魔」や「性犯罪者」によるというものだ。これは2002年に実施されたたったひとつの研究による偏見だ。それでも、大きな影響力を持つレイプ関連文献、たとえばホワイトハウス女性・少女委員会の報告書『レイプと性的暴行：新行動要請』や、最近の法律、キャンパスでの上映を意図したドキュメンタリー映画などに影響を与えている。ケビン・スウォートアウトをはじめとした性暴力行為を扱う著名な研究者は、この通説は実際に大学生レイプ犯に多い特性を表していないと懸念を示し、2015年に医学雑誌『JAMA Pediatrics』に大規模な研究の結果を発表した。研究では、男子大学生に在籍中4度にわたり、性暴力などの犯行経験に関する設問への回答を求めた。高度な統計的手法と男性1642人からの回答を用いて、回答者の11%が高校または大学時代にレイプの特徴の定義に当てはまる行為をしたことを導き出した。178人のレイプ加害者のうち、10人中7人は一年に1回のみの犯行だった。複数回レイプをした経験のある学生も多少いたとはいえ、そちらに焦点を合わせてしまうとキャンパス内レイプ犯の5人中4人は見逃されてしまう。

闘う

アメリカ政府は、自己防衛訓練がいかにレイプを減らせるかという研究への投資を長年拒否してきた。そのため徹底的な研究はカナダ人研究員シャーリーン・センとその同僚の手に委ねられ、大きな影響力を持つ医学雑誌『The New England Journal of Medicine（ニューイングランド医学ジャーナル）』にて2015年に発表された。センの発表は、2001年に私とパトリシア・ロージーが開発したAAA（Assess、Acknowledgement、Act〔評価、知識、行動〕）と呼ばれるレイプ予防の考え方の紹介から始まる。そしてこの要点に沿い、また独自に強化を加えながら、センはレイプ阻止に効果的な言語的・物理的戦略の指導・演習プログラムを開発した。所要時間12時間の強化AAA（E－AAA）訓練の効果は驚くべきものだった。一般的なレイプ予防の小冊子のみを与えられた女性と比べると、修了後1年間以内のE－AAA修了者は、レイプ被害に遭う可能性が46%、レイプ未遂被害に遭う可能性が64%も低下した。

2015年、研究者たちはレイプ予防効果の継続性を評価する目的で、プログラム卒業生を再訪した。追加訓練が一切ないまま2年間が経過しても、参加者のレイプ未遂に遭う危険度は、小冊子のみを渡された女性と比べて変わらず64%低かった。レイプ危険度の低減効果は1年間はいずれも完全に持続し、その後に顕著な境界線があった。一般的に大学生は4年間キャンパスに通うことを考えると、追加授業をすることで低減効果を延ばせそうだ。他のどのレイプ予防策もここまで大きな成果はあげられていない。数多くの教育機関がEーAAA導入の初期段階にあり、カナダで成果をあげたプログラムをアメリカの大学に移行可能かの検証が始まっている。

生き残る

レイプは人を永遠に変えてしまうと言われている。多くの研究結果がこの見方を支持し、被害から長い時間が経って再び顔を出したりまた消えたりする外傷後症状や、健康に害を及ぼす影響を証明してきた。症状を出現させるトリガーは人によって異なり、たとえば過去の傷や恐怖を呼び覚ます日常の場面、自己非難、加害者を想起させるもの、境界侵犯、被害者が無力感を与えられた場所、信頼関係を裏切られた経験などが挙げられる。被害者が出来事に対し自分を責める場合や、外傷後反応を否定し最小限に抑えようとする場合、回復を支援してくれる相手を求めず被害について考えたり打ち明けたりしない場合に、レイプの影響が最も過酷で長期間続く。

対処と支援

サラ・ウルマンがシカゴのコミュニティで行った広範な研究により、レイプ被害者が被害を打ち明けたときの他人からの反応には肯定的なものと否定的なものが入り交じるということが、長く知られてきた。社会からの肯定的な支えには、気持ちを受け止めること、非難せずに話を聞くこと、その他実質的な手助けなどが含まれる。いずれも被害者のためになる行為だが、否定的な反応から受けた再トラウマを完全に取り消すほどの力はないことがほとんどだ。ジェニファー・フレイドは、社会の負の支援の形に「組織的な裏切り」と名付けた。被害者が大学など所属機関の職員を信頼して頼った際に否定的な反応を返されたとき、組織的な裏切りが起きる。提供すべきサービスを提供しないなどの省略行為も組織的な裏切りである。また、あからさまに被害者を傷つける発言をすること、被害者個人の福利を犠牲にしても組織を保護するべく結託することもその一例だ。こうした行為はペンシルベニア州立大学、ミシガン州立大学、モンタナ大学をはじめとして、学校側に幾度となく見られた。

サラ・ウルマンとマーク・レリエアの共同研究が、否定的な反応をより細かく分析するヒントを私たちにくれた。正確で簡潔な科学的手法を用いて、「自認の非支持」と「敵対」という、否定的な反応の2要素を特定した。敵対とは、聞き手が被害者の支えとならない、被害者を非難する、扱い方が変わる、被害者がなだめ役とならなければならないほど取り乱すなどの行為を指す。当然のことながら、このような反応は被害者の自己非難、不適切な対処、社会的引きこもり、性的な自信の低下を助長し、最終的には再被害者化のリスクを大きく高めることに繋がる。自認の非支持とは、被害者のことを信用する聞き手による、ほとんど支えや助けにはならない支持の仕方を示す。たとえば、被害者の気を事件から逸らして対処を避けるよう勧める、被害のことは忘れて前向きに生活するべきだという期待を示すなどの行為だ。表面的には敵対の方が反応としては悪いように見えるが、意外なことに自認の非支持の方が、不適切な対処、憂鬱、外傷後症状の兆候としては2倍も強力である。

司法

本書の第9章では警察、裁判所、大学のレイプへの対応について言及している。過去30年間に起きた最大の変化のひとつで、個人的には『Ms.』誌プロジェクトも一役買ったと思っているのは、告発されるレイプの比重が見知らぬ人による犯行から顔見知りによる犯行へと移った点だ。それでも非常に落胆せざるを得ないのは、50州のレイプ法改正や女性に対する暴力防止法の可決と再認定など、反レイプ運動が大きな成功を生んだにもかかわらず、１９８７年に私たちが主張した内容ほぼすべてがいまだに事実であることだ。それどころか、レイプの有罪判決率は史上最低の13%まで落ちている。変化の頻繁度は確実に上がり、被害者は法律上は権利と賠償を得られたが、現実を見ると、被害者はレイプ検査を行った救急処置室でしばしば金を渡され、刑事司法の追及に失敗すると何の利益も得られない。有罪判決後に被害者は影響陳述を提出できるが、裁判終了後の方がトラウマはいっそう深刻化すると多くの被害者が感じている。もちろん、無罪判決に終わった87%はそこにたどり着く機会すら得られない。

高等教育機関の司法委員会に関しても似たような話を聞く。2011年にアメリカ司法省は、連邦資金を打ち切られるおそれに後押しされて、教育機関はレイプ被害者の処置に関して明確に定めた行動指針を導入する必要があるとするガイドラインを発行した。調査進行中には被害者を保護、支援する方策を直ちに取るよう大学側に促すものだ。司法委員会の介入が必要とみなされると、刑事司法に準ずるモデルとして大学は裁判に似た形式の尋問を行う必要があると定めた。だが残念ながら、この改革に満足した者はいなかった。尋問により告発者はセカンドレイプを受けた。申し立てられた加害者は、このモデルが法の適正手続きを受ける権利を侵害したと主張した。数多くの訴訟が起こされ、その大多数において加害者側が勝利した。さらには、男性とその家族による抗議が頻発し、レイプ犯を被害者として誣告を主張した。この影響を受けて国のガイドラインは2017年に改訂された。たとえば証拠の基準が厳しくなり、被害者側の証明責任が高められた。以前は相手方の決議の代替案を禁止していた規定も、いい加減に緩和された。大学側の弁護士は相変わらず、従来とは異なる革新的な選択肢を受け入れるのを恐れている。

女優ローダ・ダーンは2018年のゴールデングローブ賞受賞スピーチの中で、著名人男性からのセクハラや性被害の体験を語るべく人前に出た女性への修復的司法を要求した。修復的司法の基本的信条はこうだ。罪が犯されたら罪を犯した者が修復する責任を負い、司法プロセスは加害者のみに焦点を置くのではなく、全関係者を等しく優先すべきである。過去に目を向けて過ちを議論するのではなく、将来を見据えて有益な財産を増やすことを目指す考え方だ。私の同僚ジェイ・ウィルガスとカーレン・ウィリアムセンは、2014年に修復的司法への複数のアプローチについて論文を執筆しており、その豊富な資料をウェブサイト（https://www.skidmore.edu/campusrj/prism.php）で公開している。このような新たな試みは司法プロセスを強化する目的で作られたものであり、裁判や尋問の置き換えではない。

本書が発行された後に、私は修復的な解決案についての執筆と、被害者への選択肢としてRESTOREというプログラムの運営を始めた。このプログラムに加害経験者が参加するには条件として自責を認める必要があり、それによりサバイバーまたは被害者は明確な被害を受けたと認定される。希望があれば、本プログラムが直接の話し合いの場を設ける。その場ではまず加害者が詳細を供述し、家族や友人の立ち会いのもと、どのような行為に対して自分が有責かを述べる。次にサバイバーまたは被害者が、どのように傷ついたかを加害者本人に話し、さらに家族や友人などの二次被害者が同様に話す。最終的には事件の過ちに相応しい結果を定めるために、矯正策を立案する。

加害者への要求事項の例には、加害者を1年間監督下に置き1週間おきにチェックインさせる、性加害者カウンセリングまたは「心理教育」（ラメードと同僚たちが2017年に公開した大学生向けの治療サービス）、コミュニティサービス、今後被害者に近づかないという取り決め、犯罪行為によって害を受けたコミュニティのボランティア委員会に3か月に一度顔を出す、などがある。これをひな形として、失った資産を返す、カウンセリングまたは健康のためのサービスの料金を支払う、チャリティーに寄付する、アンガーマネジメントやアルコール／ドラッグ治療などその他領域のリハビリテーションを行うなど、被害者が独自に追加事項を加える。プログラム加入から丸一年が経つか、矯正策をすべて完了したときにのみ、加害者は謝罪する権利を得る。プログラムの要素、司法制度、成果の点で測定された満足度が、2014年の記事に公開された。

性被害から受ける痛みと恐怖に屈することなく、被害者は幾度も信じがたいほどの回復を見せ、時間を要しながらも多くの被害者が自己非難を軽減させ、前向きな結果に目を向ける方法を学びながら生活を続けている。数え切れないほどのサバイバーが、レイプが人生を変えてしまったが結果的には自分を強くしたと話してくれた。他人にいっそう優しくできるようになり、自分を裏切ったり傷つけたりする相手と付き合いたいと思わないようになったと。そして自分が立ち直れたことの恩返しをしたいと言い、専門家やボランティアスタッフへの関心を深めたり、性暴力を減らして平等社会を実現する取り組みを支援したりしてくれている。

それは デートでもトキメキでも セックスでもない

「ないこと」にされてきた「顔見知りによる強姦」の実態

2020年 6月21日　初版発行

著者　ロビン・ワーショウ
翻訳　山本真麻
編集　安田薫子
タイトル訳　小山内園子

カバーイラスト　杉山真依子
装幀　沼本明希子（direction Q）
本文DTP　小林寛子

発行人　北畠夏影
発行所　株式会社イースト・プレス
〒101-0051 東京都千代田区神田神保町2-4-7　久月神田ビル
Tel 03-5213-4700　Fax 03-5213-4701　https://www.eastpress.co.jp
印刷所　中央精版印刷株式会社

ISBN 978-4-7816-1893-7